U0946127

丛书主编／乔 力 丁少伦

WENHUAZHONGGUO YONGHENGDEHUATI

文　济南出版社　化　永恒的话题　中　（第五辑）　国

盛世遗响

《汉书》纵览新说

张昊苏／著

《文化中国:永恒的话题》(第五辑)
编辑委员会

总　序

乔力　丁少伦

如果仅只一般意义上的泛泛之言，那么，文化，特别是较偏注于精神层面的历史—文化类，便容易让人生出些与现实中社会经济发展进程相疏离的印象，以至它们那份作为生命价值衡定和终极追求的根基，或者伴随原生点所特具的恒久坚持品格，就往往被世俗间浮躁浅陋的表层感觉相遮蔽误读。其实，庄子早就在尊崇着“无用之大用”的绝佳境界，而海德格尔（Heidegger）从另外角度着眼，也曾经说过“语言是存在的家园”的话头；如此看来，这种类型的人文——文化，很有可能会筑构起人类世界的精神家园，是极力追逐着速效与实用的现代人那匆促焦灼的人生之旅中的一片绿荫，是抚慰芸芸众生的缕缕清凉气息……

也许，简单推引东西方先贤高哲的理论来作譬喻依归，是强赋予它们过度严肃严重的功能，将使之疲于担当了；而新文学家朱自清《经典常谈》里的观点倒是颇有意思的参照了：“在中等以上的教育里，经典训练应该是一个必要的项目。经典训练的价值不在实用，而在文化。有一位外国教授说过，阅读经典的用处，就在教人见识经典一番。这是很明达的议论。”此言诚不虚也！佐之以别样异类的眼光，则使我们更多元更宽阔地领略体会到“这一番”：那种智慧的激荡、视野的开张，所带给人心灵的愉悦舒畅。

所以，长时间来，读书界似乎总在期望着能够以广阔大文化视野去引领统摄，凭借知识门类的交叉综融而打通人为壁垒的割裂，借助畅达明朗消解枯涩僻奥，既有机随缘地化合学术于趣味之中，又仍然坚守高品味格调的那一种境界——也正是基于上述考量，从我们擘划构想大型丛书系列《文化中国》初始，便明晰了相关选题取向定位和通体思路走向，即“兼纳文史，综融古今”的开放性观照角度与充溢着现代发现目光的“话题”式结构形态；而二端皆出之以寓深以浅、将熟作新的“文化解读型”的活泼清新的叙述风格，是谓异质同构，若申言之，则兼纳综融者成就其框架，设定了特具的内容实体，解读者则属它那有机的贯通连接的具象方式、形态。故此，于遵循一般性历史史实文献叙述规则的同时，还须得特别注重大众可读性，凸现文字的充分文学性趋势。

顺便说明的是，总体上应该变换已经凝滞固型的惯常思维模式，而移果就因、将反换正，另由逆向方面重新审查中国社会历史中既然的现象、人物、事件，有可能寻找、开启别一扇不被熟知的门扉。那里面或许藏蕴了无限风光不尽胜境，等待被发现、辨识尚未迸发出的生命热情与现代活力，给予现在意义上的形态描述和价值评断。新月派诗人闻一多说：“一般人爱说唐诗，我却要说‘诗唐’——懂得诗的唐朝，才能欣赏唐朝的诗。”借鉴这种自我作古的论辩意味，我们引申出关于“文化”的终极关怀，充分确认了自己的独立研究发端和把握范畴，明晓这并非单纯的中国文学史、哲学史、政治史，或者相关历史、宗教、审美、教化等等所拼接装合的读本。

至于《文化中国》丛书之第一系列《永恒的话题》，我们则不曾有过任何张皇幽渺、搜剔梳罗早已被岁月尘埃堙没的碎琐资料、荒僻遗存以自诩自足的计划；我们之所多为注目留心者，只是那类于漫长的社会历史—文化演进行程中，曾经产生过推动、催变或滞碍、损毁等诸般巨大作用，拥具广泛深刻的影响力，又为民众乐感兴趣，每每引作谈资以伴晨夕诵读茶饭的“话题”。无论对其揄扬臧否，这里面都应当含蕴包纳了可供人们纵横反覆的探讨评骘、上下考量的丰繁内容，能够重新激荡起心灵波纹的感应——这些即是我们选择的参照系，对于“永恒”的理解和定义。

依前所述，虽然关注重点在于社会历史运动进程中，那起到支配主导作用的部分，阐释多种文化现象里的主流内容，力求明晰描绘出那些个关键环节与最璀璨绚丽的亮色；但不应忽略的是，造成它演变的原因、结果往往是多义性的，其运程经过更可能呈现出多元化的、一种异常纷杂繁复的构成形态，而极少见到的是那严格意义上的唯一性。故而，与其强调它的关系属于决定论，倒不如主张为概率式的，才更切合实际，也更需要一种远距离、长时间的“大历史”理念和宽视界、全方位的“大文化”框架去作重新检讨。两者其实是互补而相辅相成。如果将这个方法提升成范式，则很可能显示出同以往传统惯常的观点、结论并不总在趋同的独到之处。这也是我们所希望得到的东西。

以上已明了《文化中国·永恒的话题》丛书系列的缘起和总体立意命思，随后就它们的具体撰写旨趣与大致结构特点略予说明。

首先是关于丛书的：要求必以全面、凿实的史料文献作为立言根基，却主张采取清畅流丽而富于文采意趣的散文体笔调去表述，以实现对诸“话题”的多元考量与文化透视。也就是说，意味着从文化的特定视角来重新解读，并非简单直接地面对某些重大社会历史文化的主题，而给出的现代反思和阐释，折射了一定的时代文化精神。从这里出发，我们尽管极力求取更多的知识信息含量，但却不是一般化的知识读物；虽然倡扬以深厚谨严的学

术品格作前提，但非同那种纯粹的学院派学术论著。我们力推有趣味的可读性，却绝对排斥、摒弃那种纯为娱乐而违背史实随意杜撰编排的“戏说”故事；强调现代发现和个人创见，又拒绝只求新异别调的无根游言及华而不实的浮夸笔墨。总归一句话，丛书所要的只是浓郁的文化观照、历史反思和新见卓识，即新的观点、视角和表述方式方法。

后者是关于本系列的。本次的5种为其第5辑。如果依然采用以类相从而归纳于同一范畴的方式的话，则这五种也是本系列已经出版面世的数十种书里，所未曾展现过的别样类型。换句话说，它亦不再像《永恒的话题》系列以前那样，择用某些历史文化事件、人物、现象或横断面作为关注题材，自拟书目以叙写我们的重新发现与特定的认知理解；却是依凭“筑构经典文化殿堂之路：‘文学—史学’的兼纳交融”的总体构想作为题目，来进行解说阐发。

因为中国向有重史传统，代代持续不绝，产生出数量浩繁的历史著作。如果以宏通发展的目光来看，则萌芽于商周时期的《尚书》记言、《春秋》记事，只是其文学意味还相对幼稚浅薄。至战国时代遂臻达第一次高潮，取得空前繁荣，言事相兼的《左传》和分国记史格局的《国语》《战国策》具载了标志性意义，有实质突破。它们基础在历史的内涵，借助文学表现，实虚互会，兼容文史两端于一身。这种跨界的边缘性著作，同时拥具着历史与文学（散文、小说）的双重因素特征，开创了史传文学类型。其从先秦而至魏晋时代的生长、嬗变到终结，尽管生命轨迹既古老又相对短促，但影响却是非常深远巨大的，那种艺术精神也汇融、活跃在后世多个文学样式里，另外的一部分则分流到史学中。

要之，极具类型特殊化和重要文化标志意义的史传文学，在中国文学史、史学史上，都凸显出由混沌不自觉而渐进至自觉意识的苏醒、成熟、张扬的转化过程。这里固然坚守执着于历史真实，但也并不乏丰富绚丽的艺术想象力。是以，在真实历史事件的叙述中，关注到故事编排、情节渲染与细节描摹；在刻画固有

历史人物时，突出再现他的音容举止等鲜明个性特色。换句话说，史传文学强调录实求真的原则和现实主义的史学品格，但同时又引入了想象、联想、细微间虚构夸饰等一系列文学手法，力求生动形象，饶有趣味，使理性认知和感性激发兼具并存。所以，史传文学作为构建文化经典殿堂的一方重镇，也为后世所继承借鉴，遂得成为永恒。

汉代是史传文学的最后一个发达辉煌期，首先是缘由高耸极顶、横空出世的绝唱《史记》。它于结构形式锐意创新，颠覆先秦史书以事件叙述为中心的编年体模式，而另行以人物为核心去展开历史事件，就成熟的纪传体通史开辟新纪元，让高度典型的文学性和严谨的历史科学形成为完美有机的统一体。其次当推“包举一代”的纪传体断代史《汉书》，但它业已开始显露出了弱化、消解文学成分而朝着史学认同靠拢的倾向。此后，列朝正史无不沿循《汉书》的体制，几成惯例。魏晋二代或可视为史传文学的消歇衰退期，虽然也有《后汉书》《三国志》这样的佳作杰构面世，略可踪迹前贤之风韵文采，但文学与史学分割剥离的趋势愈强愈炽，已不可回转，乃至终成定局共识。结果便是文学自觉走向独立，史学也返原回归，两端歧途异道而各行其是，只不过之后千余年间，史传文学的余波不绝如缕，如杂传、散传文学随之继兴，皆沾溉浸润了其艺术传统和美学理想；尤其是在戏曲文学、小说等叙事文体的成长演化进程中，更始终隐显流贯着它的形影精神。

通过以上的纵览俯瞰，我们极简约地勾画出中国经典文化殿堂里，史传文学粗略的轮廓图卷，力图把握支撑其辉煌的根基柱梁——即下面所拟订的五种书目。借助其所开启的窗口，以我们现代人的新眼界，或得以再重新触摸了解那些壮观景况、美好风光，引发起深入体察的兴味。

下面即依次各略缀数语，聊以为具体而简要的提示发明：

《春秋绝唱：〈左传〉纵览新说》：关于史传文学第一次高潮中涌现的这种类型著作，不妨称之为情节与人物解绎的文史经典，而《左传》便标志了其灿烂开端。它是以故事耸立起来的一座丰碑，叙事详赡，情节曲折完整，人物形象描摹细腻生动。于春秋时期二百四十多年间激烈动荡的特定背景上，揭示出时代特征和历史面貌，尤注重战争、政治与军事的关系，反映了民本、崇礼、崇霸等思想倾向。要之，《左传》作为中国第一部成熟的编年史著作，“左氏之传，史之极也，文采若云月，高深若山海”，臻达了先秦史学的最高成就，向与后来的《史记》并称，被推尊为历史散文之祖，“文有左、马，犹书之羲、献”。

《纵横捭阖：〈战国策〉纵览新说》：颇有异于《左传》雍容徐迂的贵族气度，“敷张扬厉”的《战国策》则以人带事，放笔描写了战国纵横捭阖之世的时代风貌和人文精神。它倡导人的自觉主体意识，表现出强烈的反传统礼教思想，将历史视野转移到新兴知识阶层身上，以重士贵士为主流，鄙弃旧的价值观念和行为准则，凭借竞争奋发、高调昂扬又谲诈机变、工筹善画的举止面貌，伴和着挟霜裹电、智敏雄辩的说辞活跃在各国政治舞台上。虽然并非严谨的史学著作，有着不合史实之处，但《战国策》标志了先秦史传文学的新高峰。也正是缘由于它这种拥具文学与历史二重性质的亦真亦幻特色，故之对后代的历史叙事学和古代小说的发展都产生了长足的重大影响。

《星汉灿烂：〈史记〉纵览新说》：《史记》首创为纪传体，奇峰突起，肇起先端，由之奠定了中国两千年延绵接续的国家修史传统，即官修正史体制。它是自上古而及西汉当代宏伟广阔的百科全书，核心以人为主体的历史画卷，关注人物命运。从帝王将相、王公贵族直到出身地位微贱的社会下层人士，全景式地覆盖了各个阶层断面，于性格形象、情节设置、语言艺术等诸端皆卓越非凡。“究天人之际，通古今之变，成一家之言”。难能可贵的是，司马迁的笔端贯注着强烈的感情，“意有所郁结”，怨愤歌哭，发愤著书，终成此无韵之离骚，可谓空前绝后，遂得以成就中国传记文学的奠基之作，历史散文的巅峰之制。

《盛世遗响:〈汉书〉纵览新说》:《汉书》虽直承《史记》而来，但各自独立撰作成书，前后并无必然的继续关系。这是中国第一部官修断代史，记叙高祖起兵反秦到王莽新朝败亡，共二百三十年间事。它创新纪传，规范体例，蔚成大宗，后世官修正史率皆依此为典范。尤其武帝以后史系新撰，故详后而略前，于事件叙述、人物刻画等各方面自具特色，多有引人入胜处，每常为后世啧啧称道，并列“史汉”。但语言风格已开始走向艰涩古奥，整体上显示文学向史学的回归趋势。客观地看，两美分流，双峰对峙，并不宜强为甲乙。并且因为几百年岁月先后之差，出现《汉书》有而《史记》无的内容（包括传记与表志)，故而实际上后者对前者还有所发展。

《鼎足威扬:〈三国志〉纵览新说》:《三国志》是古代二十四史中的“前四史”之殿军，记载了汉晋之交群雄逐鹿、诸侯争霸而战乱频仍，却最终是天下归心，达到江山一统彼岸的历史大趋势。它集聚儒家、兵家、道家、法家、墨家等传统学问于一体，讲求用势之道、用人之道、用兵之道、用笔之道，强调谋略与忠诚，充满着侠义英雄情结与奋发有为、建功立业的主动进取精神，这些都与那高扬的国家意识和坚定的大一统观念相为汇融，直接影响到后代戏曲及“四大奇书”之首《三国志演义》的诞生与叙事，被广泛运用于政治斗争、军事教育、人生智慧等社会各方面。

总括言之,《文化中国·永恒的话题》强调“可操作性与持续发展的张力”，即足够的灵活性和巨大的包容性。作为一个长期的品牌选题，或将视具体情况，分为若干辑陆续推出，以期完成对“文化中国”的重大历史——社会文化主题的另样解读，自然希望能得到更多读者朋友的关注。倘蒙你们慨然指出不足谬误之处，相互切磋商酌，那便是传递出一份浓浓的友情，而我们的欢迎和感念之情，当是不言自明的。

2015 年季秋之月于济南

目　录

引　言

本书是一部关于《汉书》的书。

那么，对于不甚了解乃至从未听说过此书的读者，首先要回答两个疑问：何为《汉书》？为什么要读《汉书》？对于略有所知却未曾精读《汉书》者来说，则要回答：如何阅读《汉书》？

所谓《汉书》，即“记叙西汉历史之书”，同时也是“宣扬汉代功业之书”。

有汉一代，西汉、东汉各二百年左右。而其历史之波澜壮阔在西汉，制度之筚路蓝缕也在西汉。后人言“汉”，往往特指西汉。观其影响，可说绵延两千多年，直至今日。

仅以几个今天常见的词语来说：

说人种，中国的主体民族被称为“汉族”，其数量约占今天中国总人口的九成以上；

说文字，中国人所用的方块文字称为“汉字”，是世界上连续使用时间最长、使用人数最多的文字；

说语言，中国人所使用的语言，不论普通话、方言，一概被称为“汉语”，为联合国六大工作语言之一；

说服饰，中国传统的衣冠服饰，除元、清两代而外，其余虽历代形制有不同，但均可被概称为“汉服”；

说学问，从事中国人文社科研究（尤其是古典学术）的外国学者，一般被称作“汉学家”；

凡此种种，其起源未必与汉代相关，但其称谓却与“汉”有着难解难分的密切联系，说汉代是其“远祖”，似不为过。

而若说到汉代实实在在留下的影响，同样能令人如数家珍。

若说杰出人物的风起云涌：

历代帝王，汉高祖刘邦、文帝刘恒、景帝刘启、武帝刘彻等，均是中学历史书无法跳过的著名君主。

军政名臣，萧何、曹参、张良、韩信、樊哙、李广、卫青、霍去病等，同样是留下诸多传奇故事的英雄人物。

文士骚客，贾谊、东方朔、司马相如、司马迁、刘向、扬雄等，所擅文体虽不同，但皆留下了脍炙人口的名篇，成为文学史上不朽的丰碑。

若说留下的物质与文化遗产：

政治上，较之十余年而亡的秦帝国，汉朝的统治时间与统治范围都远远增大，可说第一次真正完成了中国的大一统。制度上，汉制虽效法秦制，却对秦制有颇多改良，成为此后中国政治继续发展的奠基——在西汉帝国统一的岁月里，官方完成了地方的建制、外患的荡平、人口的统计、历法的变革。如用全球眼光观之，西汉在诸多方面，较西欧甚至只强不弱，“强汉盛唐”，绝非虚言。

文化上，汉代完成了“罢黜百家，表章六经”的意识形态转变，儒学成为官方认定的统治思想，汉代经学成为后世儒门学术的典范。此外，史学领域涌现出中国纪传体正史与传记文学的奠基之作，同时又是其巅峰之作《史记》；文学领域出现了司马相如、扬雄等知名的赋家。西汉晚期由于刘向、刘歆父子校理国家藏书，而成为文献学大发展的时期。凡此种种，皆是汉人留下的宝贵文化财富。

出土文物方面，近百年来陆续发掘出汉代留下的约百万枚的简牍，内容包括书籍、文书、遣策等诸多方面。由此，我们可以看到实实在在的当时文本，其内容对《史记》《汉书》等的记载可以起到订正与补充的作用，加深我们对那个时代的理解。而反映当时丧葬习俗与灵魂观念的“金缕玉衣”已出土十余件之多，其技艺独一无二，令人称奇。在后世的文学创作中，“金缕玉衣”也成为人们津津乐道的话题。这一时期的特色文物还包括武梁祠画像石、长信宫灯、素纱禅衣、新莽嘉量等，均允称国之瑰宝。

……

由是观之，汉代，对于中国历史的重要性不言而喻。若您想加入一场穿越之旅，饱览西汉一代的史迹与辉煌，最好的导游当推班固《汉书》。细读《汉书》，对于汉代史事，可说十九皆能了然于胸。

《汉书》是一位好导游，却又不仅仅是一位好导游。在引导读者进入汉代的同时，它还是一部具有独特生命力的史著，其文字本身也同样构成了一幅美妙画卷：

论其史学，《汉书》体例严谨，考据精核，史识深邃，虽产生于《史记》之后，却能在其基础上又有所发展演进，成为“二十四史”中的璀璨明珠，后世史学的效法对象。

论其文章，《汉书》行文古意盎然，典雅简洁，骈俪工整，结构严密，在文字运用上煞费苦心，是后世文学家阅读、写作的范本。

论其影响，两千年来，为《汉书》作注者，足有上百家，在唐、明、清皆出现了集大成的注本。此外精细专深的研究不计其数，更有皓首穷经，用数百倍的篇幅，以皇皇巨著的形式深入剖析《汉书》单篇文字者。

《汉书》，不仅因其记述“汉”而青史留名，更因为其“书”的卓尔不群，在中国史学史、文学史等方面达到后人难以逾越的学术高度。换言之，“汉”的精彩纷呈，很大程度上正是来源于“书”的妙笔生辉。考虑到《汉书》伟大的成就与深远的后世影响，可以这样说：凡欲对中国传统有所了解者，《汉书》是不可略过的一部巨著。进而言之，如欲体悟经邦致用之道，《汉书》同样是一部很好的教材。

那么，《汉书》又该如何读？本书作为《汉书》的导读，前后章节力图连贯，试图寻绎出一条具有条理的脉络，令读者能对《汉书》有一较为全面的了解。其中，可分为三大方面：

若读者对西汉一代的历史事件、人物俊彦、制度文化等方面心向往之，可读本书第一、四、五章，其基于《汉书》的记载，对西汉进行宏观鸟瞰、微观细读、中观体察。

若读者不满足于仅仅了解西汉历史本末，而欲对《汉书》有更深入的了解，则其相关内容主要集中于第二、三、六章，其对《汉书》成书过程、学术史地位都有所解读，并提出了阅读《汉书》的方法。

《汉书》约八十万言，文章典雅，体量庞大，向称难读，因而其价值虽高，在当代普通读者中的影响却不甚大。不过，若一旦进入《汉书》的世界，必能发现其引人入胜之处，生出相见恨晚之感。愿读者能经由本书的导读，进入对原典的直接阅读，以自己喜欢的方式见识、解读《汉书》这一经典。

第一章 波澜壮阔，西汉时代

第一节 始皇帝的遗产

汉代（西汉：公元前206年—公元25年；东汉：公元25年—220年）的辉煌成就与影响，仅仅从“汉族”“汉字”“汉服”等我们耳熟能详的词语中就可见其一斑。从今天来看，其衍生文化与历史影响力在中国似乎无与伦比，似乎也要高出唐、宋、明等大一统王朝。然而，这个被分为“西汉”与“东汉”，统治中国长达四百多年的帝国，并非横空出世。“百代都行秦政法”，仅仅二世而亡的大秦帝国（公元前221年—公元前207年）虽然轰然而灭，但在其短暂的15年的生命里，已经为汉帝国统治的应运而生与崛起打好了基础，很大程度上，汉的历史文化不过是在继承秦的创造与积累。异域称呼中国所用的“震旦”“支那”等词语，皆因秦而名，足见其历史影响。如鹤间和幸先生著作的命名一样，这一历史时期可以称为——“始皇帝的遗产”。

“六王毕，四海一”，秦王政二十六年（公元前221年），于中国历史而言，是一个特殊的年份——秦王嬴政完成了兼并六国的事业，实现了中国的重新统一。前此一百三十余年的秦孝公时期（公元前361年—公元前338年在位），卫人商鞅西来入秦，为秦

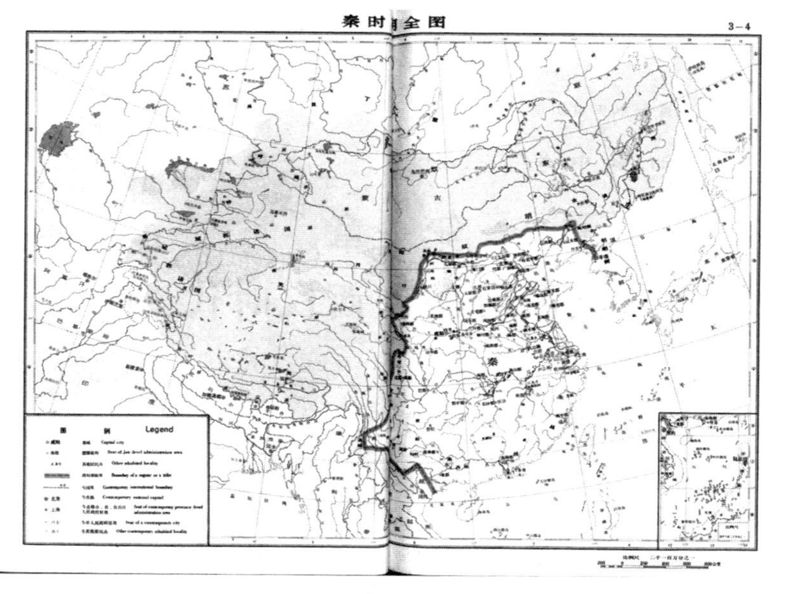

秦地图

国制定了废井田、开阡陌、实行郡县制、奖励耕织等一系列强国之策，初步确定了秦的立国规模。此后一代代对内的铁腕治理，对外的军事征战，使即位并不久的秦王嬴政终于“奋六世之余烈”，把以六国为主的战国各诸侯国逐一纳入秦的版图。并且，在随后的数年中，嬴政通过军事手段实现了中原文化向岭南之越与北之匈奴的扩张。约360万平方公里的土地，被分为36郡疆域，虽然远不如当代中国广袤，但是两千多年以前，辽阔的疆土尚未得到开发、交通条件极端落后，秦帝国能够建立整套文书行政体系来相对有效地治理这片土地，不得不说已经是人类政治史上的一大奇迹。丞相李斯力言“置诸侯不便”，否定了周代沿用的分封制度。从此，郡县长官不能世袭，他们随时可以被上级罢免，必须时刻听从中央政府的命令。中央政府由丞相、太尉①、御史大夫及其下属组成，他们的职责是效忠皇帝并为他处理技术

① 值得注意的是，文献中似并无秦代有人曾经担任太尉的记载，因此秦代太尉的具体情况仍有可疑处。

性事务。嬴政确立的这种前无古人的制度，近现代以来史家多以“君主专制中央集权”来进行描述。这在当时是超乎时代的政治创举；此后垂范千年，几乎成为安定秩序、妥善统治的唯一选择。

面对着六国的不同文字、道路、度量衡，担心着六国贵族、民众的反秦倾向，嬴政与身旁的李斯等大臣，采取了一系列措施以加强中央对地方的管理效率。为消除六国武装，他收兵器，堕城郭，平要塞，通关防，移12万户豪族于咸阳，大举营造建筑。一方面，逐渐消除了六国余部的武装威胁，达成了“弭兵”的理想；另一方面也打通了中国各地的交通，改变了春秋战国时期支离破碎的政治状态，推进了中国大一统的形成。放眼整个世界，以“书同文”导向大一统的另外一个典型例子是伊斯兰文明的第一个世袭王朝——倭马亚王朝，但是时间已经是公元5世纪之时。

“一法度衡石丈尺。车同轨。书同文字”①，总体来说，是在国家行政方面实现对大一统国家有效支配的具体举措：统一长度、重量、体积等单位，发行标准化的货币，使对全国进行统一的赋税征收、财政规划成为可能。制定车轮的标准轨距，配合修建打通全国交通的驰道，使战略预备军直通北方前线的直道工程，使得借由车马进行机动的军队得以在帝国全境畅通无阻，各地区经济资源也由此得以整合和发展。这一改革甚至被认为“颇具现代色彩”。李斯将地域色彩鲜明、繁复多变的六国文字废除，推行两种全新的书体——作为正式书体的小篆和作为日常书体的隶书。对于帝国的统治来说，秦始皇大刀阔斧的改革，每一项都是治理偌大疆土必不可少的准备，使《中庸》“车同轨，书同文，行同伦”的生动描写成为现实，古代贤人期待的大同之世，就在秦始皇在位的短短十余年中，迅速打磨出雏形。

---

① 《史记·秦始皇本纪》。

秦始皇

根据丞相李斯、王绾等人提出的建议，为了显示君主的地位崇高，应该有一系列词语为君主所专用：王为“泰皇”，命为“制”，令为“诏”，天子自称曰“朕”。对于这些建议，当时尚被称为秦王的嬴政悉皆采纳，但对“泰皇”的尊号，嬴政则并不满意。在此之前，中国最高的统治者或单称“皇”，如传说中的天皇、地皇、人皇；或单称“帝”，如黄帝、帝尧、帝舜等。“古有天皇，有地皇，有泰皇，泰皇最贵”，“泰皇”已经是最尊贵的称号。而嬴政认为，他统一天下的功业已经“德兼三皇，功盖五帝”，超越了一切历史乃至传说中的人物，所以应当将代表神性的“皇”与代表历史的“帝”合并成“皇帝”，作为新的荣誉称号，以记述其功并传之后世。这一叫法是亘古未有的，于是，“始皇帝”的名称也就诞生了，它同时代表着希望秦朝能够“二世”“三世”直至“万世”的政治理想——“皇帝”是对当朝健在的统治者的尊称，“始”、“二世”则是对其次序先后的定位。虽然秦朝不过二世而亡，但是这种命名方式和种种为始皇帝独占的“御用”词语，随着朝代的变迁被继承下来，并呈现出日益发展的态势，直到两千多年后的辛亥革命，它们才退出了政治舞台——那时才标志着中国帝制时代的终结。

名称的改变并非只是一种形式，“名之变”正是“实之变”的表现，这往往代表着制度与思想的更新换代。作为帝制创始的大秦帝国，更代表着一个新时代的来临。让我们畅想这个时代的波澜壮阔吧：

在北方，今天遍布着广袤沙漠的鄂尔多斯（即古之“河南”地区，意指黄河以南），在秦时是丰美的草原地带，历来是中原农耕民族政权与游牧民族的必争之地。始皇帝三十二年（公元前215年），经过了七年多的准备，将军蒙恬率兵三十万向北出击。他不负众望，收复了河南，更渡过黄河，迁徙民众，修筑起西起临洮（今甘肃岷县），东至辽东（今辽宁境内）的万里长城，把原燕、赵、秦各国分别营建的北方长城连为一体。同时，蒙恬还奉命建造一条长达约一千八百里（800公里）的道路——驰道，由咸阳直通九原（今内蒙古包头以西）。

而几乎同时，东亚大陆的南端也在进行着另一场规模浩大的征服战争。为了运粮的方便，经过五年时间，秦人在湘江与漓江之间修建起一条名为“灵渠”的人工运河，物资得以由此源源不断地从长江流域运往珠江流域。始皇帝三十三年（公元前214年），五十万军队从北方出发，征服百越之地（现在的广东、广西两省）。《淮南子》记载，越人“入从薄中，与禽兽处”，用游击方式与秦军斗争，并曾偷袭“杀尉屠睢，伏尸流血数十万”。这样的战争对于双方来说都可称惨烈，最终南越地区还是被秦始皇的军队征服。秦在那里设置了南海、桂林、象郡，从此福建地区再无屏障，秦朝的军队可以长驱直入征服闽地。闽中郡让秦朝的统治延伸到大陆的东南角。“北限长城，南逾五岭”的中国疆域，也就是在这一场场惨烈斯杀中，奠定下来。

作为秦之首都的咸阳城（今陕西西安），也同时在兴建着巨大的土木工程。恢宏的建筑使帝都的格局对应着苍穹里的星斗。秦灭六国之时，曾将12万户地方富豪移居到这座首都，其主观意图是使潜在的叛乱力量得到中央政府的监视，客观上则促进了首都地区的兴旺繁荣。12万户，以5口之家作为计算则是60万人，考虑到富豪家当有若干家奴等服侍人员，或许当在百万人以上。如果12万户的数字并未被过分夸大的话，则咸阳吸纳的外来人口当非常可观，仅依靠这些外来人口，就足以形成一座古代的巨大都市。要知道，汉平帝元始二年（公元2年），京兆地区的人口统计为68万。而在始皇帝在位的同时期，另一个辉煌的人类文明中心

——罗马城的人口约为33万左右。

在水力丰沛的渭河南岸，始皇帝为了展示新政权的宏大气魄，发刑徒70万人，营建起一座称为“阿房宫”的巨大宫殿。司马迁在《史记·秦始皇本纪》中记载这座伟大建筑说：

……前殿阿房，东西五百步，南北五十丈，上可以坐万人，下可以建五丈旗。周驰为阁道，自殿下直抵南山。表南山之巅以为阙。为复道，自阿房渡渭，属之咸阳……

换算成今天的单位，阿房宫前殿东西宽690米，南北宽115米，占地面积近8万平方米，容纳一万多人不成问题。至今留下的夯土基台遗址，东西长1270米，南北宽426米，高十几米，尚可作为今人追想的劫余残迹。唐人杜牧在《阿房宫赋》中不禁想象，恐怕砍光了蜀地的树，才修建起这样一座隔离天日的阿房宫。宫里有无数的宫女仆人和珍奇珠宝，乃至于令人毫不稀罕：珍珠美玉被当成石头与砂砾，妃子们甚至36年才能见到皇帝一次——这就是秦帝国的繁华与奢侈。

秦始皇在骊山北麓修建了一座地下陵园，这座陵园占地近60平方公里，经过37年的施工，最终成为秦始皇的安葬所。陵园东，有8千尊左右的士兵、军马俑，排成方阵，守护着这座地下之城。每个工程都由数十万黔首通过年复一年的劳作而完成。此时期全国人口约为一千余万，而上述工程所征发的民工总和

秦兵马俑图

已达百万以上，想来全国的数适龄劳动力除了从军与务工之外，大多都被征调服役了。

琅琊石刻残片

而始皇帝本人，作为广阔中国的最高统治者，并没有如后世皇帝那样不出宫门，纵情享乐，他先后五次巡行全国进行祭祀与狩猎，以显示自我的权威与功业。御驾的足迹遍布六国的辽阔疆土，他视察了大秦帝国的不少地方，琅琊台刻石上如今仍留有他“今皇帝并一海内，以为郡县，天下和平”① 的自我炫耀，代表着他自认为兼并六国的正义性和满足感。

不过，这样的辉煌很大程度上只是表面现象，潜在的危机仍然不可忽视。在没有彻底消弭六国威胁的时候，始皇帝还是要“战战兢兢，如履薄冰”地统治着这个庞大帝国。六国的遗民们仍然没有放弃复国的打算。始皇帝多次巡游，未尝不是为了镇压这种余波。

《汉书·高帝纪》记载，秦始皇东游的原因是风水上“东南有天子气”，所以他亲自巡行，试图平息这种可能的反抗因素。从这里来看，当时的巡幸是带有明确政治目的的行为。

御座之上的秦始皇，时刻面临着来自各方面的危机，最为直接的是对他本人的刺杀。公元前 227 年，秦灭赵国，兵锋及于燕界。燕太子丹派遣荆轲、秦舞阳前去刺杀秦王嬴政，却因为“图穷匕见”而提前暴露，虽然几乎刺中秦王，但还是以失败而告终。荆轲的挚友高渐离曾经参与刺杀之谋，并为荆轲“风萧萧兮易水寒”的绝命歌击筑伴奏，他也因此在天下归一之后成为秦通缉的

① 《史记·秦始皇本纪》。

对象。高渐离虽隐姓埋名，却因擅长击筑而被秦始皇召见，又在召见过程中被人辨认出来。秦始皇怜惜他擅长击筑，特别赦免了他的死罪，熏瞎了他的眼睛，认为不再有威胁，便让他为自己击筑。高渐离渐渐接近了秦始皇，他把铅放进筑中，当进宫时他举筑撞向秦始皇，却因眼盲没有击中而被杀害。

在深宫之内始皇帝的性命尚且有危险，那么在巡行的路上更难免遇到心怀愤懑谋求刺杀的六国遗民。始皇帝二十九年（公元前218年），秦始皇出巡到博浪沙（今河南省原阳县东郊）的时候，遭到了韩国遗民的袭击。后来成为“汉初三杰”之一的张良谋划了这一场刺杀。他的力士将120斤（相当于今60斤）的铁锤投中秦始皇的副车，只差一点便完成了狙击。如果张良的运气更好一些，或许能够当场令始皇帝殒命。秦始皇三十六年（公元前211年），当地百姓还偷偷在陨石上刻了“始皇帝死而地分”的字句，可以视为“大楚兴，陈胜王”的先导。

可见，秦人虽然以“兴义兵，诛残贼，平定天下”自负，但六国遗民的心情却与之迥异，民众中的反秦情绪还十分强烈。这种情绪，是“楚虽三户，亡秦必楚”的决绝，一旦找到了出口，就再也势不可挡，成为燎原之火。而这个导火索，就是秦暴政的日趋酷烈。

秦政权提倡“五行说”来标榜自己统治的正当性，宣称秦从水德，由此取代了从火德的周王朝。水德属阴，主刑法，与秦推行法家思想相合，而秦之执政也确实刚峻严苛。秦以耕战立国，相对来说不重视“仁政”“富民”等治理思想，而专注于役使民力，用战时体制大兴土木工程。为了战争的需要，秦修万里长城，并进行直道、灵渠的建设，始皇帝也为自己修建了阿房宫与陵墓，供生前与身后享用，并宣示着皇权的威严。即便秦朝建立以后，也没有一天停止营造，常年大规模的远征和工程，使经历过十余年兼并战争的人民苦不堪言。统一的国家已经建立起来，但人们并没有机会享受它的安定，却要面对沉重的赋税和徭役。

秦朝的统治者们认为，如果想要高效地统治一个庞大无匹的国家，那么一个运转严密且具强制力的统治机器是必须的。后世有种看法认为，秦朝的统治者们建立并维护这样一部运转严密的国家机器，最终是为了导向一个井井有条却摒弃人类自由意志的昆虫社会。

西方传来的金属冶炼技术、东方传来的政治智慧和秦国政治改革后得到的高度社会组织能力得以结合，这最终决定了秦完成吞并六国、统一天下的大业。然而秦似乎缺乏一种“原创”的文化遗产，政治上也依赖于从六国投靠来的“客卿”，这些都使得秦备受东方六国知识人的嘲讽。诚如秦相李斯（楚国人）所说，秦朝没有郑、卫、《韶》、《武》之音，有的只是“击瓮叩缶，弹筝搏髀，而歌呼呜呜快耳目者”①，朴野无文。前任秦丞相吕不韦（卫国人）带领门客编纂《吕氏春秋》，众多“食秦之禄”的门客在写作中还是基于东方立场，对秦不乏轻蔑之词。从庙堂到江湖，文化层面的全面落后可以看成厉行文化专制的必然结果。行政建设方面，秦同样提倡一种刻板的实用主义，执掌法令的帝国官僚是经过专门训练的刀笔吏，他们的全部知识和实践都围绕着法制。这里的法制绝非今天所谓的“依法治国”——古之法制的核心是用法来制服民众，君王以法律为工具驾驭臣民，本质上是专制统治之术，是中央集权的表现。在以“治人”见长、不事学术的帝国官僚的背景下，战国时期百家争鸣的活跃思想，从此不得不喑哑沉寂，走向平庸与消亡。随着焚书坑儒事件的发生，“借古非今”的知识分子遭到血与火的沉重打击。士人钳口结舌，只能将不满深藏于心底，并转化为反秦的行动。秦始皇将大秦帝国推向了历史的顶峰，也同样埋下了帝国倾覆的伏笔。

在历史的语境中，暴政从来不仅仅指统治者的个人欲望或者残暴秉性，而是施政方针的效果，表现在对于民力超出承受能力

① 李斯《谏逐客书》。

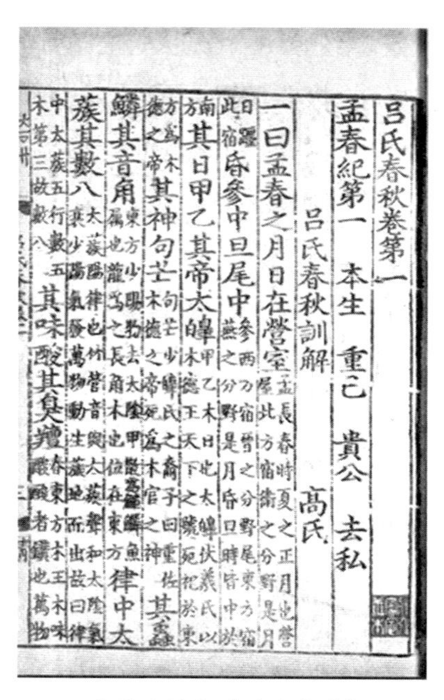
呂氏春秋卷第一
孟春紀第一 本生 重己 貴公 去私
呂氏春秋訓解 高氏
一曰孟春之月日在營室
昏參中旦尾中
其日甲乙其帝太皞
其神句芒 其蟲
鱗其音角 律中太
蔟其數八 其味酸其臭羶

元至正刻本《吕氏春秋》

的压榨。个人的纵欲终究有度；但执掌国柄者驭下无方或好大喜功，则对人民的压迫往往更为严苛。如秦朝这般的大兴土木，将本该用几十年乃至更长时间完成的事，在十几年内全线展开，就为“无道”做了最到位的解释。即使秦之政策符合于历史的规律，但由于其“大跃进”式的过度发展，超越了当时时代所能承受的限度，也会导致物极必反，更何况其中一些政策，不论从当时还是现在看来都不过是统治者私欲的产物，并不具有多少历史合理性。

雄才大略的始皇帝在世时，六国人心虽然思乱，但畏于始皇帝的威势，这种思想仍不过是一种潜流，尚没有形成大规模的反抗。而当他病死之后，他无能的小儿子胡亥矫诏即位，辅佐他的赵高之辈，对异己者大加清算，在帝国高层走向“指鹿为马”的政治高压下，扶苏、蒙恬、蒙毅等干才先后被害，甚至连同盟者中最具政治能力的丞相李斯也被杀人灭口，遭遇腰斩夷三族的残酷刑罚。新的当权派们在玩弄庙堂的权术上或许已经超越了始皇帝，但在治理上却无所作为。秦始皇执政的遗弊被推到极端，严刑峻法犹有过之。在这样残酷的时代下，面对无能的统治者，秦帝国这样一部高速运行着的机器的核心部件开始崩解。“苦秦久矣”的反叛力量再也压服不住，各路草莽豪杰并起而抗秦，而原本效忠于秦的官员和将领也多有倒戈者，外患内忧敲响了秦帝国的丧钟，善于弄权的胡亥与赵高也终于玩火自焚，在政变中死于非命。

秦二世元年（公元前 209 年）的七月，一个下大雨的晚上，一群戍卒被大雨阻在前去渔阳的路上。根据当时的法律，不论何种原因的误期，都将被处以死刑。于是作为小队长的陈胜、吴广密谋，既然已经触犯了法令，妥协是一死，反抗也是一死，那么不如揭竿而起，与秦一战，死得轰轰烈烈。于是，他们在大泽乡吹响了反对秦帝国的号角，点起了燎原的星星之火。陈胜、吴广虽然不久失败，但他们高呼的“王侯将相，宁有种乎”口号，却成为数千年来激励平民反抗不公统治的座右铭。

紧随其后，各地的遗民与百姓闻风而动，在陈胜、吴广精神的鼓舞下开始了轰轰烈烈的反秦斗争。楚本是南方大国，在楚怀王时代（公元前 328 年—公元前 299 年），楚国在秦、齐两大国之间首鼠两端，倾向秦国却为秦所卖。楚怀王亲身入秦敦促履约，却被秦人阴谋扣押乃至身死他乡，这成为楚国人挥之不去的痛史，楚也因为遭到“无罪而攻”的命运，而受到六国格外的同情。于是，陈胜吴广起义和项梁起义，都打着为怀王复仇的旗号。楚遗民项梁在民间找到传说是楚王后裔的熊心，为鼓舞将士的复国之志，仍奉他为楚怀王。项梁的侄子项羽继承他的事业，更是势不可挡，成为留下无数传奇的“西楚霸王”。与项氏出身贵族后裔不同，汉朝的缔造者刘邦在早年只是一个不事生产的平民，有无赖习气却有弄潮创业的气魄，他在因缘际会之中，受帝国小吏萧何、曹参等人的帮助而起兵，从十八路诸侯逐渐发展为与项羽分庭抗礼并取而代之的最终胜者。

“百足之虫，死而不僵”，灭亡一个庞大帝国谈何容易。虽然各路英雄趁势而起，但毕竟都是草莽聚集的乌合之众；而秦朝的精兵良将仍有百战余威，双方的战斗力不可同日而语。是时，秦将章邯势力正盛，在定陶大破项梁军队，项梁兵败被杀，楚怀王及各国诸侯，尽皆震怖而不敢轻举妄动。章邯认为楚国已不足虑，便率兵北上攻赵，迅速攻下邯郸。赵军退守巨鹿，等待各国支援。慑于章邯军的威力，各国援军多畏葸不前，持续 46 日按兵不动。

此时任楚国次将的项羽终于按捺不住，刺杀了号称“卿子冠军”的上将宋义，夺取指挥权，随即以雷霆之势北上渡河，在巨鹿破釜沉舟，可谓置之死地而后生，九次与秦军交战，终于使章邯败走，生擒大将王离。战胜后的项羽在辕门召见各路将领，众人无不膝行而来，不敢仰视这个少年将军。秦将章邯因此不再获得秦中央政权的信任，又受诸侯使者的策反，在内外压力下不得不投降，降卒被项羽坑杀。这一战后，秦在关东的有生力量被彻底消灭，项羽拥兵40万，威震天下。

就在项羽完成北上的事业时，刘邦所率的西路军已经一路势如破竹，进击关中。项羽的成功更多是倚靠个人力能扛鼎的勇猛善战，而刘邦的成功，则主要得益于吸纳了各路人才。秦二世元年（公元前209年），在高阳，当地狂生“高阳酒徒”郦食其前来求见刘邦时，两个女子正在帮他洗脚，刘邦踞坐在床，处处透出流氓蔑视知识分子的无赖习气。但郦食其当面指斥他的无礼时，刘邦立刻起身道歉，待以上宾之礼，表现出能成大事的气度。郦食其一路为刘邦指点进军的路线，以三寸不烂之舌为汉军立下汗马功劳。此后刘邦与张良合兵攻破武关，在蓝田瓦解了秦军防备中央的最后抵抗。在朝臣劝说下放弃了帝号的秦王子婴，这时登基才46天。他只得素车白马，在道边向刘邦奉上玺印，宣告秦帝国正式灭亡。

秦朝灭亡，当时威望最高、兵力最盛的项羽撕毁了“先入关中者王之”的约定，自立为西楚霸王，分封十八路诸侯，重演西周封邦建国的故伎。分封之后，项羽留守自己原有的梁、楚九郡，其地域广阔，位于要冲；而赵、魏、燕、齐的旧王都被他迁到别处，原有之地改封给自己的盟友与势力较弱的诸侯，足见其分封不出于公心，而在于自我扩张，削弱异己，并利用诸侯互相牵制。按照盟约应王于关中的刘邦，被项羽封为汉王，安排到开发程度尚低的巴蜀汉中之地，并把章邯、司马欣、董翳三个秦之降将封到关中，以封锁颇具威胁的刘邦。

项羽在分封上可谓谋略深远、机关算尽，但在政治平衡木上要做到十全十美又谈何容易。西周分封的诸侯间，因存在血亲关系得以在封建初期一定程度上避免了直接冲突。与之形成鲜明对照的是，秦汉交替时的诸侯本就各怀异志，派系丛杂，此种“分封”本质上又不过是战胜者的强权政治。这种可以比类后世“雅尔塔体系”式的秩序重建，必然引发各派势力间的对抗与反弹。经历了反秦战火洗礼的各路诸侯并非愚痴无能之辈，认识到这一点后他们重新将大平原席卷进了战火。自认为有功而不得封或遭到不公待遇者首先发难，身为霸王又在四战之地立国的项羽成为众矢之的，在各方的战争中逐渐消耗实力，而刘邦却在逆境中崛起，破三秦，据荥阳，逼迫项羽主动求和，以鸿沟为界，其东为楚，其西为汉。约既定，项羽引兵东归，刘邦却背约宣战，联合韩信、彭越等，将项羽围在垓下。一代霸王，终自刎于乌江，而天下也归一于汉。

楚汉四年争雄的故事在中国的戏曲、小说里，文人的咏史诗、政论文里，被成百上千次地复述，与之相伴随的，有历史的宿命、时代的热血、英雄的豪情、泣血的恋歌……项羽何以失败？刘邦何以成功？是偶然抑或必然？从历史学家到一般读者都给出了许多答案。从历史大势的角度来看，项羽不能成为新时代的开创者，没有以雷霆万钧之手段荡平旧的离心力量，是他失败的根本原因。项羽与诸侯的旧势力连年征战，消灭了敌人也消耗了自己，从客观上却帮助了原本实力较弱却善于把握时机的刘邦，使不起眼的汉王顺理成章地登上历

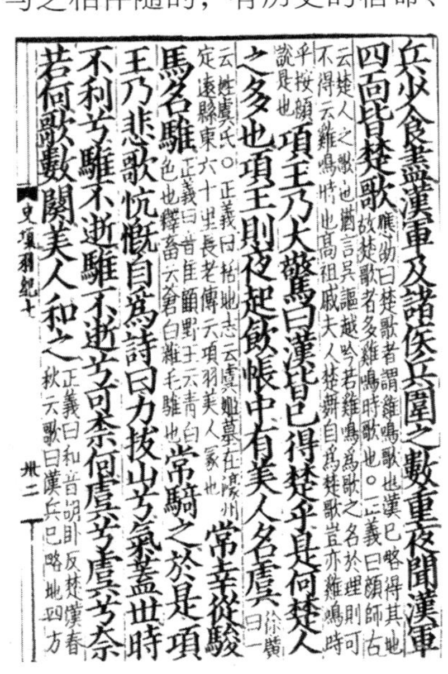
兵少食盡漢軍及諸侯兵圍之數重夜聞漢軍四面皆楚歌應劭曰楚歌者謂雞鳴歌也漢已略得其地故楚歌者多雞鳴時歌也○正義曰顏師古云楚人之歌也猶言吳謳越吟若雞鳴爲歌之名於理則可不得云雞鳴時也高祖戚夫人楚舞自爲楚歌豈亦雞鳴時乎按顏說是也項王乃大驚曰漢皆已得楚乎是何楚人之多也項王則夜起飲帳中有美人名虞徐廣曰一云姓虞氏○正義曰括地志云虞姬墓在濠州定遠縣東六十里長老傳云項羽美人冢也常幸從駿馬名騅正義曰顧野王云青白色也釋畜云蒼白雜毛騅也常騎之於是項王乃悲歌忼慨自爲詩曰力拔山兮氣蓋世時不利兮騅不逝騅不逝兮可柰何虞兮虞兮柰若何歌數闋美人和之正義曰和音胡卧反楚漢春秋云歌曰漢兵已略地四方

史項羽紀七　卅二

《史记·项羽本纪》（南宋庆元黄善夫本）

史舞台，成为霸业的新继承人。刘邦的成功出自自己集团的不懈努力，其中的历史意义则是：随着当时社会组织的变迁，以刘邦集团为代表的新兴豪族代替了以项羽为代表的旧贵族，成为扛起新时代的生力军。

公元前202年正月，在定陶的疆场上，诸功臣劝刘邦登皇帝位，于是，当年的无赖亭长，在礼仪不备的情况下登基称帝，建立起一个还没有确定都城、没有建立制度的新的国家。这样的历史场景正代表着汉初布衣卿相的局面，那是一切都待白手起家的面貌。

汉高祖刘邦唱着“大风起兮云飞扬”的楚歌，终于决定入主咸阳（次年改名为长安），当时的他或许不会想到，自己缔造的是一个绵亘400余年的大一统的时代，这个时代几乎成为两千年来中国的象征。在当时，连年的战乱导致遍地荒芜，但在他继承的这份萧条的遗产中，却诞生了绚烂辉煌的两汉王朝。

第二节　西京：如月之恒，如日之升

等待汉高祖刘邦的第一件事，就是讨论新的王朝应该采用何种制度来武装自己。带着对秦速兴速亡的反思，面对着饱受战争摧残的庞大国土，以及统治集团内部潜藏着的无尽隐患，功臣、降将、外戚的力量反衬得刘姓宗室格外孱弱。当“王侯将相宁有种乎”成为时代思潮的时候，皇权、贵族被彻底打碎，在野诸侯觊觎皇位，而皇帝也提防诸侯力量。韩信、彭越等大将，在楚汉相争时期与刘邦地位平等，如今却有君臣尊卑之分，自然会导致互相猜忌与不满，成为统治的不稳定因素。即使是跟随刘邦一起打天下的军功阶层，多出身于草泽无赖，全不懂礼仪秩序，政治决策的庙堂几乎变成了帮派龙头斗法之处。于是，统治阶层决定在总结经验教训之后，逐层梳理出一套适合大一统王朝使用的制度。

首先，高祖刘邦任用儒家学者叔孙通制定礼仪。叔孙通在秦时就是博士，以善于看风使舵闻名。他为高祖制订了一套礼仪制度，各项规范虽然与儒家的理想不能全同，但却因其高张皇权，且便于实行而得到了高祖的青睐。终西汉之世“叔孙通所撰礼仪，与律令同录，臧于理官”①，固然标志着“一代儒宗”的创制地位，也同时暗示后人汉代统治者对儒学的利用：汉帝所钟情的“儒术”不过是以儒家“礼”的制度仪式作为表象，目的是掩护背后专制“秦政”统治的实质。终汉一代，礼仪制度一直未能得到良好改革，“三代礼乐，徒供汉儒为慕古之空想耳”②。

然后是清除此前为了拉拢功臣而不得不分封的异姓诸侯王。齐王韩信、梁王彭越、韩王信、淮南王英布等，都是楚汉时期的名将，因从汉击楚有功，被刘邦封为诸侯王。他们名为君臣，实际却有与汉朝分庭抗礼的实力。在安定时期，他们成为妨害大一统的力量，不能为高祖所容。他们逐渐被刘邦剪灭，终于免不了身死国破的命运。王夫之称许为“以息父老子弟，以敛天地之杀机，而持征伐之权于一王，乃以顺天休命，而人得以生”③。嗣后，刘邦与群臣杀白马歃血定盟，将“非刘氏而王者，若无功上所不置而侯者，天下共诛之”④ 定为汉之国策。在天下久乱初定的时候，刘邦封兄弟及诸子到各地为王，仍是借鉴周人封建之法，一定程度上和旧的思潮妥协，通过以血缘关系维系地方政权的方式来稳定初建的中央政权。

在统治思想上，黄老之学成为当时施政者的官方意识形态。黄老之学约产生于战国中期，其学术根据地在齐国的稷下学宫，尊黄帝、老子为创始人，是当时道家的主要流派。《史记·孟子荀卿列传》说：“慎到，赵人。田骈、接子，齐人。环渊，楚人。皆学黄老道德之术。”与魏晋以来蔚为大宗、以讲求玄虚冲淡乃至方

① 《汉书·礼乐志》。

② 钱穆《秦汉史》，48 页。

③ 《读通鉴论》卷二。

④ 《史记·汉兴以来诸侯王年表》。

术炼丹的后代道家不同，黄老之学是针对君王而发的一种政治思想，具有明确的经世目的，其学是付诸政治实践的“道德”之学，而非冲虚不问世事的“道家”之学。司马迁的父亲司马谈在《论六家要旨》中评价道德家说：

其为术也，因阴阳之大顺，采儒墨之善，撮名法之要，与时迁移，应物变化，立俗施事，无所不宜，指约而易操，事少而功多。

而称其术的具体表现说：

道家无为，又曰无不为，其实易行，其辞难知。其术以虚无为本，以因循为用。无成埶，无常形，故能究万物之情。不为物先，不为物后，故能为万物主。有法无法，因时为业；有度无度，因物与合。故曰“圣人不朽，时变是守。虚者道之常也，因者君之纲”也。羣臣并至，使各自明也。其实中其声者谓之端，实不中其声者谓之窾。窾言不听，奸乃不生，贤不肖自分，白黑乃形。在所欲用耳，何事不成。

黄老之学的“无为而无不为”，落到政治领域，是一种“治大国如烹小鲜”的理念，认为治国者应该用煎炸小鱼的方法来管理国家。汉初的《毛诗故训传》中说，“烹鱼烦则碎，治民烦则散，知烹鱼则知治民”，虽是儒家经典，却也进一步揭示了这个道理：治理大国，不可动辄扰民、朝令夕改，而应该用无为的方式，让国家自己运转起来，从而达到更好的治理效果。对于缺乏知识的汉初布衣卿相，这正是最容易也是最好的选择。

与儒家的《周礼》相比，黄老之术注重的更多是治理的主导思想，对于具体的政治制度则论述较少。其政治态度是“圣人不朽，时变是守”，即根据时机来确定制度的选择，本质上是因循成制，用消极的方式来达到积极的目的。黄老之学最注重讲究的“君人南面之术”，即“清虚以自守，卑弱以自持”的政治哲学，在阴与阳、柔与刚之间寻求一种平衡。在这种观念的引导下，与其全面改革制度，不如依靠已有的制度基础而斟酌损益之，换句话说，即继承前代的政治遗产，而减轻其严苛之处。汉高祖刚入关破秦时，与人民约法三章，只有“杀人者死，伤人及盗抵罪”的基本律令。其后萧何定《九章律》等，虽然主要依靠秦法成文，但在实际操作中是注重简省的，人民的生活较暴秦时期也有不小改善。而惠帝、文帝、景帝等继任者也屡有减轻刑罚、废除秦律的举动。当然，这种减轻刑罚，并不代表汉初已经颠覆了秦的苛政。“时变是守”的思维方式让他们只是略作调整，而没有兴趣与能力重新建立起一套新的制度。

张家山汉简《二年律令》

在多年的苛政与战乱后，这一时期的主要矛盾是普遍性的贫穷困苦。《汉书·食货志》记载，“诸侯并起，民失作业而大饥馑，凡米石五千，人相食，死者过半”，楚汉时期人民生活之悲惨，可想而知。汉兴以后，“天下既定，民亡盖藏，自天子不能具钧驷，而将相或乘牛车。”即使是太平年代，高祖以天子地位之尊，竟然不能凑齐四匹毛色相同的马拉车，而将相出门只能乘坐牛车。经过多年战争后的经济情况极为窘迫，于此可见一斑。

在这样的经济背景下，汉人深切意识到秦朝的穷奢极欲对国家的危害，而经济的萧条状态也在客观上限制了汉人的奢侈行为。在汉初君臣的讨论中，秦为什么速亡始终是一个热门话题，陆贾、贾谊、晁错等名臣都参与过讨论，留下了大量精辟的论述，其中

最有名的无疑是贾谊《过秦论》三篇宏文，在文采与思想上都成为不朽名篇。正如《汉书》中反复提及的那样，汉初最重要的政治命题就是，如何在“接秦之敝”的背景下，完成“改秦之弊”的蜕变，其核心就是通过休养生息的方式恢复物质生产，即“汉兴之初，反秦之敝，与民休息，凡事简易，禁罔疏阔”①。

汉文帝

皇帝带头节俭，其中以节俭名于青史者当推汉文帝，其节俭程度在历史上堪称罕有。史载：

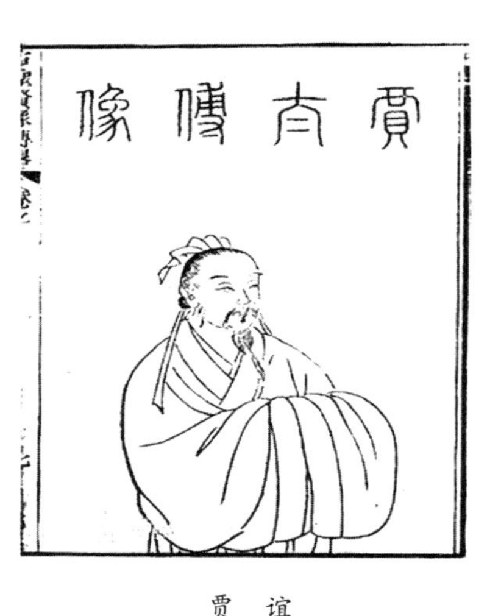

贾　谊

孝文皇帝即位二十三年，宫室、苑囿、车骑、服御无所增益。有不便，辄弛以利民。尝欲作露台，召匠计之，直百金。上曰：“百金，中人十家之产也。吾奉先帝宫室，常恐羞之，何以台为!”身衣弋绨，所幸慎夫人衣不曳地，帷帐无文绣，以示敦朴，为天下先。治霸陵，皆瓦器，不得以金、银、铜、锡为饰，因其山，不起坟。南越尉佗自立为帝，召贵佗兄弟，以德怀之，佗遂称臣。与匈奴结和亲，后而背约入盗，令边备守，不发兵深入，恐烦百姓。

① 《汉书·循吏传》。

……专务以德化民，是以海内殷富，兴于礼义，断狱数百，几致刑措。呜呼，仁哉！①

在节俭之外，汉初君王调整税负以减轻人民的负担，采用十五税一的税制，甚至最低达到三十税一，并有十余年的时间免除田税。轻徭薄赋，重农抑商，奖励农耕和蚕桑。在高、惠、文、景四代六十多年间，休养生息的政策使国力迅速得到恢复，在文帝和景帝时期，还达到了第一个治世，史称“文景之治”。尽管文景时期，地方诸侯依旧尾大不掉，中央也是佞臣、酷吏云集，但毕竟由于顺应了社会发展的趋势，国运不断上升。等到武帝即位时：

汉景帝

……七十余年之间，国家无事，非遇水旱之灾，民则人给家足，都鄙廪庾尽满，而府库余货财。京师之钱累巨万，贯朽而不可校。太仓之粟陈陈相因，充溢露积于外，至腐败不可食。众庶街巷有马，阡陌之间成群，而乘牸牝者摈而不得聚会。②

从写作者热情洋溢的笔下，我们可以看出，此时的国家已经颇为富庶了，而这种富庶正有赖于汉初拨正法家之偏，而采取黄老无为之政策。

除了内部的经济问题外，汉朝初年面临的另一个重大问题，

① 《汉书·文帝纪》。
② 《史记·平准书》。

匈奴帝国

是匈奴人的威胁。

公元前3世纪到2世纪之交，匈奴人集结成为草原上的新势力。约在汉朝建立的同时，冒顿单于以弑父的方式夺取政权。随着向四面的不断拓张征战以及政治组织的初步建立，冒顿领导的匈奴人在短短的几年间就成为草原的主人。其领土“东至辽东，远及朝鲜边境；西有南山北麓，远及塔里木盆地之东北；南并察、绥、热河、宁夏，远及山西、河北之北部”①，并时时准备南下夺取中原，成为未来一百余年间华夏最大的外患。其实，早在战国时期，游牧文明和中原农耕文明的矛盾就已拉开序幕，由于游牧民族常年“逐草随畜，射猎为生”，气候的一点点变化就会对他们的经济产生致命的危害，恶劣的自然环境、单一的生产结构，使他们时常缺乏必要的生活物资，南下掠夺就成为他们获得农业物资最直接有效的方式。匈奴兵不畏攻战，不利则退，目标就是农耕地区的物资储备、财物乃至人口。当时战国时期的北方各国，早已不堪其扰，他们的应对之策，就是修建长城以作为抵御匈奴的屏障。秦始皇统一全国之后，更是在各国原有长城的基础上加固修筑，并连年派人戍边，总算保有边界的安宁。

秦帝国二世而亡，连年的内耗导致汉朝统治者接手的是一个疲敝虚弱的国家，而与此同时，匈奴的冒顿单于统一诸多小部落，并有如今的内外蒙古及西伯利亚南部地区，达到了空前的强盛。此消彼长，匈奴在军事上占据了主动的地位。

当高祖刘邦清除异姓诸侯王之时，戍守北方的韩王信抵挡不住匈奴军的攻击，又被汉廷所责备，于是愤而投降匈奴，并引之入寇。汉高祖七年（公元前200年），刘邦率30万大军进击匈奴，

① 翦伯赞《秦汉史》，131页。

却轻易地被40万匈奴骑兵伏击，遭到失败，遂有七日白登之围，几乎全军覆没。此后，尝到甜头的匈奴人更时常侵犯边境。这时高祖的谋臣刘敬向他建议：

> 陛下诚能以嫡长公主妻之，厚奉遗之，彼知汉嫡女送厚，蛮夷必慕以为阏氏，生子必为太子。代单于。何者？贪汉重币。陛下以岁时汉所余彼所鲜数问遗，因使辩士风谕以礼节。冒顿在，固为子婿；死，则外孙为单于。岂尝闻外孙敢与大父抗礼者哉？兵可无战以渐臣也。若陛下不能遣长公主，而令宗室及后宫诈称公主，彼亦知，不肯贵近，无益也。①

高祖本有意遣嫡亲女儿鲁元公主和亲，但由于鲁元公主已是有夫之妇，兼之有其母亲吕后的坚决反对，最后汉高祖还是选派了“家人子”，封为公主派往匈奴，开启了汉代对匈奴的和亲之路。虽然是“家人子”，但因为被封为公主，其地位有了质的提升，投机取巧中仍可看出汉廷的诚意与慎重——而这正受迫于匈奴的武力威胁。高祖驾崩以后，吕后成为国家的实际掌权者，不久便收到了冒顿单于的来信。来信的内容在《汉书·匈奴传》中有具体的记载：

> 孝惠、高后时，冒顿浸骄，乃为书，使使遗高后曰：“孤偾之君，生于沮泽之中，长于平野牛马之域，数至边境，愿游中国。陛下独立，孤偾独居。两主不乐，无以自虞，愿以所有，易其所无。”

冒顿单于致书吕后，态度骄矜地表示，匈奴铁骑数度游历过汉朝的边境，可惜尚未有机会深入其中，隐含意思是冒顿不满足

---

① 《史记·刘敬叔孙通列传》。

于匈奴之主，更想进而问鼎中原。他并提出希望吕后嫁给自己，显然充满了对吕后本人人格及汉朝国格的不屑与羞辱。面对这样一封侮辱了吕后和整个汉朝颜面的书信，吕后的反应自然是勃然大怒，直欲出兵决战而后快。但在季布等大臣的劝说下，吕后认识到当时的汉朝，武力无法与匈奴抗衡——毕竟高祖曾被围困白登之事是比眼下书信更大的屈辱。于是，吕后再次采用了和亲的政策，并写了回信：

> ……令大谒者张泽报书曰："单于不忘弊邑，赐之以书，弊邑恐惧。退而自图，年老气衰，发齿堕落，行步失度。单于过听，不足以自污。弊邑无罪，宜在见赦。窃有御车二乘，马二驷，以奉常驾。"

"单于过听，不足以自污。弊邑无罪，宜在见赦"，这是何等的忍气吞声。

从此之后，派遣宗亲之女和亲成为汉代和亲的定制，每当汉匈有一方更替最高统治者时，汉廷就须遣女奉礼和亲，和平也因女子而得到了一定保障。

所谓"一定保障"，是因为汉朝与匈奴仍然是时战时和，当游牧民族需要打打草谷，或用战争手段缓解内部压力时，和亲的功效就将大打折扣。这样的状况，令作为"中原"的汉朝不免感觉极度屈辱。幸而，汉朝君臣上下均非碌碌无能、甘于受辱之辈，他们卧薪尝胆，积聚力量，等待反击的时机。

汉匈和亲的"诚意"，并非在于送出货真价实的嫡出公主，而在于与公主同时"陪嫁"的物质财富。对于匈奴人来说，真公主与假公主也许不过是一个名号，最重要的是能享受到和亲带来的好处，其中最大价值在于获得稳定的农业资源。和亲往往伴随着大量的赏赐、嫁妆，非但如此，每年还会有后续的财物赏赐，如丝绸、酒、米、茶，在边境地区开设互市贸易，为匈奴普通人获得生活必需品提供便利。满足于汉廷馈赠的匈奴贵族，亦不必冒险南下干扰汉朝的农业生产。对于汉朝来说，则会得到政治和经济两方面的好处，换得发展壮大的内部环境。随着汉初七十余年的休养生息，打击匈奴逐渐成为可能。

现在，让我们把目光投向文景之治后的汉王朝。

武帝即位的时候，社会秩序基本稳定，经济也在不断地发展，已经可称数百年来少有的安定祥和之世。但表面的安定背后不乏不安定的因素，除了外部的匈奴虎视眈眈外，内部也仍然存在诸多社会问题，侯国、豪强坐大为“土皇帝”，与中央政府在山林薮泽的利益等方面冲突尖锐，这些问题都需要武帝在富强的基础上加以解决。

汉武帝

汉武帝已经做好了经济、思想、国内稳定各方面的准备，而父祖传下来的事业，尚不足以满足他的雄心。我们来看看武帝的雄才大略是如何施展在辽阔的版图上的。

从今人的视角看来，国家的安全往往是国力最为直接的反映。疆土的扩张或许是穷兵黩武，而不被人所认同，但疆土不断缩减，边境没有安全保障，必然被理解为政府的无能。同样的标准，也被我们用来观察英姿勃发的盛唐、清癯孱弱的两宋——或许两宋在文化上是历史上最为兴盛的，但一个连自己的国土与国民都保护不好的国家，文化对于实际生活的功用则十分有限。出于这样的观点，中国立场的史家对于武帝时期的征战多持肯定态度。游牧民族的政治特征决定了其与农耕民族难以长久保持稳定的和平关系，外交信用有限，因而达成外交上的和平绝非一劳永逸之计。匈奴人飘忽无定、弓马娴熟，擅长大纵深奔袭包抄和分散袭扰的战术。战端一启，汉军如消极防守的话，必然面临在机动力劣势的情况下防守连亘数千里的防线的局面，其难度不言而喻。只有

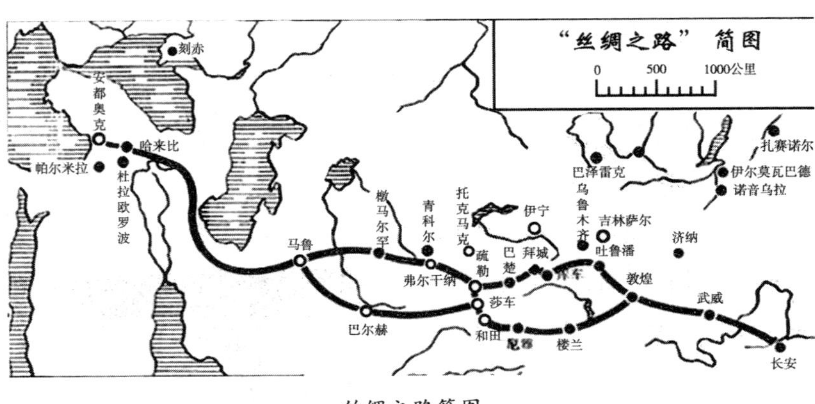

丝绸之路简图

主动出击，以胜利的战略进攻换取国家的安宁。汉朝的优势在于人口众多、社会组织完善，武器装备也更加先进，如果在塞外与匈奴进行正面遭遇战，双方同样是举倾国之力的前提下，经济落后、人口较少的匈奴必然是吃亏的。随着汉代经济的逐渐恢复，“众庶街巷有马，阡陌之间成群”，马的数量增加，也就为骑兵出击增加了可能性。汉武帝大力支持养马，厩马至40万匹，一次发兵可以派出数万骑兵，也就具备了打击匈奴的军事实力与经济实力。元光（公元前134年）以来，以卫青、霍去病为代表的名将绝漠远征，出击数千里。随着元狩（公元前122—公元前117年）年间的两次大破匈奴，边境逐渐得到安宁，匈奴受到重创，远遁而去，其民族内部此时也逐渐分裂而衰落。昭帝、宣帝时期，汉代恰好借机进一步扩大战果，匈奴逐渐从与汉分庭抗礼的国家，落败到甘于承认为汉的外臣。终于到汉元帝建昭三年（公元前36年），西域都护甘延寿、副都护陈汤发兵斩郅支单于，这场军事冒险的成功，标志着匈奴在边境彻底失去威胁。

击溃匈奴，除了保证了边境的安宁外，更具有历史影响的是开辟了丝绸之路，这使中国得以与西域各国产生经济与文化上的交流。

早在建元二年（公元前139年），张骞奉武帝之命出使西域，此行本来的目的是联合大月氏国一起攻击匈奴。在途中，张骞两次被匈奴扣押，虽然历经十余年艰险到达了目的地，但大月氏、乌孙等国并无与匈奴开战的愿望，军事上的初衷没有达到。不过张骞的政治使命虽然没有达成，他却为汉武帝带回了大量西域的资料。这些信息不过是“副产品”，却刺激了汉武帝探索西域的热情。西域有着武帝实现他宏伟汉帝国蓝图所需要的物资，而在西域之西，更有一个富庶的陌生世界，这个世界在经济与文化等领域的发达远超中原人的想象。——如翦伯赞先生所说：“张骞在公元前 127 年之发现西域，其对于当时中国人的刺激，就正像后来 1492 年哥伦布之发现美洲对于欧洲人的刺激是一样的。”① 对域外文明的探索与吸纳，正标志着吾国先民的胸襟与识力。

在张骞这一次探访中亚的“凿空之旅”后，汉武帝锐意开拓，每年都派大量使者西行探访，随着对康居、车师、楼兰、龟兹、莎车等国的相继征服，跨越亚欧大陆北方的丝绸之路基本由汉朝势力得以支配。西域各国慑于威势，纷纷送子弟入长安为人质并纳贡臣服。西域的珍宝、货币、工匠、农产乃至名马这样的战略物资，都得以从这条路源源不断地流入汉朝。武帝在轮台和渠犁设立官员进行管理。从长安宫廷深处发出，钤有“天子行玺”大印的文书，通过狭窄的河西走廊直达中亚地区腹地——保证皇帝的意志在此不折不扣地被贯彻。到汉宣帝时，在乌垒城（今新疆轮台）设置了西域都护府，对统一的西域地区进行有效的统治。此外，武帝对东之朝鲜、南之百粤、西南之诸夷先后发动战争，这一领土的开拓，也正是对“四夷宾服”不世之功的追求，是他彰显太平盛业的表现，其盛况备见于史书之中。

与领土扩张相伴随的，是汉朝通过丝绸之路实现了与西域、欧洲的陆路贸易往来。驼铃声中，中国的丝织品和其他工艺品经由西域商人的转卖，得以销往欧洲，换回珍奇的染料、香料等物。不过，商业对于汉朝经济的贡献，充其量不过是锦上添花，对于

① 翦伯赞《秦汉史》，北京大学出版社，157 页。

以农业立国的大一统王朝来说，平定西域、扬威海外，只不过是炫耀德业的手段，并非以掠夺物资为目的，本国农业经济的发展，才是最为根本的立国根基。因之，丝绸之路的探索并没有演变成西方大航海时代的殖民扩张。但是，经济、文化的交流与开展，其更重要的意义是打开了中国认识世界的一扇窗口，而通过这扇窗口，恰好可以反观自己的长处与不足，汉人也因此得以面向世界，笑迎八面来风，奠定了雄大开放的思维格局，对思想界的影响极为深远。繁荣的国际交流又仿佛一面镜子，虚怀若谷的汉人顾镜自览，在有所比较的情况下主动地吸收人类共同的文化财产和先进科技成果。智慧的光芒由此聚焦在东方大陆，这里人类文明的火炬熊熊燃烧。

武帝在武功之外，内政文治方面亦有可观处。

自景帝朝时“七国之乱”平息以来，诸侯王地方割据的势力逐渐减弱，在政治上不复能威胁中央。又按主父偃的意见实行“推恩令”，令诸侯得推恩分封子弟为侯，逐渐导致分裂，从而削弱其力量。诸侯多因各种原因获判罪削爵，即使能够自全的，也须遵守地方官的管辖，穷的甚至只能坐牛车出行。宗亲王侯势力彻底退出这一时期的历史舞台，与汉初“拟于天子”的政治、经济特权简直有天上地下之别。这场权力争夺终于由中央政府的完胜告终，标志着中央集权的日益强化。在当时的历史背景下，无疑是一大历史进步。

武帝还是一个喜欢音乐、文学、游仙的具有浪漫心态的君王。在他的时代，文景时期的黄老无为之学已经僵化而使思想黯然无光，而武帝用“表章六经”的方式确定儒家为官方的意识形态，开启了新的时代纪元。从近处的影响看，武帝一朝多有名臣大儒，在政治理想上提倡礼乐教化等，别开汉代政治的新局面，读书人实际的治理业绩也高过宗室、军人出身的将相。从历史发展的宏观处看，读书人在政府里逐渐占据主要地位，其渊源正在于，基于董仲舒、公孙弘鼓吹创建的诸多制度，过去由军功阶层把持的汉廷形成了新的士人政府。在此后的两千年中，士人政府成为历代遵循的新常态，可谓历史的又一大进步。

而令人褒贬参半的则是武帝的政治经济政策与实际操作能力。在此西汉全盛之时，长安城规模阔大，商业繁荣。班固在《西都赋》中追述长安的繁荣说：

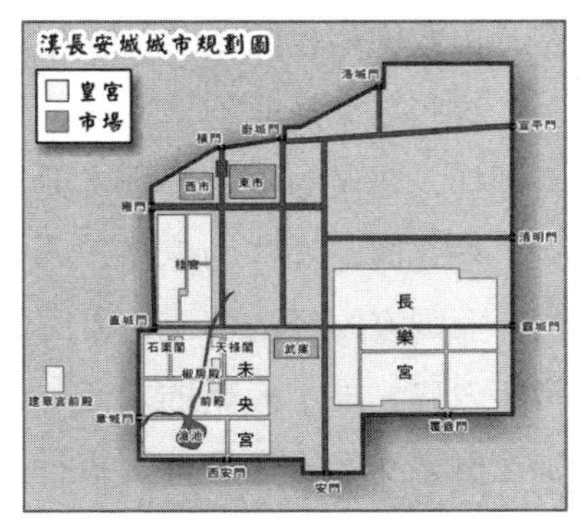

西汉长安城图

> 历十二之延祚，故穷泰而极侈。建金城而万雉，呀周池而成渊。披三条之广路，立十二之通门。内则街衢洞达，闾阎且千，九市开场，货别隧分。人不得顾，车不得旋，阗城溢郭，旁流百廛。红尘四合，烟云相连。于是既庶且富，娱乐无疆。都人士女，殊异乎五方。游士拟于公侯，列肆侈于姬姜。乡曲豪举，游侠之雄，节慕原、尝，名亚春、陵。连交合众，骋骛乎其中。

在这样的繁盛下，巨宦大贾们也拥有宏大的花园、成百上千的家仆、数不尽的金银财宝。据说，京畿一带这样的富人就有几十万家。而武帝本人当然更有大量金碧辉煌的宫殿与极度奢华的园囿可供娱乐，其骄奢淫逸远远超过一般人的想象。

武帝执政时期，大规模的工程随处可见。如元光五年（公元前 130 年），在巴蜀征调数万人修筑通往西南夷地区的道路；元光六年（公元前 129 年），调动数万士兵开凿漕渠历时三年；元朔二年（公元前 127 年），发十余万人筑朔方城；元封二年（公元前 109 年），征发数万人修建瓠子堤工程……更有为讨伐匈奴的战争大量征兵，每次都有十余万众，更有几倍的民夫帮助运送军需物资，但效率却较低，成本与收益往往百不及一。

这些工作并非不该完成，但正如后人对秦始皇、隋炀帝的批评那样，错误的不是工程本身，而是完成工程的方式。在这些巨大工程之间，哪些为急需，哪些可缓行，并不在武帝的考虑范围内；而国家的经济情况，人民的疾苦，更被自认为处于盛世的武帝所忽略。雄才大略的君王，做事不计成本，而又想事事顺心，那么倒霉受苦的就是负责执行任务的官员与百姓。吕思勉先生在《秦汉史》中指出，“武帝所事既广，其费用，自非经常岁入所能供，故其时言利之事甚多。”在武帝提倡的儒家仁义背后，实际上是“内多欲”的个人野心，而为了实现武帝的个人野心，就需要有为武帝敛财的臣子，以为武帝的构想提供经济支持。而在这支持的背后，就是大量普通百姓因饥饿而死亡。

先秦儒家经典《大学》中明确指出，“百乘之家，不畜聚敛之臣，与其有聚敛之臣，宁有盗臣。”真正的儒家政治是不与民争利，以仁义之政安抚百姓；而那些以“充实国库”之名来对百姓巧取豪夺的官吏，比盗窃贪污国家财产者更为可恨，因为横征暴敛往往与穷兵黩武、荒奢无度联系在一起，进而导致整个政坛的混乱与社会的动荡。这比部分官吏的贪污不法更为严重，但却更容易被集体主义的宏大叙事所文饰。兹举其中严重者如下：

盐铁官营。汉初，盐、铁开放民营，经营此业的商人多成为当地的豪强巨富。比如，卓文君的父亲卓王孙就是冶铁世家，仅家中童仆就有上千人，《史记·货殖列传》称他“田池射猎之乐，拟于人君”，他的同乡兼同行程郑（一说程、郑为两人）家中也有数百名仆人，只比卓王孙略逊一筹。在汉初不暇顾及盐铁业的大背景下，“千金之家比一都之君，巨万者乃与王者同乐”，商人的豪富由此可见，而他们也能够借经济实力发挥自己的政治影响力，为富不仁者殊多。将盐铁收归国营，出发点或许是着眼于抑制豪强，但实际执行中却不是那么回事。负责管领盐铁的为齐地盐商东郭咸阳、南阳铁商孔仅、洛阳商人桑弘羊三人，他们本是巨富商人出身，深谙盈利之法，制作劣质铁器，强迫人民购买，利用垄断地位贱买贵卖以获暴利。表面上政策有利于民，实际上官营缺乏监督与竞争，又绞尽脑汁盘剥民脂民膏，百姓生活更加艰苦。在桑弘羊的建议下，武帝又推行了一系列经济政策，如均输、平准、币制改革、酒榷等，据说是以百姓民生为出发目的，但实际操作中不过是蛮横的做法，勒紧了社会脖子上的绞索，造成了政治危机。在“盐铁之议”的舆论背景下，昭帝始元六年（公元前 **81** 年）就要求废除盐、铁、酒专营与管理物价均输官，武帝驾崩不过六年，他的这套经济政策就遭到了当时自上而下的普遍抵制，并由他的继任者决定废除。

推行算缗。算缗，也就是要求人们登记资产，并按一定比例交税。百姓不愿意按实上报交税，纷纷藏匿财产。而官府则鼓励告发，一旦告发就没收全部产业，将其中的一半奖励给告发者。于是，告密成风，栽赃也随之而起，终于导致“商贾中家以上大率破”[①]。国家通过抄家掠夺了大量财富，但社会秩序、道德标准也随之动摇，可说得不偿失，“厉民最甚”。

币制改革。武帝将铸币权收归国有，铸行新的钱币。当时发行的“白金三品”钱，是银、锡合金所铸，成色不高，但由于是政府发行的，就能够兑换三千枚铜钱，远超市价。因此，民间好利者盗铸成风，生产大量的假币。据《汉书·食货志》记载：“自造白金五铢钱后五岁，而赦吏民之坐盗铸金钱死者数十万人。其不发觉相杀者，不可胜计。赦自出者百余万人。”数百万人受到伪造假币案件的牵连，不但经济秩序遭到破坏，社会秩序也从此而变得纷乱不堪。

经济危机中，武帝又推行卖爵赎罪的“饮鸩止渴”方式。汉代沿袭秦代制度，设二十等爵。其中初级至第八级是荣誉称号，至九级以上可以有免役等政治特权。早在秦始皇四年（公元前 **243**

---

① 《史记·平准书》。

年），为解决蝗虫成灾的燃眉之急，政府决定“百姓纳粟千石，拜爵一级”，通过卖爵位的方式赈灾。到汉武帝时期，允许平民通过买爵位的方式减免刑罚，明码标价一级为十七万金，允许出售的最高爵位乐卿价格为三十余万金。此外，还给买武功爵的人授予官职。时间一久，爵位贬值，制度崩溃，“夺之，民亦不惧；赐之，民亦不喜。”多财者可以肆意妄为，即使犯罪也只须用钱“赎为庶人”，而且还能再度任官，重回社会上颐指气使。反观因言获罪的司马迁，则因为家无余财，无法用钱赎罪，被迫接受屈辱的宫刑，不禁令人感叹这真是一个堕落的时代。也正是“老大帝国”由极盛走向衰落之时，辉煌永恒、有如纪念碑一般的作品《史记》诞生了。与希罗多德后继无人的绝作《历史》相比，绵延两千年的中华正史之道由《史记》开启，而《汉书》即是这条跑道上最优秀的接棒者。

《史记》书影

武帝晚年迷信神仙丹药，这使得他喜怒无常，行事更乖常理。他无端怀疑有人以巫蛊之术谋害他，不分青红皂白地对身边的人大加株连与屠杀。征和二年（公元前91年），被捉拿的“大侠”朱安世在狱中告发丞相公孙贺的儿子与阳石公主通奸，且用巫蛊之术诅咒汉武帝。有关部门经过调查，认为罪名成立，公孙贺全家被族灭，涉案的两位公主也受牵连而死。武帝又任命佞臣江充详细调查，在酷刑与栽赃之下，数万人因此而死，太子刘据也受到江充的诬陷。在万般无奈之下，刘据发动兵变杀死江充。武帝认为这是太子想要谋反，派丞相刘屈氂率军讨伐。经过几天的血战，长安城内血流成河，死亡人数达到数万，太子一方彻底失败，皇后卫子夫、太子刘据先后自杀，同情或跟随太子的人，大多被处死乃至族诛。直到一年之后，武帝才醒悟刘据是无辜遭到江充栽赃，并非谋反，于是又反过来报复、屠戮奉命与太子作战的人。一两年间，前后四十多万人受到株连，刘氏皇族子弟与政治上层人物大量被杀，使汉朝中央政府元气大伤，史称“巫蛊之祸”。《汉书·武五子传赞》中引及秦时的战乱暴政，实际暗指武帝此番过错，较暴秦有过之而无不及，可谓一针见血。

仅从上述数例观之，武帝政治的暴虐便可见一斑。

唐宋以来，多以“秦皇汉武”连称，其实秦皇、汉武的相似不仅在于好大喜功的个人性格，他们从行为到施政都存在大量可以相提并论之处。武帝热衷于直接处理政务，架空宰相的制衡权，还因各种借口处死宰相，实际上对以宰相为主的文官政治产生了极大破坏，成为后世乱政、专权的根源。而武帝所爱用的，则是张汤、王温舒、杜周一辈辣手酷吏，与韩嫣、李延年、卫充一辈宠臣佞幸，在此“苛政猛于虎”的大背景下，汉代由武帝转衰，也就可想而知了。“秦皇汉武”在儒家史论中往往是反面教材，其原因及合理性在是。

第三节　从辉煌到寂灭

幸而，武帝在暴虐之后，尚能在晚年稍加反省，数次在诏书中表示悔过。其继任者也经过“盐铁之议”，重新改定了政策，使武帝终于避免重蹈秦始皇的覆辙。

征和四年（公元前 89 年），在石闾山的封禅仪式上，武帝曾说过“朕即位以来，所为狂悖，使天下愁苦，不可追悔”的重话，对自己的政治生命加以了无情的否定，并以“今事有伤害百姓、靡费天下者，悉罢之”作为亡羊补牢的方式。此时的武帝，刚刚受到两次重大打击。其一是前一年的时候，外戚出身的贰师将军李广利在出兵伐匈奴时，被人举报有谋立太子的行为，其同谋者丞相刘屈氂被腰斩，其妻下狱。李广利欲以战功求得恕罪，却因冒进而遭到惨败，干脆投降了匈奴。这一件事可称汉朝对外军事遭遇的一次重创。其二是武帝的身体每况愈下，服食丹药也没有什么用处，他终于认识到自己所爱的神仙方术不过是骗人把戏，长生不老并不可能，大感痛悔。几个月后，武帝又颁布了著名的《轮台罪已诏》，称"当今务在禁苛暴，止擅赋，力本农。修马复令以补缺，毋乏武备而已"，对过去征伐无度表示了反思，并对"军士死略离散""扰劳天下"表达了悲痛与哀伤。此后不久，武帝便撒手人寰，留下八岁的幼子刘弗陵继承一统江山。

对于这一诏令，当代学者倾向于认为，武帝只反思了征伐的"过度"，并未彻底否定征伐本身，只是希望在继续缓解矛盾、恢复经济、积累力量的基础上再度施展进取。对于武帝所安排的嗣君刘弗陵，与辅政大臣霍光、金日磾、上官桀、桑弘羊等人来说，"武帝寄予他们的希望是继续完成自己的事业"①。不论其说是否可称定论，至少在短时段内，武帝是希望以休养生息来挽救汉王朝的燃眉之急。

汉武帝死后，继承的汉昭帝刘弗陵（公元前 87 年—公元前 74 年在位）、宣帝刘询（公元前 74 年—公元前 49 年在位）在大将军霍光的辅政下，部分地改革了武帝时候的弊政，做到了与民休息，成功地化解了汉朝的统治危机，其治理被后世称为令西汉中兴的"昭宣之治"。

昭帝始元六年（公元前 81 年），在霍光的主持下，刘弗陵下诏征贤良文学，询问人民疾苦与教化之要。各地儒士纷纷提出，"愿罢盐、铁、酒榷、均输官，毋与天下争利，视以俭节，然后教化可兴。"② 这一建议部分地得到了政府的采纳，当时掌权的霍光轻徭薄赋，与民休息，逐渐废除与民争利的政策，使人民生活得

① 陈苏镇《〈春秋〉与"汉道"：两汉政治与政治文化研究》，288 页。
② 《汉书·食货志》。

到了一定缓和，“稍复文景之业焉”①。《盐铁论》中记载了贤良文学与御史大夫桑弘羊的激烈辩论，标志着这一时期治理方针的转向，这一转向甚至可以说与汉朝的存亡生死攸关。

宣帝刘询本名病已，是戾太子刘据的孙子，亦即武帝的曾孙。他出生仅仅几个月，就赶上巫蛊之祸，祖父、父亲全部在事变中丧生。在忠臣邴吉的帮助下，这个在襁褓之中的小婴儿才得以幸免于难，其身份后来得到武帝的承认。不过，即使如此，他也没有回归到皇宫的环境中，而是过着平民百姓的生活，这样的生活让他更多地接触到民间的疾苦，在施政时注意体察民瘼，与民休息。由于古代帝王名字需要避讳，群臣百姓不能直接称呼，但病、已二字却都是常用字，于是宣帝特地下诏改名为较为冷僻的询字，从此细节可以看出他对百姓的关怀。在位期间，他也注意施行宽政，勤于治理，总体来说是一位非常优秀的君主。但是，宣帝“有阅历，而无学问，故能理当时之务，而不能创远大之规”，“故喜柔媚之人，而不能容骨鲠之士”②。在宣帝的末年，外戚、佞臣势力已经逐渐抬头，为汉室的衰乱埋下伏笔。此外，宣帝的生活“颇修武帝故事”③，在奢侈方面有过之而无不及，在迷信求仙方面也浪费了大量财力。

元帝刘奭（公元前49年—公元前33年在位）与父亲宣帝好用法家“霸王道”不同，他是“柔仁好儒”的一位君王，尚能厉行节俭，励精图治，继续发展社会经济，同时打击匈奴，安定边疆。可惜的是，限于个人能力，元帝同样没有彻底清除朝廷中的奸恶势力，也没有根本改革解决社会的根本矛盾，因此只不过是暂时地缓解危机而已。国力虽然仍在上升，但却抵不过政治乱局的消耗。

此时的官员大吏，除了政治上有特权外，还同时具有商人、

---

① 《资治通鉴》卷二十三。

② 吕思勉《秦汉史》第五章第十二节。

③ 《汉书·王吉传》。

地主的身份，有地租坐享收利，还通过各种商业手段谋利——当然这些牟利与他们的政治特权互为表里。因此，当时的“诸侯妻妾或至数百人”①，而富人的生活则“舆服僭于王公，宫室溢于制度”②，社会风气之坏可想而知，而一般百姓生活之苦，受迫之烈，甚至直接可以从这些奢靡景象中推想出来。中国古代政权都基于小农经济，因此政治的安定、经济的收入都与农业发展情况有着密切关系。但在官员地主的榨取下，土地兼并愈演愈烈，农民失地之后，或成为流民，或成为奴隶。从国家角度看，这些人不但不再缴纳税收，而且往往成为社会不稳定的因素，国家经济与社会稳定都受到影响。而富人的疯狂敛财，又往往归于浪费，对社会毫无贡献。于是，汉帝国的财政与国力逐渐走向了没落。

汉哀帝与董贤的“断袖”故事

到汉成帝刘骜（公元前33年—公元前7年在位）的时候，情况更加恶化，政权开始走向崩溃。“成帝之无道也，足以亡国”③，在刘骜在位的26年间，国家多次遭遇到严重的天灾，经济进一步恶化；而成帝本人又是好色、嗜酒、贪游之人，任用的多是贪腐奸臣与裙带小人，急征暴敛、苛暴徭役的政策下一般农民连生存下来都十分艰难，而官僚还要大肆掠夺、残酷剥削。到了

① 《汉书·贡禹传》。
② 《盐铁论·刺权》。
③ 《读通鉴论》卷五。

哀帝刘欣（公元前 7 年—公元前 1 年在位）时，朝政完全由其男宠董贤把持，国家更加陷入衰败，“父子夫妇不能相保”“民有七死而无一生”①，彻底无可救药。于是，“等死，死国可乎”再一次成为历史的韵脚，农民与手工业者们先后发起多次起义，刘氏王朝的丧钟鸣响了。班固的《成帝纪》《哀帝纪》对成、哀二帝皆寓讽刺之意。

面对这样的危机，外戚王莽以大司马的身份登台辅政，以个人品德得到朝野的一致赞誉。随着赞誉的日趋隆盛，王莽的野心也随之扩大。他自比于周公，自封为“安汉公”，又逐渐晋升为“假皇帝”。终于，他受到所谓的“祥瑞”的鼓舞，代汉自立为帝，在宣告汉室覆灭的同时建立起新朝。王莽即位后锐意改革，却几乎每次都惨遭失败，经济的进一步崩溃导致了新的大暴动。不过短短 15 年，王莽的新朝就覆灭。经过长期内战后，取得胜利的是南阳的汉宗室刘秀，他自称接续汉室，同样以“汉”为国号，建立起国祚近二百年的新政权。后人为表区别，将刘邦建立的汉朝称为“前汉”或“西汉”，将刘秀建立的政权称为“后汉”或“东汉”。

新的时代再次开始了。

第四节　儒教的时代

通过上面的三节内容，我们简单地对西汉一代的历史作了介绍。对西汉的认知与理解，主要得益于班固《汉书》的材料与叙述。与之同时，也正是汉朝这样的时代，其政治上的波澜壮阔与思想上的新见迭生，才催生出了《汉书》这样杰出的著述。《汉书》虽然是东汉人写西汉的作品，但由于时代距离不甚远，某种程度上来说与“当代史”也有所接近，所接受的也是“当代”的

① 《汉书·鲍宣传》。

思想指导。

思想文化上，汉朝最具历史影响力的一件事，是儒家登上历史舞台。

汉景帝时，朝堂发生了一场颇有影响的争论，争论的双方是治《诗经》的大儒辕固与治黄老道家之学的黄生。论题是对历史上一件政权交替事件的评价——汤武革命是具有正当性的革命，抑或是以下犯上的弑君行为？辕固对汤武革命持支持态度，而黄生则持相反的意见。

我们首先来看《汉书·儒林传》记载的原文：

黄生曰："汤、武非受命，乃杀也。"

固曰："不然。夫桀、纣荒乱，天下之心皆归汤、武，汤、武因天下之心而诛桀、纣，桀、纣之民弗为使而归汤、武，汤、武不得已而立。非受命为何？"

黄生曰："'冠虽敝必加于首，履虽新必贯于足。'何者？上下之分也。今桀、纣虽失道，然君上也；汤、武虽圣，臣下也。夫主有失行，臣不正言匡过以尊天子，反因过而诛之，代立南面，非杀而何？"

固曰："必若云，是高皇帝代秦即天子之位，非邪？"

于是上曰："食肉毋食马肝，未为不知味也；言学者毋言汤、武受命，不为愚。"遂罢。

辕固认为商汤代夏桀、周武诛商纣，原因在于桀、纣因暴政失去民心，因此汤武革命是顺应天命人心而行，具有政权更替的合法性。这一观点无疑渊源于孟子"闻诛一夫纣矣，未闻弑君也"[①] 的思想观念。而站在反面立场的黄生则提出，社会秩序首先呼唤的是上下君臣尊卑有序的等级关系，这种等级关系是一种具

① 《孟子·梁惠王下》。

有先验合法性的固态，不容颠覆，而汤、武虽具有圣贤之德，但其德行应该以辅佐君主的方式来表现，而不应该选择以下犯上取而代之，其观念则与黄老之学重因循无为的思想相应。对此，辕固再次进逼，援引汉高祖刘邦取代暴秦的史事来打击黄生。辕固提出，如按照黄生的逻辑，以下犯上是没有政治合法性的“弑”，那么汉代秦而兴的这一事实本身也与汤武革命类似，国位来之不当。

辩论至此，处于主持地位的汉景帝插言终结了这个话题。汉景帝说，马肝是有毒之物，因此没有吃过马肝，不代表不知道肉味；同样的道理，学者不讨论汤武革命的问题也没有关系。或可以推想，景帝以这样含糊的方式结束了讨论，原因约有两个方面：

其一，这个问题本身是一个敏感的政治话题。正如辕固所说，黄生的观点否定了汉高祖代秦建国的合法性；而反过来看，辕固的观点也否认了汉帝国“一统万年”的可能，即当汉帝无道，失去民心的时候，就可以被臣下所颠覆代替，这对于古代的帝王同样也是难以明言接受的。从汉景帝的个人利益角度与当时的社会背景来说，这个问题无法给出答案。

其二，仅从现存的《汉书》记载来推测，在辩论的当场黄生没有给出回应，在场面上应该是属于下风的。而颜师古在注《汉书》时也认为，景帝圆场的话是“言汤武为杀，是背经义，故以为喻也”，即景帝基于儒家的立场来暗示黄生观点的不当。但以当时的思想倾向来看，黄老之学是官方提倡的意识形态，公卿多好读道家书，而儒学虽然也立了博士，但“诸博士具官待问，未有进者”①。汉代历任帝王皆不任儒生，其实际政治地位是较低的，因此汉景帝并没有正面支持辕固，而是用“顾左右而言他”的语言技巧化解了这场危机。

辩论虽然告一段落，但当时儒道两家的矛盾没有解决，在此

---

① 《史记·儒林列传》。

郭店楚简《老子》

之后反而有愈演愈烈之势。汉景帝的母亲窦太后更好黄老之学，与儒家学者的关系可称水火不容。在窦太后权势的影响下，景帝及当时的大臣都不得不读黄老书籍，并以之指导治国方针。一次窦太后问辕固对《老子》的看法，辕固毫不客气地说这是“家人言”（即升斗小民的浅见）。窦太后听了大怒，反诘道：“你说《老子》是小民浅见，难道要读你们这些犯人写的书吗？”（原文为“安得司空城旦书乎？”）还把辕固关到猪圈里，命他与猪搏斗，多亏景帝暗地里给辕固一把利刃，他这才杀死了猪得以被放出。

从这样的故事可以看出，汉初的官方意识形态以黄老之学为主，但儒家的势力也正在上升，两派之间逐渐呈现出不相容的势态。儒道两家在政治意识形态上的争夺，是历史原因与现实原因综合的产物。儒家的经学一般又被称为“王官之学”“六艺之学”，起源于春秋以前贵族垄断的官方学术，其内容注重于培养统治者的人格与讲述统治之道，本质上对于政治兼具辅助与监督作用，无法脱离官方支持而独立存在。汉初虽然注重休养生息，以黄老之学为统治思想的核心，但儒家思想并未完全退出历史舞台，儒生叔孙通就曾为高祖刘邦制定简单的礼仪制度。随着惠帝时期“挟书律”的废除，儒家经典不再是禁书，随后传授《诗》《书》等典籍的经学家多在朝堂被立为博士，同时也涌现出贾谊、晁错等熟悉儒家经典的思想家（即使他们不都是纯粹意义上的儒生），为武帝时儒家的复兴提供了思想基础。

黄老之学在汉初经济疲敝之时，有其独特的思想价值，但它本质上是一种适合于小国寡民的思想，随着汉代经济的逐渐恢复，这一思想的局限性也就逐渐显示出来。当汉代作为一个大帝国，

董仲舒

要在各领域进一步走向辉煌时，仅依靠无为而治不能满足需要，此时需要一种新的思想理论来开出新的局面。在这样的背景下，儒家因为本身的思想理论较为完善，且产生了大量的优秀人才，逐渐走上了历史舞台，并在接下来的两千年内占据主导的地位。当汉武帝继位之后，汉帝国拥一位有雄才大略的皇帝，并在近百年内积攒了大量的财富，新的时代也就自然而然地来临了。

同时，由于汉武帝好尚文辞，与崇尚简约的黄老之学格格不入，这更使得他一即位就表现出对儒学的偏好与对黄老之学的不满。建元元年（公元前 140 年）开始，武帝就征召了一批儒学之士，谋划对礼仪制度进行重新修订，并设置学官认定的五经博士。随着窦太皇太后（即景帝之母窦太后）在建元六年（公元前 135 年）病逝，旧的掣肘力量不复存在，武帝终于可以放手招揽儒学人才，黄老之学彻底退出了历史舞台的中心。

元光元年（公元前 134 年），广川大儒董仲舒应策问而上“天人三策”。在策论中，董仲舒博引经书话语来发挥对治国之道的理解，并在第三策的最后如是说：

> 《春秋》大一统者，天地之常经，古今之通谊也。今师异道，人异论，百家殊方，指意不同，是以上亡以持一统；法制数变，下不知所守。臣愚以为诸不在六艺之科孔子之术者，皆绝其道，勿使并进。邪辟之说灭息，然后统纪可一而法度

可明，民知所从矣。[①]

董仲舒提出，当今处于思想极为混乱的状态，在这种混乱之中，邪说易兴，而君王的执政、臣民的守法都没有指导，国家也就不容易稳定。为了国家建立起新的秩序，依照天地之大道发展下去，应该将孔子之学确定为官方正统的意识形态。其书上后，颇得武帝的称许，又在公孙弘等人的推动下，逐渐被定为国策，儒家思想从而正式成为官方的指导思想，在维持国家秩序、确定社会规范等方面都占据了主导地位，其势力压过了黄老道家之学与霸道法家之学等，成为当时最显赫的新学问。而以董仲舒为代表的儒门学者也登上了历史舞台，开启了儒教的时代。

概而言之，其思想的大端有两方面：

其一是通过解读《春秋》来提倡大一统。大一统的观念起源于先秦，而随着秦汉统一帝国的建立逐渐为人们所认同，到董仲舒时成为一种较为严密的政治理论。董仲舒认为，皇帝作为“天子”，是上天在世间的人格化代表，具有一定神性，因此皇帝应该以“圣王”的身份管理人类社会与世界万物，具有至高无上的地位与权威。在当时，诸侯王国多各自为政，在国内自立年号，政治、经济、文化都相对独立，不受中央政府管辖。且在景帝时期，诸侯王已成为国家稳定的重要障碍，先后爆发过吴楚“七国之乱”等事件，在表面的经济复苏后面仍蕴藏危机。在这样的背景之下，大一统思想的提出不仅仅满足武帝个人的欲望，对于整个国家新秩序的建立也有重要的积极意义，符合当时政治局面的需要。

其二是以天人感应说来制衡君王权力。汉代儒学中的“感应说”提出，地上的皇帝是受天帝精气而降生的，因此也就是天的代言人，具有“神授”的合法性。若仅有此，则皇帝堪称地上的神，可以无所不为了。但若想国家能够合理运转，则君王既需要

① 《汉书·董仲舒传》。

权力来治理整个国家，又必须受到一定的制衡，以免专行独断，荒淫无道。董仲舒综合了儒家、阴阳家两派的思想，提出天人之间的关系应当由灾异来沟通。“灾异者，天地之戒也”的观点是说，天是无言的，但却可以通过灾异的方式警戒天子的行为，一旦君王无道，就会有天降灾异以为警告。而灾异的具体含义，就需要儒家的圣人加以解说，以让君王改正错误，令君王所行合乎“五行”之运转。董仲舒提出，孔子既是王官学传统的弘扬者，又是创制立法的“素王”，虽然没有君王的职位，但其贡献大于君王；而董仲舒自已也“以春秋灾异之变推阴阳所以错行，故求雨，闭诸阳，纵诸阴，其止雨反是，行之一国，未尝不得所欲”，善于讲说灾异，并借此臧否政治，或许某种程度上正是自比于当代的孔子。

从科学的角度看，灾异属于自然现象，与政治人事没有直接的关系。相信灾异代表天的意志，并要求借此改变国家的政策，仿佛宗教中所谓的“神迹”“神通”，是信仰层面而非理性层面的内容，其特质与先秦时期儒家“子不语怪力乱神”有较大的差别。因此，我们这里将汉代称为“儒教的时代”，原因在于这个时期的儒家思想已经宗教化了，而非一种单纯的学术思想。但在当时的背景下，有“善言天者必有征于人，善言古者必有验于今”的普遍思想，天人感应是思想界共同承认的真命题；而在当时人的眼中，基于阴阳家五行说推导出来的对世界的认知，在医疗、占卜等领域颇有证验，恰好为其说法提供了实践例证。今天来看，在这一时期奠基的中医等学科，在方法与结论上也自有科学之处。不过，这种以士人身份制约君王的思路，自然会遭到皇帝的敌视和打压。

建元六年（公元前 135 年），辽东高祖庙、长陵陵园先后遭到火灾，董仲舒推断其意，草稿未上，却被素来嫉妒他的主父偃盗走奏上。根据《汉书·五行志》中的记载，董仲舒认为宗庙遭到火灾乃是即将亡国的天意。在春秋时期，孔子所处的鲁国处于定公、哀公即将亡国的时代。当时宫殿也曾失火，原因是国君违反礼的规定，且任用乱臣却罢黜圣人，所以天降惩戒。固然不知道这一观点是否即是董仲舒此次所写的内容，但董仲舒借灾异抨击君主的思想倾向已经非常明显了，他对朝政的暗示与讽刺也相当尖锐。

在讨论中，董仲舒的弟子吕步舒不知主父偃其实是偷的董仲舒的观点，以为“其说大愚”，为武帝打压董仲舒找到了借口，“于是下仲舒吏，当死，诏赦之，仲舒遂不敢复言灾异”①。后来董仲舒又因得罪于丞相公孙弘，被遣至胶西王处为相。胶西王刘端是汉武帝的兄长，“尤纵恣，数害吏二千石”，公孙弘把董仲舒派到胶西王处，其用心险恶可想而知。但董仲舒为人“正身以率下，数上疏谏争，教令国中，所居而治”，颇有大儒风度，得到胶西王的敬重而逃过劫难，得以全身而退。从这样的事件中可以看出，董仲舒虽然以其人格魅力与学识得到武帝的认可，但因其灾异说对于君王权力的制衡与冲击，也为当时的汉武帝和众臣所戒备、敌视。

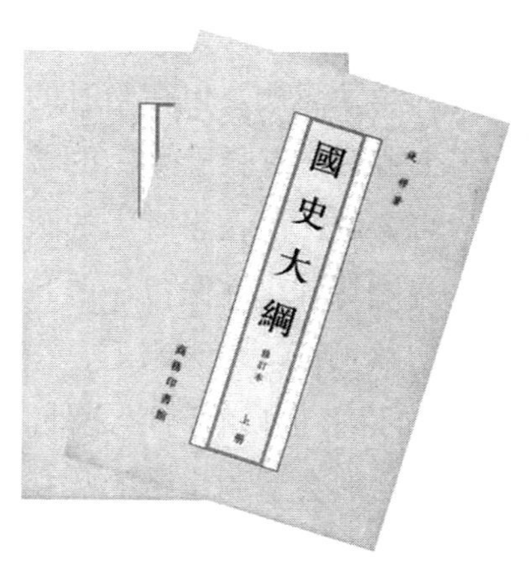

钱穆《国史大纲》

董仲舒虽然在政治上并不算太得志，但他的政治思想却留下了巨大的影响，西汉末年大学者刘向称许“董仲舒有王者之材，虽伊、吕亡以加，管、晏之属，伯者之佐，殆不及也”。不仅仅将董仲舒看作当时的群儒领袖，更称许他是可与伊尹、吕尚相提并论的圣人级人物，其德行与能力超过管仲、晏婴等名臣。钱穆

① 《汉书·董仲舒传》。

先生在《国史大纲》中总结出董仲舒一派持“变法和让贤论”学者主张的历史进程，即圣人受命→天降符瑞→推德定制→封禅告成功→王朝德衰，天降灾异→禅国让贤→新圣人受命。以上七个步骤形成了天道循环的公式，被认为是三皇五帝以来历史发展的普遍规律。汉武帝之后，国运逐渐走向衰落，时人往往以灾异为由头，上书明确要求汉帝禅位让贤，足见这种思想深入人心。汉成帝元延元年（公元前 12 年）谷永上疏称“明天下乃天下之天下，非一人之天下也”，更以“内则为深宫后庭将有骄臣悍妾醉酒狂悖卒起之败，北宫苑囿街巷之中臣妾之家幽闲之处徵舒、崔杼之乱；外则为诸夏下土将有樊并、苏令、陈胜、项梁奋臂之祸”[①]来警示成帝，其言论的尖锐程度在中国历史上是少见的。这并非单纯是谷永个人胆量所致，而是他的言论实际上与当时风气相一致，在他以前也有多次类似事例见于史籍。

与之相同，西汉的历代君王也都有类似的行为，他们多下诏召见、擢升善言灾异的学者，并通过他们对灾异的解读来改良政策。譬如，汉宣帝本始四年（公元前 70 年），由于北海、琅琊地震，宗庙毁坏，汉宣帝特下诏表示“盖灾异者，天地之戒也……朕甚惧焉。”[②]，要求丞相、御史大夫以下推举经学之士以备顾问。

在此思想背景之下，借灾异来攻击当朝政府，乃至谋求颠覆汉室政权成为一时风尚。昭帝元凤三年（公元前 78 年）董仲舒弟子眭弘、宣帝神爵二年（公元前 60 年）司隶校尉盖宽饶等多借灾异批评朝政，乃至要求汉室让位给贤德之人，他们虽遭到了惩处，但足见此类思想影响之深——公然暗示或明示当朝天子应当让位，这种理想主义在后世帝国中几乎绝迹。具有宗室身份的大儒刘向也明确提出“天命所授者博，非独一姓。自古及今，未有不亡之国”，以“天道”而非“血缘”作为自己的立论根据。此外以谶纬论政上疏者更是指不胜屈，足

① 《汉书·谷永传》。
② 《汉书·宣帝纪》。

见董仲舒确立的这一派理论的生命力量。

这一思想观念，随着王莽代汉自立新朝，以周制肃清汉制的极端改革而走向了极致。王莽因过度急于改革而走向失败，天下再度归于刘氏。在洛阳建立了东汉政权的新帝国号称与之前的西汉帝国一脉相承，因此不遗余力地斥责王莽是篡位的恶徒。历任东汉帝王均饱读诗书，深知经学阐释与政治清议的密切关系，于是逐渐建立起一套官方确定的谶纬系统，垄断了经典的解释权，以避免民间士人随意攻击朝政。也就是说，对于我们上文所介绍的董仲舒思想，东汉帝国进一步作了若干修改：加强了对大一统的提倡，乃至希望能够万世一统；以灾异来推行变法禅让的理论，基本退出了历史舞台，灾异堕落成官方垄断的迷信。但客观来说，王莽以儒教治国的政治理想与他接受的思想模式仍然对后世有较大的影响，高度尊崇儒学，将伦理道德神圣化乃至宗教化，而将皇帝定为最高权威，都代表着这个时代仍然不脱董仲舒的阴影，仍然是儒教占据绝对高点的时代。

另一方面，武帝以来，儒学对政治的实际影响也越来越大。武帝时的倪宽、张汤、吕步舒，昭帝时的直不疑，宣帝时的张敞等人，都借用《春秋》经文作为议政的理论依据，其观点得到天子、大臣的认可。“公卿当用经术，明于大义”的讲法，标志着儒家经学已经成为制定国家政策、法律的指导思想。

到了昭帝以后，丞相、御史大夫等重要职位，一般都由当世名儒担任，与汉初军人执政的“布衣将相之局”有明显的不同。而地方上的官员，也往往由儒生担任。西汉中期以后，政治上产生了重用儒生的风潮，表现出辟举名贤、讲求学问的政治风尚，“学而优则仕”，在此时逐步确定下来。

在这样的时代背景下，才产生了班固《汉书》这样的著作。书中以儒家哲学作为指导，重新系统解释汉代的历史，表现出与“成一家言”的《史记》完全不同的风貌。而本章所述的内容，也正是班固《汉书》的主要内容与其产生的历史土壤。

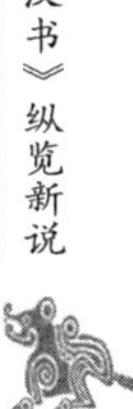

第二章
焕乎文章：《汉书》的作者及其产生

孟子曾对他的弟子万章有过这样的教导：

> 一乡之善士，斯友一乡之善士；一国之善士，斯友一国之善士；天下之善士，斯友天下之善士。以友天下之善士为未足，又尚论古之人。颂其诗，读其书，不知其人，可乎？是以论其世也。是尚友也。①

孟子说，如果一个人以天下之善士为友，却仍然感到不满足的话，他就应该与历史上的优秀人物神交。怎样才算是与古人为友呢？不可只读他们的作品，而应该了解其人格，研究其时代，这样才能真正地与古人为友。

这一段话，孟子的本意是向万章讲授交友之道，但也不经意提示了读书的方法，而这一“副产品”正“喧宾夺主”地成为后世学人所关注的重点理论问题。从读书这一方面来看，孟子的观念被后人提炼为“知人论世”四字，成为中国文学批评的重要方法，至今仍占据指导性地位。今天，中小学语文课上所讲授的、论文写作中所运用的“时代背景分析”“作者生平”等内容，乃至

① 《孟子·万章下》。

作家年谱、士人心态研究、作品风格分析等诸多或实证或鉴赏的领域中，都正是用“知人论世”的方法解读历史文本。

对于这一方法在阅读与研究中的有效性和必要性，清代学者章学诚进一步指出：“不知古人之世，不可妄论古人之辞也。知其世矣，不知古人之身处，亦不可遽论其文也。”① 当我们全面地了解作者的经历、性格、学养及他所处时代的社会风气以后，并在此基础上与之产生“心性之共鸣”，才谈得上对作者的“志”与“情”的客观认知与全面把握。“艺术家进行创作的动因，包括了他过去所有的生活状况，他在创作时的身心状况、意识和气质，包括所有能引起灵感现象的一切情况。这些情况严格说来，可以包括直到艺术家描写那件事为止以前全部宇宙的历史。”（英国美学家阿诺·理德）因此，在我们具体分析解读《汉书》之前，应当首先了解班固是何许人也，以及他生活在一个什么样的时代中，这种方法虽然看似古老，但却因其无数次地被历史证实，因而也是最有效的。

第一节　文章鼎盛的东京风貌

上一章中，我们对西汉的历史有一番简单的介绍，而班固（公元 32 年—92 年）所生活的时代，正是距离西汉不远的东汉初年。对这一时期，司马光《资治通鉴》评道：

> 光武遭汉中衰，群雄糜沸，奋起布衣，绍恢前绪，征伐四方，日不暇给，乃能敦尚经术，宾延儒雅，开广学校，修明礼乐。武功既成，文德亦洽。继以孝明、孝章，遹追先志，临雍拜老，横经问道。自公卿、大夫至于郡县之吏，咸选用经明行修之人，虎贲卫士皆习《孝经》，匈奴子弟亦游太学，

① 《文史通义·文德》。

是以教立于上，俗成于下。其忠厚清修之士，岂唯取重于搢绅，亦见慕于众庶。愚鄙污秽之人，岂唯不容于朝廷，亦见弃于乡里。自三代既亡，风化之美，未有若东汉之盛者也。及孝和以降……政治虽浊而风俗不衰……夫岂特数子之贤哉，亦光武、明、章之遗化也！

汉光武帝刘秀

西汉平帝元始五年（公元 5 年），汉平帝病逝。被当时朝野认为“周公在世”的王莽（公元前 45 年—公元 23 年）立两岁的孺子婴为皇太子，自己代理天子朝政，称“假皇帝”，改年号为“摄政”。两年后，王莽接受孺子婴“禅让”称帝，改国号为“新”，改元“始建国”，正式宣告了西汉王朝的覆灭。即位以后，王莽仿照周朝的制度进行改革，史称“王莽新政”。但由于施行的政策或违背客观现实，或实施不得其人，遭到了社会的严重反弹，从而加剧了社会的动荡，不论豪强贵宦还是平民百姓，都因改革加重了负担，获罪乃至家破人亡者不计其数。于是，各地百姓纷纷而起反对王莽。新朝始建国三年（公元 11 年）以来，中国大地先后出现了上百支力量或强或弱的起义部队，而其中南方的绿林军与北方的赤眉军力量最盛。在这样混乱的年代，刘姓宗室多趁乱起兵，但却势力单薄；而“乌合之众”的农民军则需要依靠刘氏的声望以自高身价，获取支持。地皇四年（公元 23 年），绿林军拥立宗室刘玄为帝，改元“更始”；又封南阳的刘姓宗室刘縯为大司徒、刘秀为太常偏将军，复用汉朝旗号，引起新王朝的震动。

王莽发精兵 42 万，号称百万，进击更始政权，却在昆阳战役中被刘秀彻底击溃，“滍水为之不流”。此战之后，新莽政权一蹶不振，是年9月，绿林军攻克长安，王莽死于混战之中，新朝仅仅持续15年就覆灭了。

此时，身处后方的更始帝刘玄却感到功臣威望过高会危及自身，干脆以不服皇威的名义杀害了刘秀的长兄刘縯。这一内讧之举导致了刘秀彻底与更始政权决裂。“跨州据土，带甲百万”的刘秀不肯也无法再屈居人下，终于在公元25年称帝，改元建武，定都洛阳。又经过12年的征战，刘秀终于荡平了全国的割据力量，完成了中国的统一，建立起持续200年的东汉政权。

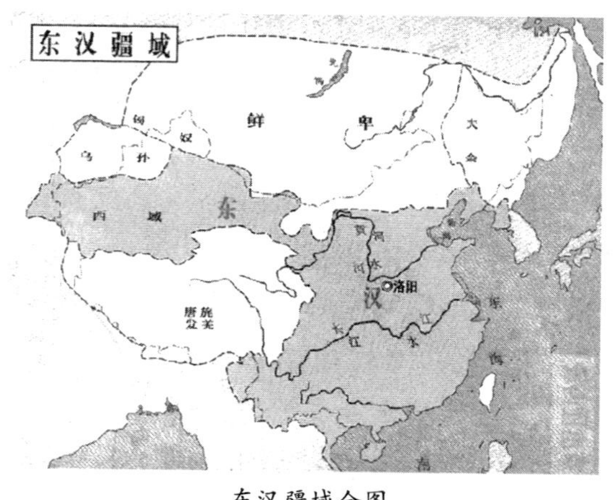

东汉疆域全图

在王莽的15年乱政与近20年的全国内战之后，新建立的东汉政权面临着秦汉之际同样的问题，那就是“天下疲耗”，人口“十有二存”，中央政府虽然重新建立起来，但国家人民的疲敝又一次达到极为严重的程度。对此，被后人称为光武帝的刘秀采取了“柔道”治国的方针，以促进社会发展与经济恢复。与西汉初年的无为而治不同，这次的“柔道”治国更多地表现出儒家仁政的色彩。刘秀本人是士人出身，少年时在太学专门学习过《尚书》，是历代开国帝王中受教育水平最高者。而他的即位又受到当时主流的谶纬学说的支持，与西汉末年谶纬书中“刘秀当为天子”的说法契合，因此“光武中兴”也就自然而然地运用儒家思想执政。“光武之得天下，较高帝而尤难矣”①，而刘秀在军事之外更为难能的是，他的“柔道”治国使开国功臣得以保全，“免

① 《读通鉴论》卷六。

死狗烹”的悲剧没有在东汉王朝上演，“光武之兴，条理、文献遂轶西京”①，更是将文化推向了新的高峰，而东汉也成为儒学大昌，以士大夫的气节慷慨名于后世的时代。

光武帝之后，明帝刘庄（公元 57 年—75 年在位）、章帝刘炟（公元 75 年—88 年在位）也熟读儒家经书，继续加强儒家礼治，他们统治的几十年，称为东汉的文明治世。“自三代既亡，风化之美，未有若东汉之盛者也”②，学术风气大盛，士人以恪守名节著称。能够轻徭薄赋，法律条文与政治体制也日趋细密与完善，人民的生活较此前有不少改善。但是，根据《后汉书》中的相关记载，即使是这一盛世时期，政治上也存在诸多弊病。汉章帝时期的名臣第五伦曾公开上书说：“光武承王莽之余，颇以严猛为政，后代因之，遂成风化。”③。此外，“百姓怨气满腹”④“人厌明帝苛切”⑤，也是时人的一般评价。足见，政治并非完全如后人所称颂的“柔道”。在东汉初年，吏民同样受到专制帝王的巨大压力，甚至有皇帝亲手殴打侍从的情况发生，在审讯中死去的官员更是不计其数。此后即位的章帝虽然以宽厚称，但却失之过宽，纵容了外戚的擅权，导致东汉王朝再次重蹈西汉的覆辙。同时，皇室的奢侈似乎比西汉时期扩大了，炫富成为社会上流行的事情。

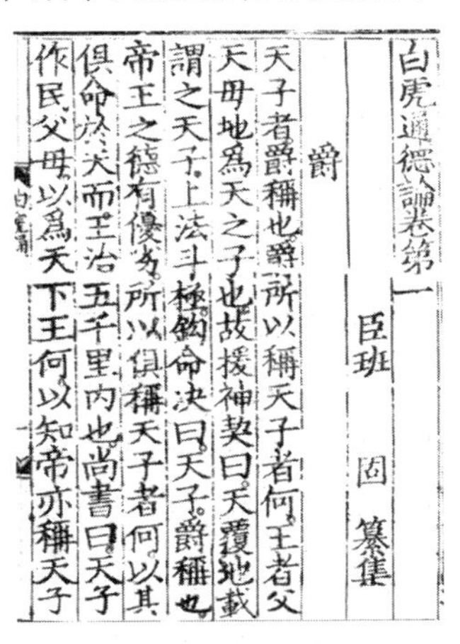
白虎通德論卷第一
臣班　固　纂集
爵
天子者爵稱也爵所以稱天子者何王者父天母地爲天之子也故援神契曰天覆地載謂之天子上法斗極鉤命決曰天子爵稱也帝王之德有優劣所以俱稱天子者何以其俱命於天而王治五千里內也尚書曰天子作民父母以爲天下王何以知帝亦稱天子

元代刻本《白虎通》

在学术上，这种专制表现为对士人独立发表见解的限制，通过对儒学若干问题的重新解释，为学术确定了

① 《陵川文集》。
② 《资治通鉴》卷六十八。
③ 《后汉书·第五伦传》。
④ 《后汉书·祭祀志》。
⑤ 《后汉书·章帝纪赞》。

官方标准。汉章帝建初四年（公元 79 年），章帝召集当时著名的数十位儒者，对儒家经典的真正含义展开学术争论，而由他亲自加以政治性的定论。由班固在《白虎通德论》中对此进行了详细整理。其后，东汉又先后涌现出卫宏、贾逵、马融等儒学大师。此外，文字学研究的基本著作《说文解字》由明帝时的大学者许慎完成；后代官方承认的“十三经注疏”中的《三礼注》《毛诗笺》皆出自东汉末年的儒学集大成者郑玄。许慎、郑玄堪称东汉经学的代表人物，他们的出现并非偶然，他们是在东汉王朝提倡儒学大背景下经由长期积淀而涌现出的杰出之士。

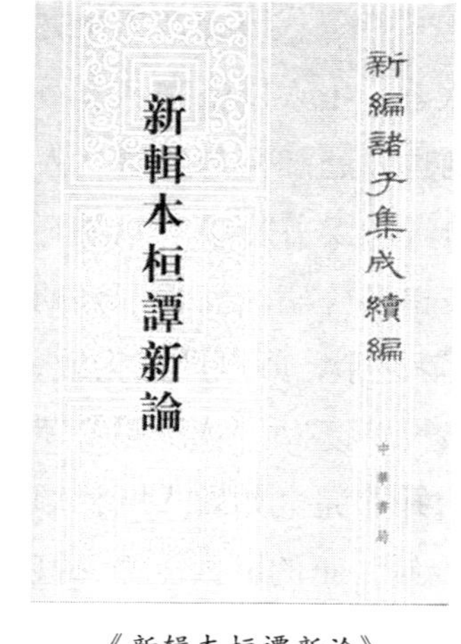

《新辑本桓谭新论》

除经学研究有新的进展之外，大的思想家也逐渐出来发表独到见解。桓谭（约公元前 23 年—约公元 56 年）博学五经，以训诂大义为主，著有《新论》29 篇。他蔑视当时流行的章句之学，反对当时流传的谶纬之书，在当时具有极高的学术地位。但由于反对谶纬得罪了光武帝刘秀，在晚年被贬六安，病逝于途中。比其略晚的王充（27 年—约 97 年）师从班彪，效法桓谭，博览百家，对儒学与老庄之学都有研究。他在《论衡》中提出“神灭无鬼”等思想观点，尖锐批评了天人感应的宇宙观，被今人认为具有唯物主义色彩。桓谭、王充都对当时的儒学神学化倾向进行了严厉的批判，对后世思想的开展起到了积极作用。但追根到底，他们的立场依然是儒家的，只不过代表的是与官方不同的另一思想派别。

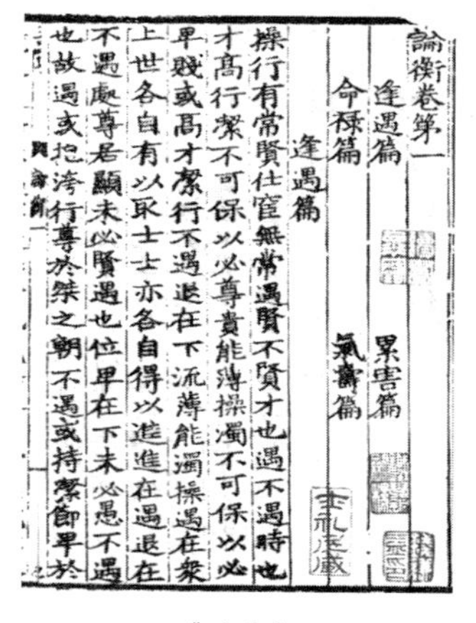
論衡卷第一
逢遇篇 累害篇
命祿篇 氣壽篇
逢遇篇
操行有常賢仕宦無常遇賢不賢才也遇不遇時也才高行潔不可保以必尊貴能薄操濁不可保以必卑賤或高才潔行不遇退在下流薄能濁操遇在衆上世各自有以取士士亦各自得以進進在遇退在不遇處尊居顯未必賢遇也位卑在下未必愚不遇也故遇或抱洿行尊於桀之朝不遇或持潔節卑於

《论衡》

在这一时期，史学同样是官方注重的显学。东汉明帝、章帝时期，官方组织开展了长期的校书、修史活动，大量学者集中于东观、兰台，对国家档案、图书进行整理和利用。毫无疑问，这些学者都应该具有较高的知识修养与小学功底。除却《汉书》以外，重要的史学著作尚有多种。明帝时期，班固等学者被命令修撰后来被称为《东观汉记》的当代史，这部至少有143卷[①]的巨著在东汉近二百年中多次被重修，在相当长的时间内被人们当作与《史记》（在早期的流传中，《史记》一般以《太史公》或《太史公书》的书名为人所知，《史记》成为书名专称是东汉末期的事，但为了行文的方便，除部分引文而外，我们概以《史记》称之）《汉书》并列的典范类史学著作。此外，杨终曾“受诏删《太史公书》为十余万言”[②]，据说是为了方便皇帝在政务繁忙中浏览，但其中应该带有相当的意识形态色彩。在杨终之前，民间性的行为尚有光武帝时期卫飒《史记要传》（一名《史要》）“约《史记》要言，以类相从”[③] 的抄史工作等。这一时期的史书多已散亡不传，但从《隋书·经籍志》等书的著录来看，其数量远远超过西汉时期，并且在史料选取与史学理论上也开始富有时代特征，官方意识形态色彩概已浓郁。

《东观汉记》

举目文学，东汉时代同样较此前有所不同。

诗歌方面，应当指出，文人五言诗的体式是在这一时期得以建立的。传说最早的五言诗是西汉中期时苏武李陵写作的一组，但一般被认为是伪作，此外传说为卓文君、枚乘、班婕妤等所作

---

① 本书今仅存22卷的辑本，但《隋书·经籍志》著录为143卷。

② 《后汉书·杨终传》。

③ 《隋书·经籍志》。

也不可信。那么，较早可确认为五言诗的当推班固的《咏史》。诗中咏西汉文帝时期缇萦救父事，可能是班固因修史被人举报入狱时所作。这首诗艺术手法还比较粗糙，但毕竟“史笔诗才有合辙矣”①，标志着这一时期诗体的新变与咏史诗的诞生。

汉明帝在永平六年（公元63年）曾专门下诏，要求杜绝章奏中的浮词，提倡实事求是的文风。以西汉最为盛行的辞赋一体来说，此时如班彪的《北征赋》、班固的《幽通赋》《两都赋》等，在内容上分别属于纪行、述志、京都，是东汉时期涌现出的新的赋作类型，内容由虚构为主转向注重征实。从文学主流风格上来看，也体现出由铺张扬厉的大赋向抒情言志小赋的转变。班固《汉书》文风远较《史记》为简净，也正与这种文学演变的大方向相合。

班固像

应当特别指出的是，在东汉初年这一历史时期里，不论是经学领域的《白虎通德论》，还是史学领域的《汉书》《东观汉记》，乃至文学领域的赋、诗等文体，都离不开本书的主人公——班固。可以看出，班固正是走在这个时代前沿的佼佼者，而他也最终被青史盖棺论定为不世出的史学大师。

第二节　禀训于祖：班固的家世

家庭环境对一个人性格的形成有重要的作用，在礼仪、知识、眼界、品位、气质等方面，家庭的教育都起到了至关重要的作用。一定程度上来看，家庭教育能够决定一个人的成就。

① 王夫之《古诗评选》。

在中国古代的宗法制度下，家族血缘传承成为不可越过的问题，“人是社会关系的总和”，人不能脱离其客观环境而存在，传记中介绍一个人的时候，也往往要从他的家庭开始写起。因此，在进入到班固与他的《汉书》之前，我们首先也应该了解班固的家世情况。

在《汉书》最后一篇的《叙传》中，班固介绍了他的家族，这是我们了解其家世的第一手资料。

按照班固的自述，班氏的祖先，可以追溯至春秋时楚国的政治家斗子文（因他曾担任楚国的令尹，故史称令尹子文）。因为子文出生的时候，曾被丢弃到云梦泽中，而得到老虎的哺乳，因此给他取名縠于菟，字子文，以纪念这段经历。“縠于菟”即楚方言乳虎的意思。子文的儿子名叫斗班，“班”也是虎的意思。到秦灭楚国的时候，其后裔迁居晋、代之间，而正式以班为氏。

这一故事的可信性有多大，我们已经不得而知，因为斗子文虽然据说是班氏始祖，但春秋战国间数百年的班氏世系，连班固本人都无法说明，或许这种追根认祖亦存在不少附会的成分，可以说是与“世守太史”，家族世次历历可考的司马迁不同的。《叙传》中确定提出的班氏始祖是秦汉之际的班壹，他曾避乱于楼烦，“致马牛羊数千群”，“以财雄边，出入弋猎，旌旗鼓吹，年百余岁，以寿终”，应该是当时有影响力的豪强，而且或许也是汉民族向外扩张的重要人物之一。班壹且能得到百姓的尊敬，所以当时人往往也取字为“壹”。如武帝时马邑有豪商聂壹（据传他是三国时候魏国名将张辽的祖先），他曾在元光元年（公元前 134 年）进言，以自身为诱饵向匈奴诈降，希望诱敌深入，一举歼灭，以保障边境的安定。这一计策虽然失败，但他也以“马邑之谋”留名青史。

班壹以后的历代班氏成员，多在朝廷内担任一定的官职，而以其玄孙班况最有政绩，在上河农都尉的任上，考核连续获得第一名，班况的女儿也成为汉成帝的婕好。婕好，又写作倢伃，颜

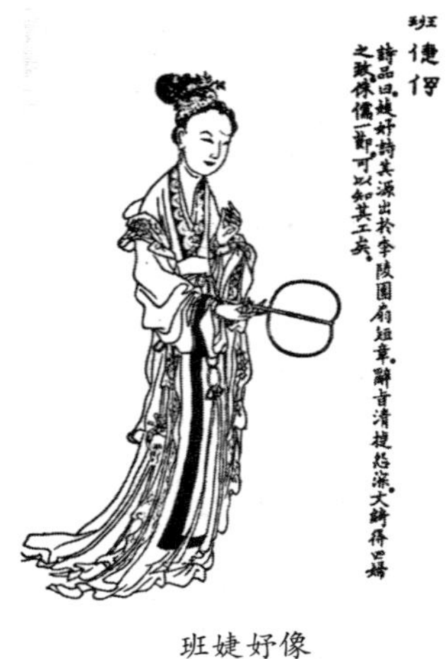

班婕妤像

师古认为，“婕，言接幸于上也。好，美称也”。虽非皇后，但这一称号却代表着能够得到皇帝的宠爱，往往是汉代后宫女子晋升为皇后的必经之路，其爵位可与列侯相比，足见显赫。班婕妤熟读《诗经》与《窈窕》《德象》《女师》等语录类著作，能诗善赋，又能践行古代礼节，可见文化水平相当高。其《自伤赋》《捣素赋》和传说是她所作的五言诗《团扇歌》（一名《怨歌行》）至今存世，在西汉文学史上颇有地位。《班婕妤集》一卷，在宋代王应麟的《玉海·艺文志》中还有著录。

可见，班婕妤是一位有文采而又善修养的女子，从这里可以看出班氏家族注重文化教育的家风。

随着班婕妤的入宫，班氏家族成为了外戚，逐渐走上了历史舞台。不过，由于很快成帝爱上了骄妒成性而又好进谗言的赵飞燕，班婕妤多次被诬告，而不得不主动申请去长信宫供养太后，其实相当于被打入冷宫。因此，与汉代外戚多能掌权不同，班氏家族并没有因班婕妤而成为政坛上呼风唤雨的风云人物。

据班固的记述，班况除生了女儿班婕妤外，还有三个儿子。长子班伯精通《诗经》《尚书》《论语》等经书，其老师是著名的大臣、《齐诗》学家师丹。班伯因容貌俊美，讲学有法而得到大将军王凤的赏识。他被封为中常侍，属于有特殊地位的内臣。班伯为人慷慨有节，施政也有才能，当他不幸于38岁那年病逝的时候，朝廷上下皆为之哀悼。次子班斿博学多闻，曾跟随刘向校勘整理中央图书馆所藏的书籍，颇得汉成帝的赏识，获得过成帝赏赐的“秘书之副”——相当于复制了一套国家图书馆的藏书，其规格之高可想而知。由于学问的深厚，班斿也为当时身为外戚，后来取

汉而代之的王莽所敬重。班斿同样早逝，他的儿子班嗣兼修儒学和老庄思想，以人品与学问显于当世。

班况的幼子名叫班稚，也就是班固的祖父，为人方直自守。当王莽代汉时，他虽与王莽有私交，但却拒绝上书粉饰太平，因而罢官归家。不过，对于他的学术水平，似乎并没有太多的记载。

随着西汉帝国的覆灭，班氏家族不再具有外戚身份，荣宠的地位也随着世运的迁播而逐渐降低。但从这一段的历史中，我们可以看出，班氏家族虽然财力雄厚，更拥有外戚的身份，却与通常的纨绔子弟或权臣佞幸不同，班氏家族更看重以学术自励的好学精神，历代子弟都有较高的文化素养，而又注重个人品德的修养，堪称难能。

与中国历史上的其他朝代不同，谈到汉代学术尤其是西汉学术的发展，就不可不顾及家族学问的历代传承。这种家族历代相传的方式有诸多好处。除了可以使后代更快地学到长辈的学问之外，在当时还有无法比拟的优势。

在汉代，书籍流传的载体主要为竹简与帛书两种，其中帛书较贵，一般百姓连帛的衣服都买不起，更谈不上以帛写书。竹简的成本虽然较低，但制作起来也较复杂，还有体积大、笨重等缺点，不易传播，同样也不易为一般平民阶层所得到。因此，西汉时期的藏书家以贵族阶级为主，历代家财丰厚，乃至有高官爵位，方有购买收藏典籍的经济实力。直到东汉以来，纸张开始用来抄书，成本降低，并有了专门卖书的书肆，一般人才有更多的机会来学习知识。

一般的师生传授，往往以口传为表现形式，学生记忆老师授课的内容与思想，并根据自己的理解传授给门徒。这种方式的弊端就是，人的记忆能力有限，难以转益多师，同时向多家学习；即使只师从一位老师，也难保自己的记忆与理解不变形。因此，如果没有书籍的质证，就谈不上博览各家的不同观点，更难以进行有效的学术讨论。在这样的背景下，世家传承学术就显得尤为

北京大学藏西汉简本《老子》

重要了。此外，古代并不存在今天的“义务教育”制度，识字都难以普及，论及效率，还是以父子世袭传承最为便当。随着西汉的倾覆，班氏一族不再显贵，乃至到了班固、班超一代的时候，“家贫，常为官佣书以供养”①，也就是受雇于官府抄书谋生，可见经济情状颇为窘迫。但班氏留下的文化遗产仍然泽被子孙后代。当时邹鲁地区有谚语云“遗子黄金满籯，不如一经”②，是说黄金虽好，但总会花完的，而传授给子孙的学问，不仅可以帮助他得到官职与俸禄，更可以完善其人格，这才是长久之道。士人家族能够长期维持其社会地位，而外戚、商人等豪族容易破落，并非没有道理。

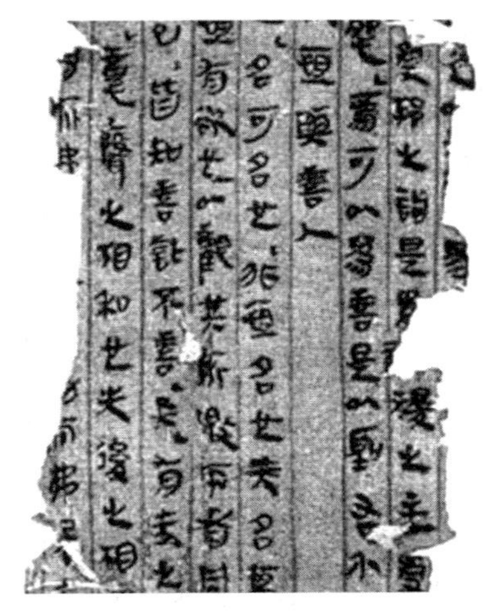

马王堆出土帛书《老子》

班固的父亲班彪（公元3年—54年），字叔皮，生活在西汉末年到东汉初年，其间经历了王莽、刘歆对儒学的变革，以及两汉之间的政权交替。班彪少年时，与堂兄班嗣一起游学，熟读儒家经典。又因为班家得到过皇帝的赐书，因此当时的学者纷纷来拜访借书，包括扬雄、桓谭在内的著名学者也与班家多有过往，且对一些问题有学术讨论。

① 《后汉书·班超传》。

② 《汉书·韦贤传》。

在这样的背景下，班彪的学术思想逐渐成形，他“唯圣人之道然后尽心焉”，成了一位醇儒。

班彪20岁时，“遭王莽败，世祖即位于冀州”，正是改朝换代的战乱之际。更始二年（公元24年），为了躲避战乱，班彪举家从长安迁出。班彪首先北上“指安定以为期”，到泥阳（今甘肃省宁县）凭吊了祖上班壹的庙宇，感慨“祖庙之不修”的萧条景象。随后，又西向到达天水，投奔割据在那里的隗嚣。见面之后，隗嚣问班彪世运如何，是将重归战国分裂，抑或由某个杰出之士统一中国？班彪回答说，时代已经与战国大不相同，“汉承秦制，改立郡县，主有专己之威，臣无百年之柄”，汉代有民心所归，割据力量却无社会基础，因此全国终将被汉统一，而割据者没有前途。由于隗嚣抱有割据一方、逐鹿天下的野心，这次谈话以不欢而散告终。

五年后，洞明刘秀“汉家复兴”力量的班彪再次写下了《王命论》等文章，纵论古今得失，以为天下一统是历史趋势，坦诚地劝谏隗嚣归顺中原的刘秀势力。这篇被誉为“中国文献中表述政治原则最完善和最清楚的”① 文章虽然“敷述昭情，善入史体”②，但隗嚣为人“井底蛙耳，而妄自尊大”，坚持偏霸一方的策略，不能采纳班彪的建议，因此班彪无奈而移居到河西居住。这篇文章被明代文学家林希元评价说：

> 首段说帝王有命，更无人破得；中段说二母知命，真可以愧奸雄之心；末段叙高帝成帝业初，更无余说。此等文字于世道不为无补，非苟作者。

不过，为了说服隗嚣，文中也大量地讨论了“天命”“灵瑞”

① 《剑桥中国秦汉史》，703页。

② 《文心雕龙·论说》。

等迷信内容，有着浓厚的时代烙印。从历史记载看，班彪似乎并非酷爱谈说灾异之人，这里或许是为了“方便说法”而采用的特殊说理方式。隗嚣依然还是不为所动，但历史发展却证明了班彪结论的正确性。

河西大将军窦融素知班彪的美德，邀请他出仕，以师友之礼相待，任为从事，负责监察。班彪“为融画策事汉，总西河以拒隗嚣”，力劝窦融归顺刘秀。归汉之后，班彪又深得光武帝刘秀的赏识，仕途尚称顺利。但班彪为人“仕不为禄，所如不合；学不为人，博而不俗；言不为华，述而不作”①，“以通儒上才，倾侧危乱之间，行不逾方，言不失正，仕不急进，贞不违人，敷文华以纬国典，守贱薄而无闷容。彼将以世运未弘，非所谓贱焉耻乎？何其守道恬淡之笃也”②。虽然“数应三公之命”，但却“辄去”，并不留恋官场，其品格个性非一般的官僚可比。班彪在为京官之时，曾多次进谏，请求朝廷表彰、任用人才；在任职地方的时候，能够施行仁政，“吏民爱之”。

班彪曾长期在京城太学任教，学问深厚为人所知，后来成为著名思想家的王充就是班彪的优秀门徒之一。建武十二年（公元36年），34岁的班彪开始潜心钻研史学，经过15年左右的努力，完成了《后传》65篇，以补司马迁《史记》之未备。这些成果不但影响班固投身史学研究中，而且有相当一部分内容经修改后成为《汉书》的某些篇章，存留于今。他的史学思想也对班固有极大的影响。班彪留下“赋、论、书、记、奏事合九篇”，大部分至今仍见于《后汉书》《文选》《艺文类聚》等书中。不过，班彪52岁就病逝于任上，或许他的才能还没有完全发挥出来，而班家经济也因班彪的逝世而陷入贫困。

班彪生子女三人，班固是班彪的长子，其弟班超、其妹班昭

---

① 《汉书·叙传》。

② 《后汉书·班彪传》。

也是历史上重要的优秀人物。在班彪逝世之后，弟妹二人跟随班固度过了一段艰难贫困的时光。

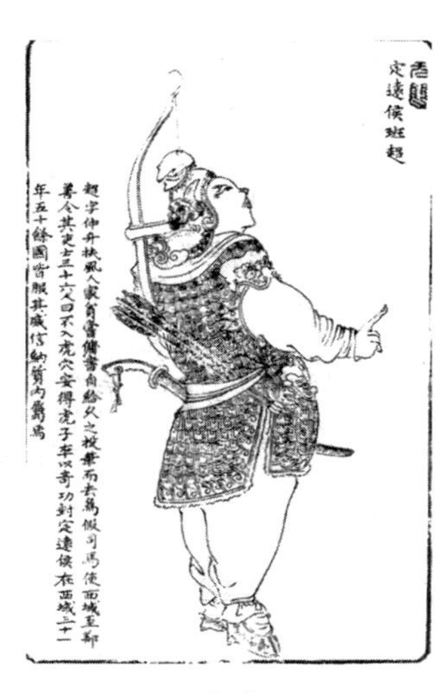

班超像

班超（公元32年—102年）与班固同年出生，字仲升。为人“内孝谨，居家常执勤苦，不耻劳辱”，少有大志，善于辩论。汉明帝永平五年（公元62年）时，30岁的班超因生活所迫，不得不为官府抄书以换取佣金养母。[①] 久而久之，乃掷笔而叹：“大丈夫无他志略，犹当效傅介子、张骞立功异域，以取封侯，安能久事笔研间乎！”于是投笔从戎，跟随车都尉窦固出击匈奴，又曾出使西域各国。汉明帝永平十六年（公元73年），班超率领部下出使西域鄯善国。刚开始，鄯善国王对班超等人恭恭敬敬，后来突然冷淡起来。班超敏锐地觉察到，这一定是匈奴使者同时来到，鄯善王首鼠两端，不知道该归顺谁。于是班超叫来负责接待的鄯善使者，出其不意地问出了匈奴使者的情况，并召集部下36人，对大家说：

> 不入虎穴，不得虎子。当今之计，独有因夜以火攻虏使。彼不知我多少，必大震怖，可殄尽也。灭此虏，则鄯善破胆，功成事立矣。

班超告诉部下，如果不先发制人消灭匈奴使者，万一鄯善王归顺匈奴，我们便将死于塞外，更谈不上建功立业了。今天我们应该以“不入虎穴不得虎子”的精神夜攻匈奴，消灭其使者，震慑鄯善王，才是壮士所为。天刚刚黑，班超就率领部下纵火偷袭，

---

① 朱维铮先生据此事推断班固、班超当为同父异母，颇有道理。

班超亲手杀死三个匈奴人，部下杀死匈奴人三十余人，烧死一百余人。此战之后，鄯善全国震动，鄯善王立刻决定归顺汉朝。班超因功得到了汉明帝的奖励。

在三十多年的外交生涯中，班超凭借个人的智勇，维持了与于阗、疏勒的关系，孤立打击了与汉朝为敌的龟兹、焉耆等国。在班超担任西域都护的岁月里，五十多个西域国家臣服了汉帝国，他派出的使者甘英甚至出使大秦（罗马），虽未能实现目标，但甘英经过条支、安息各国，直到西海（波斯湾）沿岸而还，在中外交通史上写下了浓墨重彩的一笔。而班超本人也因其卓著的功勋，被汉章帝封为定远侯，以“班定远”之名流芳千古，而“定远”二字也正可以看作是对班超生平的总结。班超的儿子班雄、班勇均继承父业。其中较杰出者为班勇，汉安帝时，他任西域长史，率兵五百人前往西域，与龟兹国联合起来，击败匈奴伊蠡王。此后，他还领导西域各族联军大破北匈奴呼衍王，进一步巩固了汉朝在西域的统治。后来，班勇还奉汉安帝的命令，接续他的伯父班固的《汉书》，撰写了讲述东汉边境情况的《西域传》。因为班

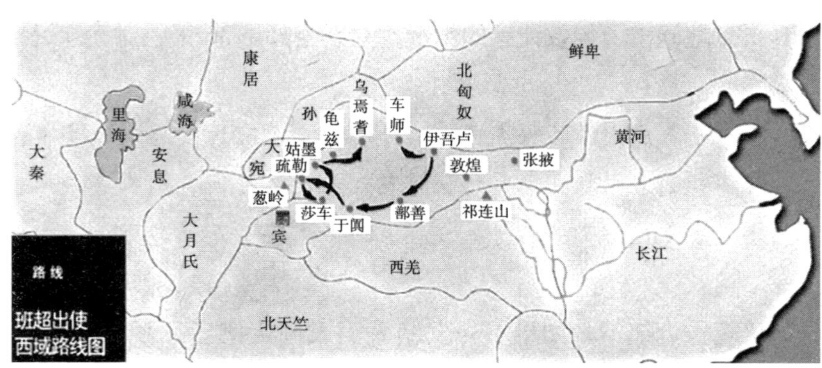

班超出使西域路线图

超父子的丰功伟业，范晔在撰写《后汉书》的时候，将班固的传记附于他父亲班彪之后，特为班超独立一传，可见对他的特别揄扬。

班固的妹妹班昭（约45年—约117年），也是女性中罕有的杰出学人。她又名班姬，字惠班，为三兄妹中年纪最小的。她嫁给同郡人曹世叔为妻，一举一动合乎礼仪，并以博学高才闻名于世。在班固死后，她还奉诏参与了对其未完成的八《表》与《天文志》的写作，皇家的东观藏书特别为她开放，供她查阅，而东汉著名的大学者马融也跟随班昭学习《汉书》的内容，足见她的学问不仅在女子中少有，即使男子中的顶尖学者也多不如她。班固的《幽通赋》，也曾由班昭作注，至今仍保存在《文选》李善注里。她的文章共16篇，被编为3卷，现在仅存有《东征赋》等6篇。

班昭像

汉和帝知道班昭的学问，多次召她进宫给皇后、贵人讲课，每当有珍奇贡品进贡到朝中的时候，和帝就让班昭作赋颂以讲述其珍奇。众人都对班昭的品行与学问表示敬重，因此尊称她为“大家”（“家”读作“姑”）。在汉代，“大家”的意思有二：其一是亲近侍从对皇帝的尊称；其二是对贵族女性长辈的尊称。称班昭为“大家”，又作“班母”，是对其辈分之尊、德行之崇的表达。仅从这个称呼，就可看出班昭在当时的地位来了。和帝病逝后，他的妻子邓皇后临朝听政，也让班昭参与政事，并封她的儿子曹成为关内侯。其实，邓皇后刚刚进宫时，就曾跟随班昭学习经书、天文、算数，二人间的友好关系持续了数十年。晚年的班昭曾写作《女诫》七篇，它们成为古代女子礼仪规范的重要教材。这部《女诫》虽然被后人理解为宣扬男尊女卑的封建教科书，但是班昭的写作却并非出于这样的目的。在当时，女性负责“奉宗庙”的

曹大家女誡

曹大家姓班氏名昭後漢平陽曹世叔妻扶風班彪之女也世叔早卒昭守志敎子曹穀成人長兄班固作前漢書未竟昭續成之次兄班超出鎮西域封定遠侯以老乞還未蒙詔允昭伏闕上書超乃得歸和熹鄧太后嘉其志節詔入宮以爲女師賜號大家皇太后及諸貴人皆師事之著女誡七篇

女誡原序

鄙人愚暗受性不敏蒙先君之餘寵賴母師之典訓年十有四執箕帚于曹氏今四十餘載矣

被列为“女四书”之一的《女诫》

主祭行为，所谓“女人之常道，礼法之典教”，其意义在于对当时男女地位的再平衡。

班超、班昭的才能与学问略如上述，而班固作为他们的兄长，有学术与品行兼备的父亲与祖先，又有出色的弟弟妹妹，其家族不可谓不美满。相比于班超的燕然勒铭，班固更多地继承了家族尤其是父亲班彪的学术，他的学问更加深厚，一部《汉书》流传千年，成为中国史学史和文学史上不朽的著作。

第三节　一代大儒：班固的生平与思想

班固（公元32—92年），字孟坚。据《后汉书·班固传》记载，他9岁时已经能够写文章、诵诗赋，大了以后又博览群书，对诸子百家的思想都有深入的了解。当王充见到13岁的班固时，一番对谈后，他抚摸着班固的背对班彪说：“此儿必记汉事。”或许，这时候的班固就已经对历史学展现出了浓厚的兴趣与天赋吧，而王充的预言也在随后得到了历史的见证。

班固读书既有家学渊源，又能广泛地向众学者学习，因此学问非通常皓首穷经的儒生可比。他治经学，注重用训诂方法解说文本大意，不屑于当时繁琐冗杂的章句之学——当时的章句之学虽是西汉以来流行的显学，但却已经成为利禄之徒争夺地位的工具。桓谭《新论》里提到，“秦延君能说《尧典》，篇目两字之说，至十余万言；但说‘曰若稽古’三万言。”动辄以数万乃至数十万字解释简单的文字，既浪费时间和精力，又没有什么实际的用处，因此学者多批评“章句小儒，破碎大道”。而东汉学术界所推重的“通儒”或“名儒”，一般都博学兼通，不屑为章句之学。《汉书·艺文志》中如是批评了西汉后期以来的学风：

> 古之学者耕且养，三年而通一艺，存其大体，玩经文而已，是故用日少而畜德多，三十而五经立也。后世经传既已乖离，博学者又不思多闻阙疑之义，而务碎义逃难，便辞巧说，破坏形体；说五字之文，至于二三万言。后进弥以驰逐，故幼童而守一艺，白首而后能言；安其所习，毁所不见，终以自蔽。此学者之大患也。

班固在经学领域具有极深的造诣，超脱出了这种学风的不利影响，在时人看来具有学术领袖的风范。

汉章帝建初四年（公元 79 年），官方召集各地儒生，齐聚都城洛阳的白虎观，发起了旨在讨论五经异同、弥合学派冲突、重建思想权威的白虎观会议。会议中由五官中郎将魏应秉承章帝旨意提问，侍中淳于恭奏答讨论情况，章帝在现场裁决。经过几个月的争论，章帝认为问题基本得到了解决，就命令班固记录成定稿。班固因此写成的《白虎通德论》一书（又称《白虎通义》《白虎通》等），成为统一当时经学的典范之作。在经学是官方意识形态的大背景下，与班固生平交往过的同事、师友中，长辈如桓谭、尹敏、桓梁、晋冯等，平辈如王充、贾逵、李育、傅毅、杨终等，都是闻名一时的经学专家。班固与他们多有交往，乃至于有长时间的共事经历，互相熟悉对方的思想观点，应该也有学术上的讨论与交锋，而班固在其中则是“性宽和容众，不以才能高人，诸儒以此慕之”的那一个，学术与人格都颇得当时人的推重。

除了在经学方面卓有成就之外，班固还是有名的文学家。

所谓“一代有一代之文学”，唐诗宋词元曲，各称不同体裁的文学巅峰，而汉代最为独特的文体当推汉赋。汉赋是一种铺排藻饰、韵散结合的文体，其类型可分为三种。汉初的六十年，是骚体赋的时期，贾谊的《吊屈原赋》《鹏鸟赋》直接受到楚辞的影响，在体制上与楚辞颇为类似，不易判然分别。武帝以后，汉赋文体产生新变，演化成为篇幅巨大，动辄数千字的“散体大赋”。汉赋以善于铺排藻饰、语言华丽为特色，雍容温厚是它的文学品质。这样的作品，只有在国家富庶的太平盛世才会产生，汉赋的华美繁荣，就是大汉朝的华美繁荣，汉赋的世界，也正是汉人想象的自己的生活世界。为了防止这种文字诱惑帝王穷奢极欲，在赋的结尾往往用几句劝讽之语收束，以表示地大物博的珍奇世界虽然值得夸耀，却并不构成君王可以奢侈享受的理由，实际上是较为婉转地表示对君王的劝谏或批评，内中具有一定的思想性。

毫无疑问，汉赋最有代表性的作家是武帝时期的司马相如，他的《子虚赋》《上林赋》《大人游猎赋》等赋作代表了汉赋的最高水平，他在汉代文学史上与发愤著《史记》的司马迁齐名。在其赋作结尾的讽喻中，往往有尖锐直率之语。如武帝喜好神仙之术，司马相如便上《大人赋》以讽谏，文中有“必长生若此而不死兮，虽济万世不足以喜”的话，希图劝止武帝对神仙虚妄之事的幻想。司马迁在《史记·司马相如列传》中对这种文体给予了高度的评价，认为合于《春秋》《易经》的隐微之道，而讽谏思想又与《诗经》相合，其推重可见。

但是，由于汉赋的体式所限，其赋作虽然以劝谏为宗旨，但前面的铺叙太过美好夸张，反而将劝讽的内容遮蔽掉，甚至起到激发帝王铺张游乐的反面作用，因此遭到西汉末年扬雄的批评。可以看出，当时人对于文学的要求，不仅仅是文辞上的抒情与美，艺术并不是最高的价值，在此之上还需要有符合于儒家伦理规范的思想以作为判定。如果没有儒家伦理的规范，即使是优美的作品也没有什么社会地位。西汉宣帝时，王褒以《洞箫赋》等赋作深受宣帝喜爱。当时有人以此类文章无用进谏，宣帝引用《论语》里的话回答说："不有博弈者乎，为之犹贤乎已。"孔子以这句话讽刺天天无所事事的宰予，说即使是掷骰子下棋也比闲着不做事好；宣帝引用此语，实际上是把赋当作赌博之类的消闲游戏，而不在乎其中有没有价值，看似辨护，实兼贬抑。

司马相如

东汉时期的儒学风气更加浓厚，历任皇帝如光武帝、明帝、章帝等都在名师的指导下熟悉经典，连他们的皇后也多能诗善文，熟读典籍。在这样的大背景下，文学写作的观念也产生了变化，文学家们更加注重作品的思想内涵，将其作为自己参与政治的手段之一，因此文章多带有一些"儒学气"或"正统气"。而班固正是这一时期的代表人物。

班固赖以成名的赋作是他的《两都赋》，这篇赋在艺术手段和政治思想上都在当时有相当大的成就和影响。该赋属于散体大赋，较少抒发个人感情，铺叙夸耀的笔法较多，最终则归于讽劝的政治立场。——班固能够写出优秀的赋作，很大程度上与他对文字学的精通有关系，他曾著有《太甲篇》《在昔篇》各一卷，并续扬雄《仓颉训纂》十三章，皆是文字学方面的著作。

在介绍写作宗旨的《序》中，班固将赋比作上古时期承担教化功用的诗。他总结西汉司马相如、董仲舒等人的赋作，称赞说"或以抒下情而通讽喻，或以宣上德而尽忠孝，雍容揄扬，著于后嗣，抑亦雅颂之亚也"，有了这样的文章，大汉就得以"炳焉与三代同风"，堪称历史上文化繁荣的美好时代。班固所处的东汉初年，虽然自称接续西汉帝国的政统，但毕竟已经是一个新的国家。建武元年（公元 25 年），汉光武帝刘秀建都洛阳，改变了过去二

班固《班兰台集校注》

百多年来都城建于长安的惯例，也因此引发了不少争论，要求迁都回到长安成为相当一部分人的政治诉求。到汉明帝年间，杜笃的《论都赋》再次成为“长安耆老”的政治武器。基于此，班固撰写了《两都赋》，针锋相对地表达自己的见解。

《两都赋》分为《西都赋》和《东都赋》两部分，盖对司马相如《子虚赋》分为《子虚赋》《上林赋》这样的赋体写作方式有所模仿。赋中虚拟了这样一个场景：长安的宾客向洛阳的主人盛称长安的美好，希望朝廷重新迁都返回长安（西都）；而东都主人闻之喟然而叹，讲述东汉初年“建武之治，永平之事”的制度对人民更加有利，远远好于长安那遗传于秦王朝的奢侈。在虚拟的争锋中，代表长安派的西都叟“矍然失容，逡巡降阶，惵然意下，捧手欲辞”，表示认输。

赋的上下两部分表现出不同的风格。

《西都赋》为了表示长安的奢华，铺张渲染较多，犹近西汉风格。“长安宾客”大力夸耀了“故穷奢而极侈”“乡曲豪俊游侠之雄”的社会形态，通过夸耀丰富的自然资源、豪华的生活条件，以说明长安作为都城的优越性。

而《东都赋》则批评说，这不过是“秦人”的矜夸，而不如大汉的文治。西汉沿袭了秦的制度，乃至与秦同样选用了长安为都城，但这不过是“计不得以已也”，是无可奈何的权宜之计，必将被“建武之理，永平之事”的礼乐文明取而代之。在“东都主人”（也就是班固）看来，有文治之盛，自然会有四夷宾服。西汉极盛时期不能征服的外国，都会臣服于东汉的文明盛世。这种盛世恰好是要对穷奢极侈的生活、游侠恣肆的社会进行拨乱反正，而以“德”作为根本标准。文学风格上，《东都赋》更倾向于实证，对地利、礼俗等的描写比较具体，也少用生僻字词，体现出东汉时代风貌的变化。

《两都赋》以其明畅的风格，开创了京都大赋的体制，而班固也因本篇文章，被后人称许为与司马相如、扬雄、张衡齐名的汉赋四大家之一。不过，班固本人的野心却不止于此。他借“长安宾客”的口，称许“东都主人”是“义正乎扬雄，事实乎相如”，比扬雄和司马相如还要高明。（由于张衡生在班固之后，因此这里并没有提及。）

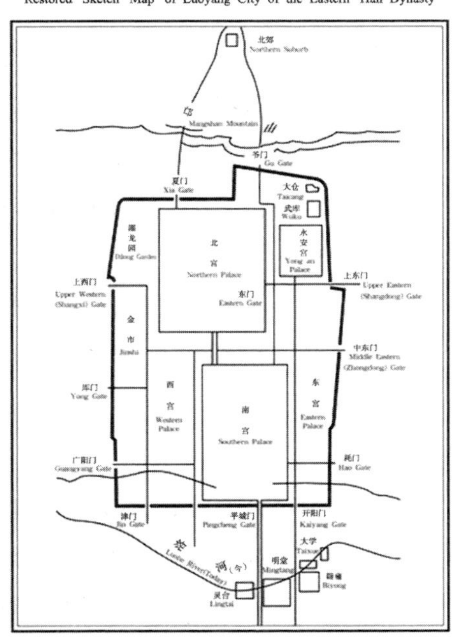

东汉洛阳城复原示意图

以今天的眼光看，《两都赋》的政治见解未必高明。诚然，东都洛阳在地理上位于全国的中心，但却并不适于建都。西都长安位居关中平原，有“四塞之固”的地理优势，对“山东地区”可以起到压制作用，便于内部统治。同时，其地理偏于西北，将全国重心倾斜过去，利于防御西北边疆的外患。这是洛阳所不具备的优势。

不过，因为本赋中的政治见解是以东汉王朝为正，并善于表现儒家思想与礼制秩序，所以得到了汉明帝的赞赏。到章帝时，班固因其文采“日益得幸”，多次被召入禁中。章帝出巡时，班固献上赋颂；朝廷大议时，班固主持辩论，颇见宠幸。

作为汉代顶级的赋家，班固还有几篇赋作也颇具特色。

班固 23 岁时，因父亲班彪去世，乃归乡里继续父亲的修史事业。也大约在此前后，他写作有《幽通赋》以抒发自己的情感与思想。这是一篇骚体赋，而其结构和立意乃至用典也都受到了屈原《离骚》的影响。赋的开头首先叙述家世，通过家世来抒发自己的遭遇与志向，在反思历史人物悲剧命运的同时，进而对宇宙人生与忧患祸福发出自己的观点。这种写法应该认为就是出于楚辞的文化血脉。这首赋感情激烈而又旁征博引，可以明显看出早年班固已经“博贯载籍，九流百家之言，无不穷究”。而赋中表达的激烈情感，可以反映出班固对社会现实与个人命运的不满，而这可能正是他内心思想的本真体现。班固只将这篇赋收入了《汉书·叙传》，或许正是暗示着这一思想与他从事修史工作的内在关联。范晔更在《后汉书·班固传》中一针见血地指出“固自以二世才术，位不过郎，感东方朔、扬雄自论，以不遭苏、张、范、蔡之时，作《宾戏》以自通焉。”

班固心中常常有才能不被任用的感慨，这种感慨（或牢骚）从他早年已经表露出来。永平元年（公元 58 年），年轻的班固曾作《奏记东平王苍》，向刘苍推荐当时的人才，并引用“必有非常之人，然后有非常之事；有非常之事，然后有非常之功”的话语，既是推举人才，同时亦暗含自许之意。

类似的感情到了班固中年时依然存在，当他 40 岁作《宾戏》时，“立功”之心再一次在作品有所流露。班固平生没有太高的官职，虽然汉帝对他的才能颇为欣赏，但是这主要是文学和学术上的，并非政治上的。班固兰台令史的职位不过相当于今天国家档案馆、图书馆的馆长，主要负责修史工作，虽然能读到大量的书籍，代表着对其学术成就的认可，却没有太高的品级，政治影响力不大。在班固专心钻研儒学与撰写《汉书》的过程中，有人讽刺他并未建立功业，他也感到自己不能处在战国的策士时代而建立不世军功，因此写作了以设问为叙事方式的《宾戏》（全名《答宾戏》）来抒发感慨。

在赋中，班固设置了两个对立的角色。一个是以建功立业为人生目标的宾客，另一个是沉潜著述，研究天地圣人之道的主人。班固站在主人一边，以“立言”的人生道路驳斥了宾客“立功”的价值观，但却可以看出，宾主双方并不是截然对立的，实际上代表着班固怀才不遇而又自求排解的矛盾心理。他并非认为著述立言是最高价值，只是时代没有给他立功的机会，他不得不自我安慰而已。换言之，这里既包含着对自我立言的抬高，又包含着不能立功的自卑。而一旦有了建功立业的机会，班固正是锐意向前的那个。

汉和帝永元元年（公元 89 年），58 岁的班固投奔了飞扬跋扈的外戚窦宪，跟随他北征匈奴，主持幕府中的文书事务，参议军中大事。这一次的北征，既成就了班固建功立业的愿望，却也为他的悲剧命运埋下伏笔，堪称一把命运的双刃剑。

在战争中，窦宪大获全胜，斩杀敌军 20 余万人，去塞 3000 里，在燕然山刻石纪念，成为历史上有名的“燕然勒功”典故。

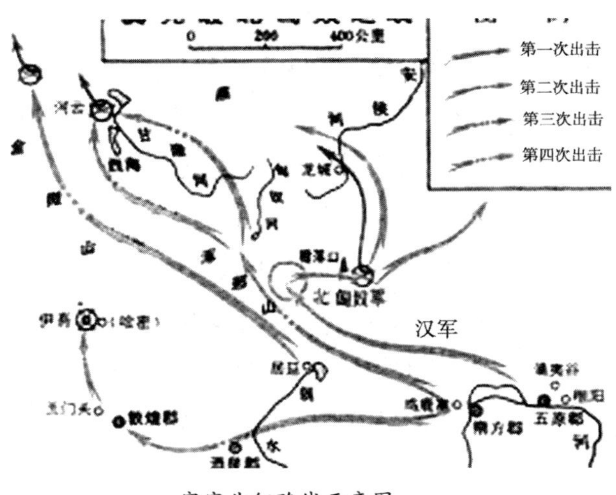

窦宪北征路线示意图

班固也写下了《封燕然山铭》《窦车骑北征颂》等诗文以歌颂此事。这一类文本往往被人目为谄媚权贵的“谀辞”，冠冕堂皇的文辞背后多隐含有某种不足为人道的意义。班固跟随窦宪，实际上具有两面性：既是对“立功报国”的渴望，又不乏对名利的渴求。在此后的两年中，班固也多次跟随窦宪出兵，终于彻底将北匈奴击败，其余部西行迁徙，不再对汉朝产生威胁。爱德华·吉本的《罗马帝国衰亡史》中说，正可能是这一系列战役后被迫西迁的匈奴人，一路扫荡直抵西欧，直到世界文明的另一处中心——“永恒之城”罗马城下，成为撼动整个西方文明的一场噩梦。有诗赞曰：

胡尘一入哥特西，罗马万金拜单于。
谁知全欧黄太岁，却是汉关夜遁骑。①

《罗马帝国衰亡史》

话头且回到汉朝这边。窦宪仗恃对外用兵有功，在国内更加飞扬跋扈，乃至于阴谋篡权夺位，终于在永元四年（公元92年）被汉和帝剥夺兵权，他本人及兄弟、党羽、亲友也多被撤职乃至诛杀。班固本人虽然没有直接与窦宪的反叛扯上联系，但因为他与窦宪的亲密关系，自然难免嫌疑，其本人也被免去了所有官职。然而，班固的厄运并未到此为止。他常年忽略对家族中人的约束，“不教学诸子，诸子多不遵法度，吏人苦之”。由于缺乏应有的教育，班固的儿子们多违法乱纪，令人反感。甚至，他家的奴才都敢在酒醉之后怒骂洛阳令种兢，可见放纵程度之严重。一看到窦宪失势，种兢立刻将班固逮捕入狱，严加问讯，并导致班固死在狱中。

班固之死应该是较为冤枉的。在他死后，汉和帝深表惋惜，

① 顾城《读史》。

严厉斥责了种兢，并让具体负责班固案的官吏抵罪。但是，班固之死，也有其自身的原因。除本人投靠窦宪，所托非人，贻人口实之外；他对于儿子、家奴缺乏应有的约束，更是他遭到种兢等人报复的直接原因。从根本上看，这与崇儒尚贤的班氏家风并不符合，或许这些行为是在班固长期怀才不遇的抑郁状态下引发的。从中我们可以看出，这种怀才不遇的心理可以成就人的事业，但也会令人心态失衡而走向反面。班固的成功一定程度上受益于他不满足的心理，但他的行为多有不慎，乃至于导致悲剧的命运。

除此之外，班固的五言诗《咏史》也是中国历史上最早的咏史诗，在上一节中我们已经有所介绍。

《隋书·经籍志》著录有《班固集》十七卷并《典引》一卷（附蔡邕的注），应该即是《后汉书》列传所说的“《典引》、《宾戏》、《应讥》、诗、赋、铭、诔、颂、书、文、记、论、议、六言，在者凡四十一篇”，其中的重要文章基本都保存了下来。

从历史评价上，我们也可以看出古人对班固的认知。在史学史上，他与司马迁并称“班马”，如同天空昭彰的日月——后人谈及“班马”，一如“李杜”“苏辛”，彪炳后世、密不可分。在文学领域，他还与扬雄、张衡并称“班扬”“班张”，在经学方面与马融并称“班马”。考虑到这些人与班固并非生于同一时代，那么这样的并称似乎可以暗示我们，班固的学术地位在当时恐怕罕有人能够撼动。

《汉书》

唐代历史学家刘知几提出了“史家三长”论，认为好的史学家应该具备史才、史学、史识，也就是要博览群书（史学），有透辟的历史见解（史识），还要有较好的叙事表达能力（史才）。从上文的介绍可以看出，班固无疑是符合这一条件的人选，他写作的《汉书》成为史学史上的奠基之作，绝非偶然。

第四节　成于众手：《汉书》的撰述过程

班固从汉明帝永平元年（公元 58 年）开始写作《汉书》，到汉章帝建初七年（公元 82 年）才基本完成，前后花了 25 年时间，足见其写作的谨慎。但需要知道的是，虽然今天我们把班固当作《汉书》的作者，但他只是其中起到了决定性作用的那一个人，在他以前和以后，都有其他人为《汉书》的写作付出了相当的心血。

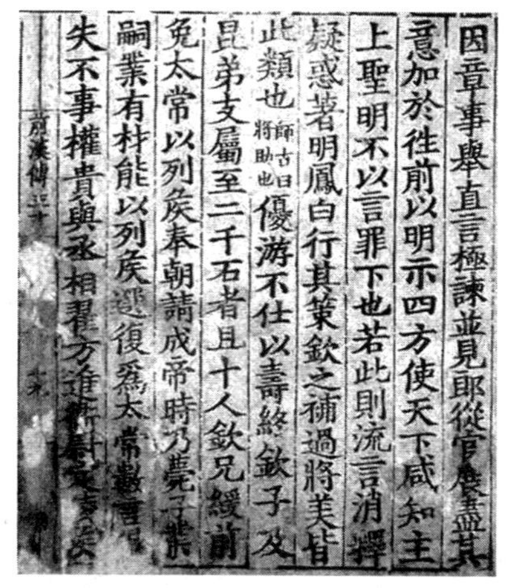

因章事舉直言極諫並見郎從官衆盛其
意加於往前以明示四方使天下咸知主
上聖明不以言罪下也若此則流言消釋
疑惑著明鳳白行其策欽之補過將美皆
此類也師古曰將助也優游不仕以壽終欽子及
昆弟支屬至二千石者且十人欽兄緩前
免太常以列侯奉朝請成帝時乃薨子業
嗣業有材能以列侯選復爲太常數言得
失不事權貴與丞相翟方進

前漢傳五十

宋版《汉书》

在班固以前的时代里，最为杰出，且叙述时间跨度最长的史学著作当推司马迁的《史记》。但《史记》的记事仅到汉武帝为止，此后的事迹不再记录。后来学者对此阙如感到遗憾，因而着力于搜罗史料，补充传记，以成为《史记》的续篇。史籍明确记载的，在西汉时期，刘向刘歆父子、冯商、扬雄等十余位史学家就已经自发投入到这项工作中①，褚少孙所续补的十余篇文章至今还存于今本《史记》之中，成为补充司马迁记事阙略的重要材料。但除了《西门豹》等部分篇章较有价值外，大部分补撰之作被后人目为“多鄙俗，不足以踵继其书”②，仍有不少提升的空间。有鉴于此，班固的父亲班彪立志写出一部超越前人，足以与司马迁《史记》相提并论的著作。他根据官方档案与坊间传闻资料，

① 《史通·古今正史篇》。
② 《后汉书·班彪传》。

写出了《史记后传》65 篇（一说有百余篇），并且“记事详悉，义浅理备”①。从体例看，班彪的写作包括本纪与列传，而取消了《史记》设立的世家一体。列传应该是以单人为篇，并不同于后来《汉书》合多人入一传的体例。

在相当长的一段时间内，《史记》只藏在宫廷，而无法被世人所读到。西汉成帝时期，约与班斿同时的东平王刘宇向朝廷求取《史记》，但却遭到了拒绝。可见，《史记》这样的书并不是谁都能看到的，一定程度上说是身份的象征。直到东汉永平十二年，汉明帝还专门赐《史记·河渠书》等给当时的治水名臣王景，足见这时候《史记》依然是常人难以读到的一部秘籍。但班斿却以“受诏进读群书”而得到了“密书之副”，这里的“密书”应该也包括《史记》等史学著作。因此，班氏家族能够从事撰史工作，很大程度上得益于家藏的大量典籍。

除了内容上的丰富之外，班彪对于史学也有自己独到的看法。他认为，司马迁的《史记》虽然采摭资料丰富，文笔优美，堪称良史，但是写的还是有疏略之处，体例也不尽完善。更要命的缺陷是，《史记》在议论上“浅而不笃”，尤其是以黄老之学为宗，提倡致富等功利性很高的行为，与儒家的仁义道德相违背。班彪在旨在表达其政治思想，并劝说隗嚣归附汉朝的《王命论》中指出，秦汉以来郡县制度已经成为常态，彻底代替了周代所行的封邦建国之制。随着郡县制度的相沿，大一统思想深入人心，刘氏王朝成为天命所归，且有天人感应的事迹为证，而豪杰割据则是开历史的倒车。这种思想正是两汉时期的儒家正统思想。

在这样的指导思想与前期成果之下，班固接过了父亲手中的如椽之笔，开始了他的撰史历程。

正如司马迁撰写《史记》是继承父亲司马谈的事业一样，班固修《汉书》也是从整理父亲班彪的遗作开始。感慨于父亲 65 篇

① 《论衡·超奇篇》。

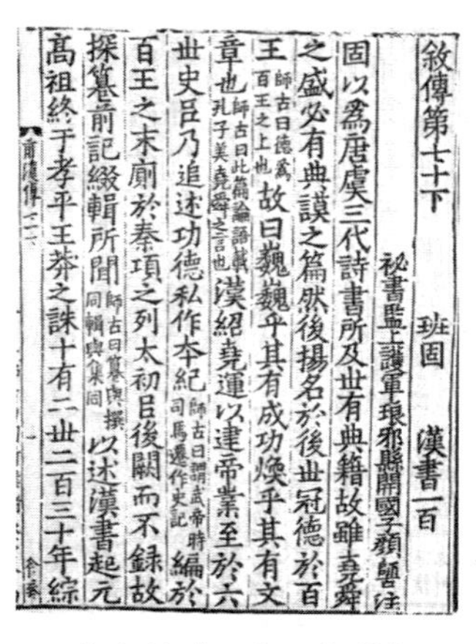
敘傳第七十下　班固　漢書一百
秘書監上護軍琅邪縣開國子顏師古注
固以爲唐虞三代詩書所及世有典籍故雖堯舜之盛必有典謨之篇然後揚名於後世冠德於百王（師古曰德冠百王之上也）故曰巍巍乎其有成功煥乎其有文章也（師古曰此篇論語載孔子美堯舜之言也）漢紹堯運以建帝業至於六世史臣乃追述功德私作本紀（師古曰謂武帝時司馬遷作史記）編於百王之末廁於秦項之列太初以後闕而不錄故探篹前記綴輯所聞（師古曰篹與撰同輯與集同）以述漢書起元高祖終于孝平王莽之誅十有二世二百三十年綜

北宋刻《汉书·叙传》

传记对汉代的记述依然“未详”，在班彪遗作的基础上，班固重新拟定了写作体例，展开了自己的写作。

不过，这项工作的开始不无波折，班固为此曾经身陷囹圄，乃至于有性命之忧。

永平五年（公元 62 年），有人上书向汉明帝，称班固有私自修改国史的违法行为。有鉴于西汉年间知识界宣扬“易姓受命”论的过度自由，东汉政府便借弘扬学术之机，抢夺了学术的统治权，更加强了对士人私家著述的控制。由于修史被认为必须要具有“宣汉”的政治正确性，因此官方对于修史活动控制得非常严格，而私自修史（篡改国史）不免令人怀疑是否出于司马迁式借古讽今的政治目的，因此属于“私改作国史”的违法行为。或因为此，班固在完书之后的《叙传》中也未提及父亲的私修史籍的活动，乃至被人认为有“盗窃父史”① 的“遗亲攘美之罪”②。与班固几乎同时，扶风郡有苏朗伪造图谶的行为，大抵是通过制造预言、隐语来达到自己的政治目的。结局是苏朗遭到了严厉的惩罚，本人死在狱中。班固的事件被告发后，他本人同样下狱，所写书籍也被查抄没收。幸亏其弟班超从乡里到洛阳向明帝上书，得到召见后详细讲述了班固写书的指导思想。当时的东汉政府正在寻求一部可取代《史记》影响的史籍，同时也有必要在修史大权收归官方之后尽快提出一部有水平的成果。于是明帝了解原委后，亲自审查了查抄来的书籍，认为此书水平很高，思想上并无“反动”之处，这才赦免了班固，并加封他为兰台令史，特命参加官府藏书的校

① 《颜氏家训·文章》。
② 《文心雕龙·史传》。

勘工作，让他与陈宗、尹敏、孟异等人修撰光武帝刘秀的《世祖本纪》。兰台令史虽然俸禄不过百石，且可以有六人同时任职，但在学术上却有其地位。根据《论衡·别通篇》的记载，“通人之官，兰台令史……班固、贾逵、杨终、傅毅之徒，名香文美，委积不继，大用于世”，足见一时士风的推许。

此外，他还写成了记载东汉初年史事的列传、载记28篇，进呈给明帝，成为《东观汉记》修撰的开始，是我国官修当代史的发端。

在此期间，班固在朝中为郎，主要工作是校勘官府藏书，为他进一步拓宽阅读面、了解政府档案起到了很好的促进作用。他的著述工作也在顺利进行，而随着列传、载记进呈给皇帝，明帝看后表示满意，又批准他继续撰写《汉书》，提供了政治上的支持。明帝还专门下诏班固，批评司马迁“至以身陷刑之故，反微文讥刺，贬损当世，非谊士也”①。这种评价既暗含了对班固的肯定与期许，同时或许亦对班固有所警戒：在政府的支持下，你班固应该有所克制，注意“尊汉”的大宗旨，不要写成《史记》那样的“谤书”，否则，司马迁的命运将会是前车之鉴——这种有条件的支持对《汉书》的写作是有利还是不利？历史并没有给我们留下确定的答案，只是用这一部史学杰作《汉书》无声地诉说着一切。

在这样的写作环境下，班固历经二十余年的光阴，终于在章帝建初七年（公元82年）完成了《汉书》的撰写。他自己对《汉书》应该是相当满意的，在《叙传》中，班固这样说：

> 凡《汉书》，叙帝皇。列官司，建侯王。准天地，统阴阳，阐元极，步三光。分州域，物土疆，穷人理，该万方。纬《六经》，缀道纲，总百氏，赞篇章。函雅故，通古今，正

---

① 《典引·序》。

文字，惟学林。

班固用这一小段韵语简单明了地概述了书的主要内容，而又表现出对本书水准的极高自信。同时代的人大体也与他持近似的看法。“当世甚重其书，学者莫不讽诵焉”，正是学术界对班固努力的最好报偿。这一部书，从体例与内容上应与班彪的遗作有较大不同，几乎完全是班固个人的再创作。

当然，说《汉书》经过了班固的“再创作”，并不等于《汉书》句句是新，与前人全不相同。毕竟历史事实就在那里，考据征实是史学的立身之本，叙事客观精准才是最高评价。除了猜想班固阅读、引用了大量当时的宫廷档案、书籍等第一手资料外，他对前人的修史成果也多有使用。

杨树达《积微居小学金石论丛》

首先，可以推断的是，班彪的《史记后传》，其主要内容与思想对班固的写作有重要影响。《汉书》中的《韦贤传V》《翟方进传》等引用、提及“司徒掾班彪曰”的内容，可认为属于班彪原文。《元帝纪》赞“臣外祖兄弟为元帝侍中”，《成帝纪》赞“臣之姑充后宫为婕妤”，分别指班彪的外祖父金敞与姑姑班婕妤，显然出自班彪而非班固之手。从这里“臣”的自称，我们也可以揣摩班彪修史的笔法与目标读者。至于班彪对班固间接的影响，更是数不胜数。最明显的则是，班彪对《史记》的主要观点被班固部分地借用、化入到《司马迁传》“赞”中。值得顺带一提的是，这些内容明确著明了班彪的著作权，被章学诚、刘咸炘等学者认为是表彰家学渊源的善举，可以攻破“窃据父书”的谣言。

此外，对他人的撰史成果，班固也广泛地加以利用。武帝以前的内容，有司马迁《史记》珠玉在前；在后的班固并未完全另起炉灶，而是在其基础上略加调整，许多篇目的文字、内容都与司马迁大体相同乃至完全一致。此外，班固以前有大量学者补撰《史记》传记，这些材料班固想必都读过，并在一定程度上有所借鉴，只是今天不易确定其具体情况了。杨树达先生在《汉书所据史料考》① 中提出，班固除“本之父业”外，还借鉴了褚少孙、刘向、刘歆父子、冯商、扬雄、冯衍、韦融等人的材料。今本《汉书》中还有一些痕迹可供推想，比如，班固《汉书》《楚元王传》中有“楚元王交字游”的话，与“汉诸王未有记字者”的写作体例不同，因而应该是出于刘向、刘歆父子所续《史记》之文，因为刘向、刘歆正是楚元王的嫡系后人，所以对先祖介绍格外详细。“楚元王交字游”是班固沿用而未改的表现。又如《韦贤传》，其中追叙韦氏家族人的事迹极为详尽，可能是出自韦融叙写家族史事的“自叙”；出于同一理由，《冯奉世传》应当也是出自冯氏曾孙冯衍的原文。

这一考证可说是对班固引用前人补传情况为数不多的有力推论，较之西晋葛洪《抱朴子》“班固所作殆是全取刘书”之类的妄断更进一步。不过，从《汉书》文风的大体一致可以推断出，与对《史记》的剪裁一样，班固并没有照抄这些传文，而是自己又重加修改与创作。

此外还需要注意的是，班固写成的这一部《汉书》，并没有今天我们见到的那么多。在他入狱身死后，大家发现八《表》和《天文志》还没有做成。为什么没有写成？最大的可能是尚属草稿，只具大略，而没有完全写定。由于没有充分的史料证明，学者也曾做过不同的推测，认为可能是班固本来就只完成了纪、传，而没有写完表、志就赍志而逝；也可能是由于晚年的灾祸，手稿遭到查抄而散佚了，只留下一部分草稿。

---

① 《积微居小学金石论丛》卷六。

不管怎么说，由于班固并没有留下定稿的《汉书》全璧，于是在为班固平反之后，爱才的汉和帝命令班固的妹妹班昭参考东观藏书补作。此后，“又诏融兄续继昭成之”[①] “使……马续述《天文志》”[②]，即命同郡的马续接替班昭写作《天文志》。马续正是前文所提到的班昭的学生、大经学家马融的哥哥。从《后汉书》中相关记载的文气来看，很可能是班昭在汉安帝元初四年（公元117年）病逝时仍未完成，因此马续接替班昭继续来完成《汉书》的写作。如果这种推测属实的话，《汉书》的前后属稿，历经班彪、班固、班昭、马续四人之手，总共的写作时间大概在60到100年左右，其间艰辛可想而知。在三代四位学者的共同努力下，《汉书》终于以定稿80余万字的形式呈现给世人，其文学与史学上的杰出成就令后人交口称赞。自此以后，《汉书》以不同的分卷形式继续流传。除班固“纪、表、志、传凡百篇”[③] 的百卷自定本外，此后又以一百一十五卷、一百二十卷等形式存世；而卷数相同之下往往又蕴含着多种分卷方式，情况是较为复杂的。但是，大体可以认为，各家的分卷方式虽然不同，但主要的文本内容应该与今天我们看到的《汉书》基本没有太大差别，符合班固创作的原始形态。

第五节　包举一代，定成义例风貌

写作一部史书，最重要的当然是首先确定自己写作的范围，也就是历史时间的起讫点。班固写作《汉书》，最初目的是补充司马迁《史记》所未写到的武帝太初元年（公元前104年）以后的历史。对于司马迁已经写过的内容，则没有必要重新再写——在

① 《后汉书·列女传》。
② 《后汉书·天文志》。
③ 《汉书·叙传》。

史料与史学并无大发展的情况下，这只会造成资源的浪费。但在实际操作中，这样的断限会产生诸多问题。

首先说上限。汉高祖到汉武帝这一段的历史，虽然司马迁已经写过了，似乎不必再写，但是，司马迁的《史记》流布不广，且是不符合官方价值观的，所以必须再作加工才可以。而且，这一段历史恰恰对后来历史有重要的承前启后作用，无论从历史的连续性，还是当时政治的要求，都不可割裂、舍弃，因此必须纳入写作的范围。既然要为汉代修史，只写一半是说不过去的，从头到尾的写作才算完整。也就是说，本书要从汉高祖起兵、建国的事迹展开写作。而由于“汉书”的名号，对于汉代以前的历史，除对汉代历史有影响的有所提及外（主要集中在“十志”中），其他的就基本不再叙述了。

再说下限。班固生活的东汉帝国，虽然自称是继承西汉帝国的正统王朝，但是客观来说，实际上已经属于两个朝代，而中间又由王莽建立的新朝隔开，其间的分界是比较明显的。班固所写的《世祖本纪》与二十多篇列传，既然是奉皇帝命令所修的本朝史，当然不能重复收入自己所写的《汉书》中。这样，《汉书》的下限就必然要落到王莽新朝灭亡的地皇四年（公元 23 年）。

这样，班固的《汉书》就成了“起元高祖，终于孝平王莽之诛，十有二世，二百三十年”的一部断限明确的著作。以西汉一朝为写作对象，与《史记》从上古一直写到当下的无拘无束不同，因此被后人称作与“通史”不同的“断代史”。这种断代的写法，便于史家尽可能地搜罗这一时期内的全部资料，也避免了与前代史书的无谓重复，可以说是更为正确的选择，故而成为后代史著的不祧之祖。

而在具体的体裁上，《汉书》把《史记》当作学习的榜样，而又有所变通、改善。《史记》分为本纪 12 篇、表 10 篇、书 8 篇、世家 30 篇、列传 70 篇，共 130 篇，以之囊括了几千年的通史，创立了新的纪传体史书编纂方式，堪称开创性的。在司马迁这样的史学巨人面前，班固自然对其遗产有所接受，但并没有盲目因袭，而是有所变通。班固《汉书》沿用了纪、表、志、传四体，撤销了“世家”一类，由12纪、8表、10志、70列传组成百篇的《汉书》，这一体例也被后世绝大多数纪传体史书所采用。

“天子称本纪，诸侯称世家”①，世家主要记载诸侯得官受爵、历代传承的历史，这一体裁符合于周代以来诸侯分封、各国林立的历史情况，因此《史记》的30世家中，前16篇皆相当于春秋战国各国的国别史；而此后随着秦汉大一统国家的建成，这种局面逐渐衰落乃至走向衰微，中央政府有能力对全国进行有效的控制，因此世家也就名存实亡，在此后的历史也很少出现。司马迁剩下的十余篇“世家”，多不过是“辅拂股肱之臣配焉”，并非全是世代传承的诸侯，而且也并不是每代都具有重要的政治地位。这样写，主要是为了凑够“三十辐共一毂”的理想数字，而非出于客观需要，更被后人批评为“虽得画一之宜，讵识随时之义”②，在体例上有自相矛盾之处。班固在断代史《汉书》中取消了世家一体，全部归入传记一类，应该说更加合于历史本来面目。

除此之外，在本纪、表、志、列传上，班固也有所斟酌损益，使之更臻精密。总体而言，司马迁在体例上，主要考虑的是如何为自己的思想与写作服务——但这种服务却是一种特殊化的。而班固则力图将其规范化，使之整齐划一，可成为后世史书的“万世之法”。

本纪，《汉书》省写为纪，即纪年之意，是以时间为序，用类似于大事记或编年史的体裁，按年月日的顺序将历史上的重要政治、社会、文化事件记录下来。在古代社会，帝王是国家政权的代表，也是政治合法性的证明，因此“天子称本纪”，表现为类似于帝王传记的形式。但是，本纪并不完全等于帝王传记，标举帝

① 张守节《史记正义·五帝本纪正义》引裴松之《史目》语。

② 《史通·世家》。

王在位年间的重要史事，比起记录帝王本人的生平、性格来说更为重要。因此，班固在本纪的写作中，特别注意梳理眉目，将《史记》中列入本纪的非重要史事和一些对话、动作等故事细节都归入传记中，而以“语在某传”标出，使得本纪对于国家政治大事的把握更加清楚。通俗说来，实际上班固的写法把纪当成了时间轴。在此基础上，以纪为经线，以基于时间轴垂直展开来的各传为纬线，这样编织成了一幅精细的时代历史像。《史记》《汉书》对照来看这一点，《史记》中的《吕太后本纪》，笔法辛辣，详细渲染了吕后对戚夫人的残酷报复，展现了吕后的政治野心与狠辣手腕，极具艺术感染力。而《汉书·高后纪》则注重条理吕氏执政期间发生的国家大事，立足更为高远，绘制了放眼国家的全景，而将吕后残杀戚夫人等事移至《外戚传》中。就这一点来看，司马迁生动的文学笔法造就的吕后人物像无疑较为立体，但班固的写法更好地体现了吕后当政的整个时代。《汉书》的这种写法让描写君主的“纪”意义上高于诸传记的地位得到确立，这得以被后世史家代代师法。诚然，司马迁卓越的文学笔法和卓越的史学头脑也在本纪的创作中得到了充分展现，但是这种天才的写作方式难于效法。二者的侧重内容不同，惜乎《史记》徒留体例不明之讥，惟班固《汉书》体例得以垂范后世。

此外，在本纪的拟目上，班固与司马迁也有所不同。《史记》设立的十二本纪，写秦以后历史的有《项羽本纪》《高祖本纪》《吕太后本纪》《孝文本纪》《孝景本纪》《孝武本纪》6 篇。在此历史时段中，班固则将《项羽本纪》下降为传，又增补《惠帝纪》一篇。《汉书》既然以汉代为正统，则本纪所载必须具有统领意义，项羽虽然在其时代有提纲挈领的统率地位，但是既在汉代建立以前，严格说来并非《汉书》的核心内容，且他本人又是汉军的敌对方，自然要下降为传，而与同样反秦起义的陈胜归为一类。惠帝在位7 年间，虽然政治上实际由吕后掌握权力，但是年号等仍归属于惠帝，是国家正统所系，因此增加本篇是合于历史真相的，

也使写作体例能够保持前后统一。从“实”的角度出发，这样的改动不利于显露历史发展的脉络；而从古代重“名”的思想语境下，这样的修改自有其道理。出于同样的理由，西汉末年的哀帝、平帝虽然幼冲即位，为王莽的傀儡，但既是汉室正统所依，又有自己的年号，因此得以立纪；而外戚掌权的王莽即使后来建立了新朝，从汉朝的角度来看，他只有立传的资格而已。

表是本纪的补充，通过梳理王侯世系与官员任免，帮助读者迅速在阅读过程中了解纷繁复杂的人物关系，寓繁于简，大大提高了阅读效率。《汉书》的表基本沿袭了《史记》，只是名目略有变化。而其中《百官公卿表》和《古今人表》则应该认为是班固新的创造。《百官公卿表》专门记录职官沿革与官员任免，颇为后世采用。其上篇记录、叙述了秦汉时期的官职设置，对其职守、品级、俸禄等做了详尽的说明。下篇则记载了西汉一朝官员任职变动的情况，是研究秦汉政治的重要史料，颇得后人称许。《古今人表》则是记录上古以来的著名人物，并分为三品九等加以品评，这种做法在纪传体史书中出现，堪称独一无二。对于《古今人表》，我们将在第五章中详细评说。

《汉书》另一较为重要的体例改动是将《史记》的“八书”改成“十志”，以避免“八书”与“汉书”名目重复。书、志名目虽然不同，但体例一样，都是综述朝纲国典，以今天的眼光来看属于“专门史”的研究。《史记》的“八书”为《礼书》《乐书》《律书》《历书》《天官书》《封禅书》《河渠书》《平准书》8篇。《汉书》将《礼书》《乐书》合并为《礼乐志》，《律书》《历书》合并为《律历志》，《天官书》改为《天文志》，《封禅书》更名《郊祀志》，《河渠书》变为《沟洫志》，《平准书》发展为《食货志》，以6篇包举《史记》8篇的主要涉及领域，在写作中又有所创新，内容与思想上与《史记》互见得失。由于其命名更加精确，因此后世纪传体史书多沿用班固所拟之名，而罕有用司马迁《史记》八书之名者。

此外，《汉书》增加的《刑法志》《五行志》《地理志》《艺文志》4 篇为《史记》所无，对我国的法律制度、阴阳灾异、地理区划、官府藏书都有全面的梳理，开拓了新的研究领域，也成为后来纪传体史书中“志”的重要组成部分。

而列传一体，以为历史人物立传为主要内容，所占篇幅最大。此外也有为外国立传者，可说在“中国”而外具备了“世界”的眼光。表面上看，《汉书》除了改“列传”为“传”外，变化不多，但仔细分析，可以看出《汉书》的传记仍有独到之处。《史记》列传共 70 篇，记秦汉以后人物 30 余篇，即使加上世家，也不过 50 篇上下；《汉书》则有列传 70 篇，篇目多于《史记》，每篇中的人物数量也较多，得以立传的人物远远多于《史记》。与《史记》专传、合传平分秋色的情况不同，《汉书》绝大多数篇目都是类传、合传，只有少数事迹较丰富、著述较多者如董仲舒、司马相如等得到专传的待遇。

类传或称杂传，“区分类聚，随事立号，谅无恒规”①，是将同类性质的人物合为一传。《史记》中明确标明类名者，有《外戚世家》《仲尼弟子列传》《循吏列传》《儒林列传》《酷吏列传》《游侠列传》《佞幸列传》《滑稽列传》《日者列传》《龟策列传》《货殖列传》数篇，此外尚有《匈奴列传》《东越列传》《朝鲜列传》《西南夷列传》《大宛列传》专记少数民族和邻国的篇目。班固基本沿袭了《史记》中的类传设置，除几篇他认为不甚重要的舍去不录外，设有《儒林传》《循吏传》《酷吏传》《货殖传》《游侠传》《佞幸传》《外戚传》，少数民族方面，亦有《匈奴传》《西南夷两粤朝鲜传》《西域传》3 篇，基本与《史记》无大区别。

合传与类传略有区别，其分类虽不明确立传名，但同样需要有义例相统率，将同一时代、职位相近、事迹相关的人收入一篇，方能前后连贯、首尾呼应。《史记》合传较少，且合传不过一二

① 《史通·题目》。

人，罕有多人合传者。而《汉书》则动辄一传记载五六人乃至十余人的事迹，这就要求史家对同传中诸人的关系有深入的思考与把握，难度高于单纯地为个人立传。对此，唐人颜师古认为《汉书》的传记“虽次时之先后，亦以事类相从”，其立传兼顾时代先后与人物类型，安排比较合理。比如，魏豹、田儋、韩王信都是六国公子，故得以合传；韩信、彭越、英布（黥布）、卢绾、吴芮都是汉初有功被封的异姓王，因此合传；《杨胡朱梅云传》则记载当时以狂狷闻名的众人，虽为合传却具有类传的性质，成为《后汉书·独行传》的所本。对合传命名的规范化，是《汉书》又一超越《史记》之处。除了刘氏诸王以王号命篇外，其他的合传基本都以姓或姓名相标。这点看上去平淡无奇，但如与《史记》的篇目相比，就可以看出班固在细节上的苦心。

《史记》在篇名上，或以官爵为题，或以字号为题，或以尊称为题，因人而异，体例不同。这种情况有其客观原因，乃是司马迁“顺其自然，从众随俗，采用通行之名号”[①] 的史学选择。对此，《汉书》基本都做了改动，采取以传主姓名名篇，若篇中人物过多则只标举姓氏。譬如，《史记》的《留侯世家》《陈丞相世家》《绛侯周勃世家》，以爵命篇，《汉书》合为《张陈王周传》；《李将军列传》以官为名，《汉书》改为《李广苏建传》等。这些都是班固完善著作体例的方式，使其更加整齐划一，为后世史家所效仿。

合传之中又有附传，比如《汉书》卷四十二张苍、周昌、赵尧、任敖、申屠嘉五人，以曾任御史大夫而合传，传末又简单提及以列侯身份接踵为丞相的陶青、刘舍、许昌、薛泽、庄青翟、赵周几人的情况，而以“无所能发明功名著于世者”作为评价。陶青等六人虽然地位崇高，但事迹却无甚可记之处，因此班固在

---

① 赵生群，《〈史记〉文献学丛稿·〈史记〉标题论》，江苏古籍出版社2000年版，207页。

此附书一笔，简明扼要而又无所阙疑，无繁琐之病，又突出大体，诚为史家良法。出于类似的原因，《公孙弘传》《王贡两龚鲍传》《傅常郑甘陈段传》等篇也采用了同样的写法。

总体言之，笔者的倾向是认为《汉书》的体例设置较《史记》更为合适。这里的“合适”主要是指合适于纪传体史学的写作。司马迁的体例设置已经极为精细，但由于他尚处史学的草创期，脑筋里不乏子学的思维，因此主观性比较强；而班固则出于史学家的眼光，追求体例的整齐、明晰，因此在这方面有所改良。后世，司马迁的传统渐消，班固的传统大兴，自然可以看出班固的“合适”之处来。

清代学者章学诚认为：

> 迁《史》不可为定法，固《书》因迁之体而为一成之义例，遂为后世不祧之宗焉。三代以下，史才不世出，而谨守绳墨，待其人而后行，势之不得不然也。然而固《书》本撰述而非记注，则于近方近智之中，仍有圆且神者，以为之裁制，是以能成家，而可以传世行远也。①

其论颇为公允。司马迁是纪传体史书的创始人，而班固则是完善这一史学体裁的集大成者，班固的创制之功虽较司马迁为少，但影响却比司马迁为大。后世纪传体史书，虽然一定会追溯到司马迁的血脉，但实际上继承的却是班固的衣钵。

① 《文史通义·书教下》。

第三章
双峰并峙，二水分流：《史记》《汉书》优劣辨

一部优秀作品的产生，必然有两个前提：首先是作者本人的写作才能、思想深度与生存状态，其次是作者所处时代给予的文化血脉传承。在主客观的合力作用下，一部伟大的作品方能产生。除却作者个人的孜孜矻矻外，历史与时代给予他的文化背景，往往能够决定一部作品究竟有何特色，能够达到何种高度。个人的才赋并不能完全超越其所处的时代。而作为有追求的作者，必将有一种与古人争胜的焦虑感——站在巨人的肩膀上，如果能“后胜于今”，方才是对一生辛苦钻研最好的报偿；如果跳不出如来佛的手掌心，则往往令人心灰意冷，乃至焚书掷笔，以避免后世“灾梨祸枣”的嘲笑。

而从读者的眼光来看，任何一部作品都不是孤立的。其文学、史学、哲学价值是高是低，通过历史的脉络梳理、对比，方能得出较为客观的结论。在绝大多数读者与研究者的眼中，不论文学史、史学史，还是历史本身，都只有少数人能占据一席之地，其他人纵然自有优秀之处，却因为他们的光芒被更杰出者所遮蔽，也就终将被历史所遗忘，其作品亦将落满灰尘乃至化为灰烬。

在这样的思想意识下，文本间的对比、关联成为判定文本内涵的关键问题之一，即使人们反复口称“文无第一”，淡化非此即

彼的价值判断，但在绝大多数人的内心深处，仍然会有“文有第一”的偏见。在面对此前的经典文本时，后来的作者出于“影响的焦虑”就将挑战传统，力图通过对前人的超越来确立自己作品的价值。因此也就不难理解，为什么班彪、班固父子在修史之前，就已在理论上痛切批评了司马迁的著作；而在班固撰《汉书》的过程中，也力图保持了与《史记》的不同趣味。这种不同，除了时代风气的迁播使然，作者的个人争胜意气也有重要影响。

同样，在读者眼中，作为史学著作的双璧，司马迁的《史记》与班固的《汉书》从成书之日起就成了竞争对手，且由于后世再无可与之颉颃的纪传体巨著，两书无形中展开了“纪传史总冠军”的两千年之战。由于这两部巨著在体例、内容、思想等方面都同中有异，异中有同，更可以进行有针对性的明确比较，而非“关公战秦琼”式的空论，这种争锋也就更易得到学者和读者们的青睐。

总体而言，在“千年之战”中，双方虽然大体势均力敌，但应认为《史记》在绝大多数时间内处于较优势的地位，赢取了更多的读者。与先唐史学界普遍称许《汉书》的观点不同，宋以后《史记》逐渐占据上风。

更为极端的是近现代。百年来，由于《史记》成为革命的象征，而《汉书》被政治家们认为代表“反动封建势力”，学界普遍认为《史记》更胜一筹，也就导致《汉书》的地位急剧下降，不论是读者数量的多少还是历史评价的高低，都远远落后于《史记》。

毫无疑问，这种褒贬过度的观念并不客观。且不必说那些充满了偏见的先入为主——这种“特殊时代的产物”不必辨而将为历史所淘汰——学术评价并不能指向《史记》完胜《汉书》的结论。

首先，《史记》《汉书》在千余年间双峰并峙并非无由，两书实际上各有所长，难分伯仲。“文无第一”，强分优劣只是由于个人喜好或时代风气不同，但以今人的风气来批评古人，不免容易有所失当。当我们摒除刻板印象，以不同的视角观照《汉书》时，也可发现其中大量胜过《史记》之处。

其次，即使如前人旧说一样，最终断言《史记》比《汉书》更胜一筹，也应该承认《汉书》在“二十四史”中是仅次于《史记》的第一等著作，就算《汉书》是逊于《史记》的亚军，也同样值得我们敬重与学习。

比较并非争夺“天下第一”的华山论剑，一定要分出高下优劣而后罢手，而只是为了借此以揭示出两书的不同个性，以为读者亲近经典原著提供方便。“一千个读者就有一千个哈姆雷特”，至于判分优劣，则尽可根据读者自己的口味来加以选择，作者则力求公允平正，并不会将自己的观点强行凌驾于读者之上——因为阅读本身就是充满个性化的活动。

本书以班固和他的《汉书》作为主要言说对象（即“我者”），通过与作为“他者”的司马迁《史记》进行对比，可以在比较中展现出二者之间的区别和联系，从而更好地解读出《汉书》与众不同的文化风景。因此，本章所讨论的文本，只限于《史记》《汉书》重叠，可资比较的那一部分；至于汉武帝以后的《汉书》成就，则留待下一章再作分析。

第一节　是否抄袭？从《史记》到《汉书》

在《史记》《汉书》的比较中，最常见的批评是，认为《汉书》相当大的篇幅都照抄《史记》，同时又借鉴、使用了其父亲班彪等人的著作，从现代著作权眼光看属于抄袭行为，而抄袭者不应得到过高的评价。这种观点看似有理，也吸引了相当一批拥趸，却不过是违背历史本来面目的自说自话。我们可以用以下几条理由为班固辩护：

首先，在班固所处的时代，并没有今天的著作权、版权观念，因此不能以今天的眼光（不论是法律的抑或道德的）衡量古人。而以古人眼光来看，除宋代郑樵等少数学者曾有一些过激的语言外，班固并非古代人所指控的抄袭者。

其次，班固在利用司马迁《史记》及父亲班彪等人的著作作为现成史料时，对其中记载的史实颇下功夫。这是他修史之功，绝非抄录从脞者可比。具体如高祖五年群臣上高祖皇帝尊号一事，《汉书》重新描述了这一场面，对封王和尊皇帝号这两事的次序做了更符合政治逻辑的关键改正。这无疑是班固原创胜于《史记》之处，展现了班固考据与史识的高水平和从主观上力求超越前人原稿的意图。

再次，由于印刷术出现之前的书籍保存绝非易事，在《汉书》的创作过程中，叙述同一历史事件时有《史记》的部分高水平文本作为参考，就史事叙述的角度来说并无变更的必要；同时，万一出现《史记》灭失的情况，这些叙事依然可以部分保留《史记》文本的精神风貌。实际上，东汉政府支持《汉书》创作是有取《史记》而代之的用意的，《史记》精要的文章在面临整套书散佚的风险时，尚有可能借《汉书》得以流传。

最后，所谓“抄袭”行为，并非班固一人“独占其恶”，而是古人常用的写作方法。这里且不论他书，即举《史记》为例，就大量使用了《尚书》《左传》《大戴礼记》《战国策》等书的文字，多照录原文或将原文用汉代语言表述出来。文字以外，《秦始皇本纪》一文的赞语部分，司马迁就是基本照搬贾谊《过秦论》的全文。如果《史记》的拥护者指控《汉书》为“抄袭”，那么《史记》等书本身的“抄袭”行为又该如何解释呢？如此以今衡古，必将流于

《文史通义》

“千古文章一大抄”的文化虚无主义，因忽略历史语境而得出了荒谬的结论。对此，章学诚《文史通义·说林篇》有言曰：

> 司马迁袭《尚书》《左》《国》之文，班固袭司马迁之文，非好同也，理势之不得不然也。司马迁点窜《尚书》《左》《国》之文，班固点窜司马迁之文，非好异也，理势之不得不然也。有事于此，询人端末，岂必责其亲闻见哉？张甲述所闻于李乙，岂盗袭哉？人心不同，如其面也。张甲述李乙之言，而声容笑貌不能尽为李乙，岂矫异哉？

章学诚的这一见解，应该说是对史学写作方式极精当的评述。

其实，“述而不作”是古人习用的一种写作方法，而且还是具有相当地位的表达方式。由于“天下之道”是恒定的，那么模仿前代圣贤著书也就是“一致而百虑，同归而殊途”。其中最有名者可推西汉末年的扬雄。《汉书·扬雄传》记载说：

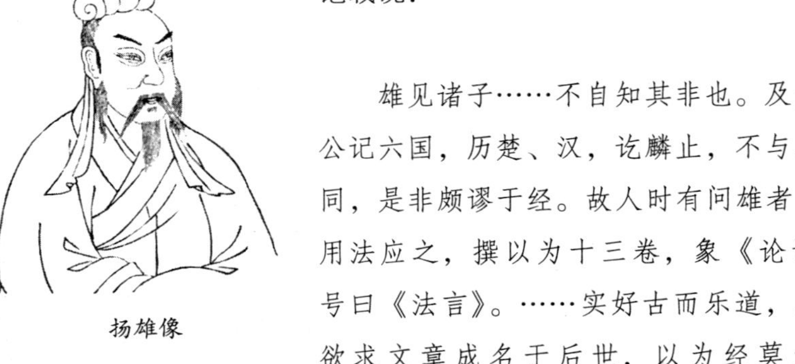

扬雄像

> 雄见诸子……不自知其非也。及太史公记六国，历楚、汉，讫麟止，不与圣人同，是非颇谬于经。故人时有问雄者，常用法应之，撰以为十三卷，象《论语》，号曰《法言》。……实好古而乐道，其意欲求文章成名于后世，以为经莫大于《易》，故作《太玄》；传莫大于《论语》，作《法言》；史篇莫善于《仓颉》，作《训纂》；箴莫善于《虞箴》，作《州箴》；赋莫深于《离骚》，反而广之；辞莫丽于相如，作四赋；皆斟酌其本，相与放依而驰骋云。

也就是说，作为大思想家的扬雄的著作，其体裁、思想完全立足于模仿经学书，是“述”之属。后世批评者并不认为扬雄这样的写法为缺乏原创力，相反，倒是经常批评他模仿得还不够，“私货”掺杂得太多了，配不上“述”应有的宗旨。类似的说法也可见于东汉的思想家王充：

王充像

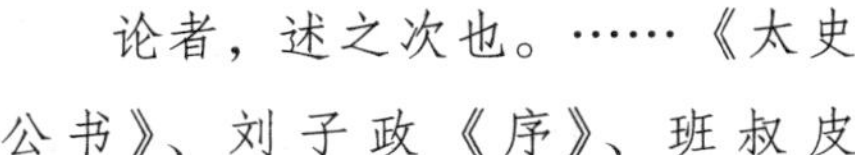

> 论者，述之次也。……《太史公书》、刘子政《序》、班叔皮《传》，可谓述矣。桓君山《新论》、邹伯奇《检论》，可谓论矣。今观《论衡》政务，桓、邹之二论也，非所谓作也。①

可以看出来，“述而不作”的前提是：“述者”的才能要配得上“作者”，能够光大作者的“道统”。由于握有“道统”者总会将血脉上溯至神圣化了的经学，因此“述而不作”的评价就实际上暗指接续“道统”的合法性，其地位必然高于“一家之言”。这一点，是与现代的观念迥异的：今日认为“创新”的，古人或以为“妄谈”；古人认为属于“传承”的，今人或许将其定为“抄袭”。

现代的著作权法注重保护表面上的语言。也就是说，按照我们现在的法律，将之前的作品，用自己的话换一下表述，就成为合法的原创之作。这样的内容虽然思想上毫无原创性，但却因为表述方式的不同而得到法律的保护。古人的写作则不然。在文字上如果不能超越前人，古人往往因循前作；但在细微的字句不同处，则暗含有不同的意蕴——其中则是古人写作的创新，具有“一字褒贬”的独特性质。从作者的角度上说，可以突出自己的强项，不必绞尽脑汁追求所谓的“创新”；而从阅读者的角度说，也

① 《论衡·对作篇》。

可以读到最精彩的文字，不会被五花八门似异实同的表象所迷惑。

这一写作方式也得到了现代文学理论的支持。哈罗德·奥格登·怀特（Harold Ogden White）提出，“真正的原创性是通过模仿实现的——该模仿精心地选择其模本，进而对模本加以个性化重述，最终努力对模本实现辉煌的超越。”① 这或许正是现代理论对“述而不作”的最好注脚。

事实上，如果我们回归到本来的历史语境中来分析，所谓“抄袭”不过是一个伪问题，唯一有可能成立的批评，在本书的第二章中已经提及：与司马迁《自序》中多次称述父亲司马谈相比，班固《叙传》对父亲班彪的史学贡献提及较少，从思想境界乃至“孝道”上或许与司马迁有较大的差距。此问题与《汉书》本身的成就关系不大，又无太多资料可供分析（主要来自于后人的猜测），对一般读者来说，无需过分关注，还是应该把目光放到《史记》《汉书》的关联上来：作为传承者的《汉书》，究竟在何种程度上发扬光大了《史记》的传统？《汉书》是否超过了《史记》？这样的问题才是直面核心的。

那么，首先应该探讨的是，《史记》与《汉书》间、司马迁与班固间的渊源如何？

在讨论这一问题之前，首先需要有一番史学史的梳理，在了解二书流变的基础上，方能结合历史语境对其中的“真问题”加以辨析与讨论。而值得注意的是，在司马迁与班固的时代，官方史学与私家史学虽然已经各具特色，但所谓“史学”这门学科还没有真正地独立出来。

大而化之地看，如果按照文本的来源进行划分，先秦学术主要分为研究、重纂官方档案、典籍的“王官之学”（或六艺之学）与民间士人自发阐说思想的“百家之学”，前者是官方贵族遗绪，

---

① 转引自【美】S. 阿瑞提著，钱岗南译《创造的秘密》，辽宁人民出版社 1987 年版，387 页。

是“经学”的前身；而后者则出自民间思想家，属于百家争鸣的“诸子学”。在这些典籍中，可以归入“历史书籍”这一类的主要可推作为经学典籍的《尚书》《春秋》两种，而以《春秋》的影响为大。在《汉书·艺文志》中，包括《史记》等在内的历史著作都被归入“六艺略”的“春秋”一类中。以后世眼光观之，这正是兼有经学、史学两种性质的表现，也即：通过史学的体裁以表达经学的见解。

《春秋》在经学中处于极可玩味的位置。从内容来源看，它应当来源于鲁国史官所记的档案，毫无疑问属于官方的材料。但古人公认的《春秋》作者却是孔子，其写作宗旨是“我欲载之空言，不如见诸行事之深切著明也”，又表明官方档案只是载体，核心其实是孔子的历史哲学与政治思想，具有诸子学“一家之言”的色彩。更为有趣的是，旨在解释《春秋》的《公羊传》《谷梁传》《左传》又从孔子的一部书中读出了完全不同的思想取向，不论是宏观还是微观，其看法都大相径庭，这种差异既是经学“家法”“师法”的不同，亦代表不同派别的历史观念有差异，而这种差异得以产生的原因则是思想的私家化。《春秋》成为了儒者利用史事表达个人思想观念的重要武器，即所谓的“借古讽今”。

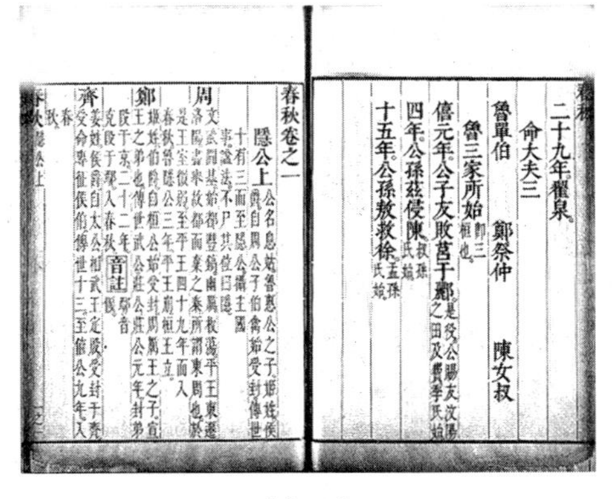

《春秋》

秦统一六国以来，始皇帝与李斯深切意识到这种武器在反专制、反体制方面的威力。于是，焚书令下，各国的历史书全部被焚毁，只留下简略到连大事记都算不上的秦国史。自此以后，官方的修史事业彻底陷入停顿，原本负责修史的太史令，其职责逐渐趋于记录天文、占卜事务，甚而“固主上所戏弄，倡优所畜，流俗之所轻也”[①]，这种地位的日趋卑下，怎能不令有志著史的司马谈、司马迁父子感叹！

虽然如此，司马谈、司马迁父子仍然对自己世袭所执掌的史官职务感到自豪。君王并不重视史学的功用，司马父子就自己开展修史的工作。在几百年前，孔子修撰《春秋》，也正是以个人的力量修撰历史，形成了一部叙事精当、思想深刻的著作；而司马父子也坚信自己可以完成追武孔子的事业。司马谈“学天官于唐都，受《易》于杨何，习道论于黄子”，这些既是当时的显学，又是修史的重要知识基础。可见他对黄老、儒家、阴阳等诸子百家之学均有涉猎，尤其重视与抽象思辨相关的学科。《论六家要旨》反映出司马谈总结先秦以来学术史的宏大气魄，而他的态度则是倾向于道德家、阴阳家的，正是文景时期学术思潮的体现。这些成就同时想来也是司马迁所受教育的基础。而司马迁又先后师从董仲舒、孔安国等儒学大师，又“年十三，使乘传行天下，求古诸侯之史记”，早早成为父亲收集文献的助手，其学术视野与史学见识较司马谈甚至等而上之。因此，司马谈去世后，司马迁虽然命运多舛，竟至遭受了宫刑的惩罚，但仍然能坚持不辍地完成50余万字、130卷的《史记》，在体例、修辞、见识等方面，在中国史学史上它都是独一无二、史无前例的杰出之作。《史记》完成之后，一直遭受汉代官方的压抑，足以看出这部被认为具有“诽谤”意图的绝世名著，与当时的修史体制并无关联，实际上完全出于司马迁个人绝高的知识修养与史学天才。

司马迁的《史记》创造了纪、表、书、传的写作体例，其内容无不经过他的考订鉴别，他还结合当时的公羊学等学术思潮阐发自己的历史观，真正地做到了“成一家之言”。但正因为其“史无前例”，即使天才如司马迁，也难免在探索中表现出不成熟的地

① 《报任安书》。

方。对于这些不成熟处的批评与修正，就成为班氏家族纂修《汉书》的起点。

与司马氏家族一样，班氏父子最初同样是抱着私家著述的态度开始修史工作的。但与司马迁终生的不得志相比，班固后来得到汉明帝的赏识，他的《汉书》在明帝的主导下变成了官方认可的史学著作。政府在为班固提供良好写作条件的同时，也一定程度上削弱了其写作的独立性。在这种情况下，大概是出于个人思想与政治压力的双重因素，班固在写作中表现出浓烈的“尊汉”大一统思想。与司马迁愤愤不平的讽刺笔法不同，班固展现出史学家相对平和冷静的气质。

同样都是继承《春秋》之义，司马迁主要继承的是“贬天子，退诸侯，讨大夫”的公羊学派观点，其“成一家之言”的思想血脉更直接来源于他的老师董仲舒，其方式是近乎经学的。而班氏的《汉书》则以史学为归依，更近乎《左传》，注重对史事本身的考据与叙述，至于史学观点则往往自加收束，不过度地表现自己的看法。其实，这种收束一定程度上也代表着一种史学思想，只不过其表现形式更为隐微，容易被忽略过去罢了。

基于私家（司马迁）与官方（班固）的立场不同，因此《史记》与《汉书》表现出不同的精神风貌，是两者之“异”。但两人著述中的时间跨度存在较大的重合，而历史著作又不似文学可以随意发挥，也就不免产生大量“同”的内容：班固在这里主要采取了上文所说“述而不作”的方法，大体上照抄了《史记》的原文，却在一些地方不动声色地表达出自己的独特态度。如《史记·外戚世家》中有“非王侯有土之士女，不可以配人主也”这样锋芒毕露的表述，《汉书》在引用时即行删去，稍减文章凌厉之风。也就是说，《史记》与《汉书》之间，尤其是在汉初至汉武帝的时间段上，表现出同中有异、异中有同的形态。面对这样的材料，比较当然是最好的研习方法。比较法为我们进一步了解司马迁与班固提供了一把钥匙，而这把钥匙用于理解班固对司马迁的继承与商榷之处，更是合适不过。

第二节　“林下风”与“闺房秀”：班马的不同精神气质

《史记》与《汉书》是中国史学史上排名前两位的纪传体史书，二书被学者并称为“史汉”，历来深受推重。《史记》《汉书》孰优孰劣，千余年来在史学与文学上，学者都有不同的观点，但不论如何论定结果，几乎所有人都承认，两书都达到了后人罕能企及的绝对高度。

中国传统中就有一种二元对立式的审美倾向，即“林下风”与“闺房秀”的对比。后者表现出“克己复礼”遵守社会规范的思想，而前者则更加注重发挥自己的不羁个性。正如《红楼梦》里所塑造的两个人物形象：林黛玉孤高自许，与众不同；薛宝钗豁达端方，精明练达。在传统社会中，儒家道德看重群体关系，鼓励遵守社会规则与秩序，因而表现出对“闺房秀”的道德高扬与审美喜好。但在相当长的时间内，这一思想存在极端化的倾向，遵守社会秩序变成了在群己之间对群的过度重视，于是产生对个人自由的压迫，也就往往会引发出不拘一格、追求自然率性的表达。两种人物在一定程度上是互补的。薛、林二人各具特色，互有高下，形成了“双峰对峙，二水分流”的文化景观。

这种景观的不同，其实根本上来源于对现实生活态度的不同。《世说新语·贤媛》中评价当时著名的两位女性说：“王夫人（即谢道蕴）神情散朗，故有林下风气；顾家妇清心玉映，自是闺房之秀。”由于现实中有的人恪守秩序，有的人自由萧散，性格本有多样性，所以才引发出不同的审美倾向。在

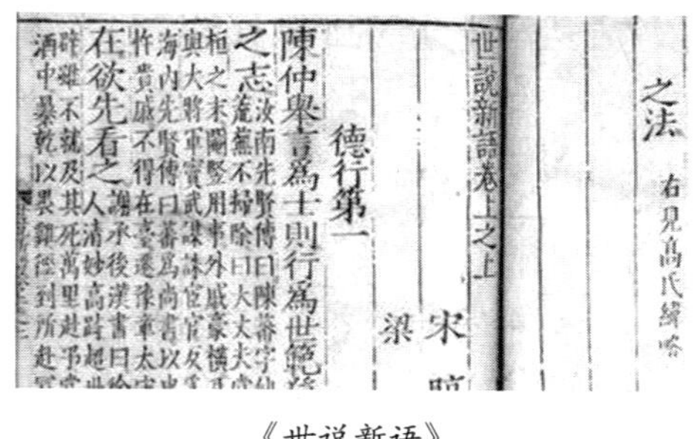
之法
世說新語卷上之上
宋
梁
德行第一
陳仲舉言爲士則行爲世範
之志
在欲先看之

《世说新语》

其他事务中也同样如此：汉武帝时期，李广与程不识都是当时的名将，但治军风格却大有不同。李广治军作风自由，善于打突袭战、乱战，但有时也因轻敌而失败。程不识则军纪严明，一丝不苟，行军虽然速度较慢，却稳重可靠，很少失败。如果把调兵遣将想象成遣词造句，我们便可以理解文学艺术中存在的两种不同风格——包括诗词、书法、绘画在内的诸多领域，都存在这种双峰对峙的审美对立。

这种对立表现在文学上，不拘一格者行文多潇洒灵动，感情充沛，神采飞扬；而遵守规范者则严谨简净，精确雅正，端庄大气。表现在思想上，则前者主观性强，勇于批判；后者客观性强，善于权衡。大而化之地看，《史记》的文学与思想可以归为前一类，而《汉书》则属于后一类。如果以诗坛相比，那么“太白则《史记》，少陵则《汉书》也”，司马迁与班固的关系，恰与李白、杜甫可以相提并论——这一评价始于南宋诗人杨万里，而为后人所认同赞许。

“文无第一”，由于读者审美趣味的不同，两种风格也就必然引发出两种截然不同的价值判断。对此，我们不妨首先看看古人的态度：

对此，以明代文学家茅坤的分析最具代表性。他在《汉书评林序》中评价说：

> 《史记》以风神胜，而《汉书》以矩镬胜。惟其以风神胜，故其遒逸疏宕，如餐霞，如啮雪，往往自齿颊之所及，而指次心思之所不及，令人读之解颐不已。惟其以矩镬胜，故其藻画布置，如绳引、如斧剸，亦往

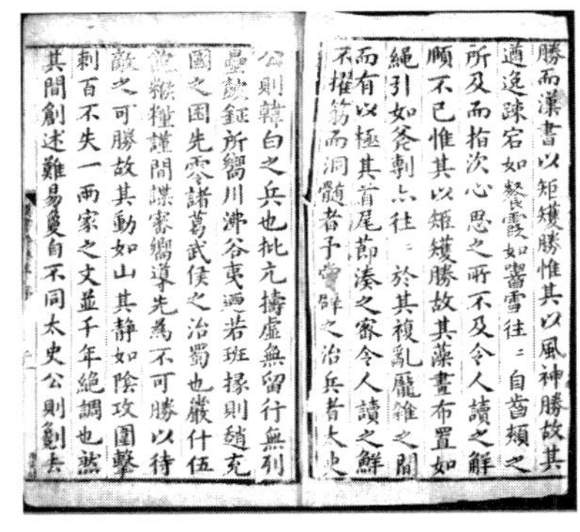
勝而漢書以矩矱勝惟其以風神勝故其
遒逸疏宕如餐霞如嚙雪往往自齒頰之
所及而指次心思之所不及令人讀之解
頤不已惟其以矩矱勝故其藻畫布置如
繩引如斧剸亦往往於其複亂龐雜之間
而有以極其首尾節湊之密令人讀之解
不攉筋而洞髓者予嘗譬之治兵者太史
公則韓白之兵也挑亢擣虛無留行無列
壘鼓鉦所嚮川沸谷虛若班掾則趙充
國之困先零諸葛武侯之治蜀也嚴什伍
[illegible]餱糧謹間諜審嚮導先為不可勝以待
敵之可勝故其動如山其靜如陰攻圍擊
刺百不失一兩家之文並千年絕調也然
其間創述難易夐自不同太史公則創去

茅坤《汉书评林序》

往于其复乱庞杂之间，而有以极其首尾，节凑之密，令人读之，鲜不擢筋而洞髓者。

茅坤认为两书各具胜场，只是风格不同。但从他个人的感情喜好来说，他认为还是《史记》更胜一筹：

指次古今，出风入骚，譬之韩、白提兵而战河山之间，当其壁垒、部曲、旆旗、钲鼓，左提右挈，中权后劲，起伏翱翔，倏忽变化，若一夫舞剑于曲晦之上，而无不如意者，西京以来，千古绝调也。……班椽犹不能登其堂而洞其窍也，而况其下者乎？

茅坤认为，司马迁的文章长处在行文微妙，得意在言外之旨；班固则一览无余，缺少回味。这一观点被绝大多数的学者所接受。当然，金代学者王若虚也曾提出“迁记事疏略而剩语甚多，固记事详备而删削精当，然则迁似简而实繁，固似繁而实简也”① 的不同观点，其说从史学的角度认为班固的叙事更佳，但一直以来未成为主流意见。

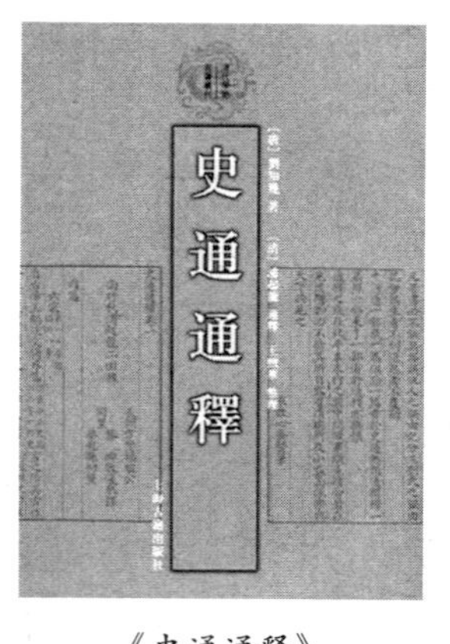

《史通通释》

在思想上高度评价《汉书》的首推唐代史学家刘知几。他在《史通·称谓篇》中批评《史记》将项羽列为本纪是“真伪莫分”，极为荒谬。王若虚更认为司马迁议论多不足道，是仁者儒家的羞耻，甚而提出了“迁之罪不容诛矣”的严厉批判。但宋代以来，同样也有大量学者提出了相反意见。叶适认为班固“浅近复重，往往不过常人之识所能及”，但司

① 王若虚《滹南遗老集》卷十五《史记辨惑》。

马迁却是“常人所不能测之者”①，两相对比，高下立判。不过，此类争鸣绝大多数是“只见树木不见森林”的片面之词，而非公正持平之论。此处虽尝试引及相对学术性的见解，但其主观信口开河之处也一目可见。

大体来说，宋以来的学者大多扬马抑班，更看重司马迁重变化、显风神的个性，对班固恪守绳墨的写法虽亦不乏赞赏之词，但却认为比起司马迁来略逊一筹。司马迁、班固虽然互有得失，但司马迁得多失少成为千年以来的学术共识。虽然对于清人方苞、姚鼐等对《汉书》的过度贬低，蒋湘南、刘咸炘等也有针锋相对的反击，但其说虽多精确，影响却相对较小，折射出班、马地位的浮沉。不过需要注意的是，这里的评价更多的是仅仅集中于文学的讨论，内容则多属大而化之的个人观感，真正具备现代科学意义者并不多，因此马班之争仍有进一步讨论的空间。

《史记》《汉书》在史学与文学上均有极高的造诣，但史学更加注重考据的精详、思想的深刻，文学则偏向叙事的优美、结构的严密，两者的要求并不完全相同，应该分别对待——而传统研究中往往将史学与文学混而为一，不免粗糙。在接下来的叙述中，我们将从史学、文学两条路径分别进发，探讨《史记》《汉书》的长处与短处。由于在前面的第二章中，我们已经对两书体例上的不同有所讨论，因而在这里就不再重复了。

第三节　惟精惟一：《史记》《汉书》考据之争

历史，简单说来，就是指过去发生的事。所以，历史首先就要求真实性、客观性，如果史书记载的内容不能还原或接近历史本来面目的话，其价值就必然大打折扣。一部历史著作，即使文章优美，思想深邃，但若不能做到尽可能地真实，那么其“史书”

---

① 《习学记言·序目》。

的地位就颇为可疑。当然，历史学家由于各种原因，往往没有能力完全还原历史的全貌，但真实性、精确性仍然是史家追求的第一要义——即使不能完全复原，仍然要立足于不偏不倚的态度，尽可能地使自己的记述接近于历史的本来面目。这里至少有两点要求：尽可能地记录下全部重要的事情，尽可能地保证记载的可靠性。

司马迁基于他所见的大量书籍与档案，并参照个人游历和采访的见闻，尽可能地使《史记》的记载真实可信。汉初至汉武帝的这一段历史，对司马迁来说是距离较近的现代史、当代史，因此司马迁写起来有诸多亲见亲闻；而班固则不及亲历，是其短处。不过由于这些内容已属前代历史，有相关记载的档案、书籍逐渐流传，因此反而能够得到司马迁所无法看到的新材料。从《汉书》中，我们可以看出班固依据这些材料补正《史记》的工作。

《两汉思想史》

首先是对《史记》未提及的内容有所增加。在立传上，增加了司马迁及见却不予立传的重要人物。徐复观先生如是评价班固：

> 因一篇《至言》而增立了“尝给事颍阴侯为骑”，此外未见其他官职的《贾山传》，这与为“学黄老之术”，极力反对厚葬的杨王孙立传，都表现出其卓越的史识。又为“守军正丞”，敢于斩为奸的“监事御史”的胡建立传，也同样为难得。他站在文学的立场，增益了枚乘、严助、终军等列传，也都有意义。①

看似细节的，《汉书》也有增加。如增设了《高五王传》。汉

① 徐复观《两汉思想史（三）》，479 页。

高祖刘邦有八个儿子，其中刘盈、刘恒成为后来的汉惠帝、汉文帝；刘长因后来作乱，别有传；剩下的五个儿子中，《史记》仅为刘肥、刘友立传，《汉书》则在本篇中增设了刘如意、刘恢、刘建的传记。不过须在此顺带提及的是，包括淳于意、司马季主在内的一些汉代名人，《史记》虽然有传，《汉书》却删去了。还有武、昭时期的财政大臣桑弘羊，《史记》限于“不为生人立传”的体例，仅在《平准书》中介绍了其事迹。《汉书》本应为之立传，却也付之阙如，不免是其缺点。

主要探讨“军功受益阶层”的著作

对于《史记》有传但事迹记录不全者，《汉书》也做了补充。如《汉书·高帝纪》中记录了刘邦二年二月复关中、除租税、置三老、举贤能、赐酒肉的政策。当时正处在楚汉之争时期，刘邦在蜀地、汉中的诸多“施恩德”的政策，深得民心，为后方的稳定提供了重要帮助，“正是兵间规模宏大，收拾人心之处”，揭示出刘邦能够战胜项羽的重要原因。但此重要内容《史记》却并未记载，宋人刘辰翁也认为这是“子长失之”的地方。更为当代学林所熟知的“高帝五年诏”仅仅不到三百字，却是“汉初军功受益阶层”形成的根源，在历史上意义重大，同样不见于《史记》，而赖《汉书》得以保存下来。①

对于当时的重要政令、圣旨、文章、诗赋，《汉书》也多加著录，比如《史记》只著录了贾谊的《鹏鸟赋》《吊屈原赋》两篇文学作品，《汉书》则补入了另一篇重要的《陈政事书》（又名

① 关于其意义，可参见李开元《汉帝国的建立与刘邦集团：军功受益阶层研究》，三联书店，2000 年版。

《治安策》)。梁启超评价说："《汉书》的《贾生列传》就比《史记》做得好，我们看那转录的《陈政事书》，就可以看出整个的贾谊。……太史公没有替他登出，不是只顾发牢骚，就是见识不到，完全不是作史的体裁。"① 此外，晁错、邹阳、董仲舒的多篇文章、奏疏，也有赖于《汉书》的收录而保存下来。这些文章既出于名家之手，又是反映西汉时期政治文化的经世之文，具有重要的史料价值。从保存资料这一方面来看，这一点班固做的比司马迁为好，颇便于史学的研究。同时，亦有裨于对传主个性的刻画。

在一些看似微不足道的细节上，班固也有所补充。比如《史记·荆燕世家》介绍荆王刘贾、燕王刘泽时，只称是"诸刘"，且"不知其何属"，但班固《汉书·荆燕吴传》就明确记录"荆王刘贾，高帝从父兄也""燕王刘泽，高帝从祖昆弟也"，叙述反详于司马迁，或其别有资料来源。

其次是《汉书》改正了《史记》的一些错误与自相矛盾之处，对于《史记》中人名、地名、称谓、年代的诸多细节问题，班固也尽量做了修正，匡补《史记》处为数甚多。

如《史记·项羽本纪》："汉之元年四月……张耳走归汉。陈馀迎故赵王歇于代，反之赵。赵王因立陈馀为代王。……汉之二年冬，项羽遂北至城阳，田荣亦将兵会战。田荣不胜，走至平原，平原民杀之。"取《汉书·高帝纪》比勘，可知这里有两处时间错误。其一，"张耳走归汉"在汉二年，《史记》误系于汉元年；其二，平原民杀田荣在汉二年正月，而非冬天。又如《史记·袁盎晁错列传》云"及孝文帝即位，盎兄哙任盎为中郎"，《汉书·爰盎晁错传》则改"中郎"为"郎中"，为是。②

《史记·袁盎晁错列传》虽然记载了邓公称许晁错的话，并在

① 梁启超《中国历史研究法补编·做传的方法》，中华书局 2010 年版，67 页。

② 说见梁玉绳《史记志疑》。

《吴王濞列传》中称晁错“为国远虑”，但却在赞论中责备晁错提出的削藩政策其实是“欲报私仇，反以亡躯”，正是那种“变古乱常，不死则亡”的小人。这里，司马迁的叙述不但难称公正，且自相矛盾。而《汉书》中则对晁错“错虽不终，世哀其忠”作了高度评价，对他深谋远虑、不顾个人安危的品行大为赞赏，书中对晁错的态度是正面的、统一的。从这一点来看，《汉书》应该高于《史记》。

但是同样需要指出的是，班固的记载也可能存在错误、疏漏之处。如《史记》记载张良死于高祖崩后八年，《汉书》误改为六年①；《史记》记载李广元狩二年率四千骑出右北平，《汉书》误改为元狩三年②。此外如《史记》记载本来有误，《汉书》未能改正的地方更数不胜数，实际上亦存在《汉书》传抄出现版本错误的可能，历史学家已对这些问题做过大量详尽且专深的考证。我们在这里并非对班固求全责备，但出于客观的态度，仍应将这一问题点明，避免对《汉书》所作工作的无限拔高。

第四节　允执厥中：《史记》《汉书》史识谈

上一节中对考证成果的介绍，或许不免令读者有琐碎艰涩之感，但是作为历史，这样的深入讨论是必要的。只有在这些看上去无足轻重的细节的支持下，历史事件的本来面目才能得以保存。不过，若仅仅纠缠在考证这一方面，则远不足以支撑起“历史”二字。历史虽然以忠实记录过去的事为主要目标，但却并不止于此。我们可以打一个比方：如果将历史事件比作大批散落的铜钱，那么历史学家要做的，除了将这些钱分别找回之外，还需要用绳子将散钱串成钱串子，这样才可以方便人们的收藏与使用。而历

① 说见吴恂《汉书注商》。

② 说见梁玉绳《史记志疑》。

史只提供散钱，串钱的绳子则需要史家自备。这项用绳子串连散钱的工作，指的就是历史学家要通过自己的史观对历史有所解读，为历史赋予意义。

“以史为鉴，可以知兴替”，历史就如同一面镜子，可以为国家的政治决策、人们的日常生活提供诸多经验教训，而历史学家的工作就是，将这些经验教训转达给我们，并且上升到哲学的高度以表达出来。因此，一个好的史学家，除了能够精确记录事件，善于考订是非外，还要有独到不凡的思想见识，如此写出的著作才值得让人反复品味。《史记》与《汉书》都表现出作者“成一家之言”的大气魄与卓越的史识，但二书的思想方式却有较大的区别。

在这里不妨举数例以言之：

先说政治思想。在东汉皇帝的宏观指导下，班固以“尊汉”为核心价值观，因此立场是站在汉室这边的；而司马迁则选择以通史的眼光、“人类的立场”进行个性化的写作，并不以汉代为唯一尊崇的对象。相反，由于司马迁身受汉武帝的不公刑罚，个人体验到了汉代社会的黑暗面，故而对汉代还多有微词。从“直笔”的角度上说，司马迁勇于尖锐批判，而班固则多有犹豫与隐晦处。这是人们认为“班不如马”的重要原因之一。

可以先来看看司马迁与班固对刘邦的不同态度。由于刘邦是汉代的开国之君，因此在本纪中对刘邦的评价，一定程度上就代表了作者对汉朝立国规模与政权性质的核心态度。

从文本内容上说，班固的《高帝纪》对司马迁的《高祖本纪》多有增补。关于楚汉之争中如鸿门宴、垓下之围等史事，《史记》中多散入其他纪传如《项羽本纪》《留侯世家》等篇，而班固将其中的重要内容移植到《高帝纪》中。此外，也增入了一些《史记》所未及的政策内容，修改了一些事件的发生时间等。从整体上说，与其他的篇目一样，班固是在继承司马迁叙事的基础上做修改，而非另起炉灶。但在文章最后的论赞上，司马迁与班固的见解却全然不同。为便于读者，我们将全文附于此：

太史公曰：夏之政忠。忠之敝，小人以野，故殷人承之以敬。敬之敝，小人以鬼，故周人承之以文。文之敝，小人以僿，故救僿莫若以忠。三王之道若循环，终而复始。周秦之间，可谓文敝矣。秦政不改，反酷刑法，岂不缪乎？故汉兴，承敝易变，使人不倦，得天统矣。朝以十月。车服黄屋左纛。葬长陵。——《史记·高祖本纪》

赞曰：《春秋》晋史蔡墨有言：陶唐氏既衰，其后有刘累，学扰龙，事孔甲，范氏其后也。而大夫范宣子亦曰："祖自虞以上为陶唐氏，在夏为御龙氏，在商为豕韦氏，在周为唐杜氏，晋主夏盟为范氏。"范氏为晋士师，鲁文公世奔秦。后归于晋，其处者为刘氏。刘向云战国时刘氏自秦获于魏。秦灭魏，迁大梁，都于丰，故周市说雍齿曰："丰，故梁徙也"。是以颂高祖云："汉帝本系，出自唐帝。降及于周，在秦作刘。涉魏而东，遂为丰公。"丰公，盖太上皇父。其迁日浅，坟墓在丰鲜焉。及高祖即位，置祠祀官，则有秦、晋、梁、荆之巫，世祠天地，缀之以祀，岂不信哉！由是推之，汉承尧运，德祚已盛，断蛇著符，旗帜上赤，协于火德，自然之应，得天统矣。——《汉书·高帝纪》

两篇"赞"的文字有巨大差异，但这却并非仅仅是文字的不同。①

司马迁以"朝以十月。车服黄屋左纛"作为刘邦创制的代表，但这制度却并非汉代首创，而是"汉承秦制"的结果。《史记·秦

① 此处的分析参考了徐复观《两汉思想史·论〈史记〉》及吕世浩《从〈史记〉到〈汉书〉：转折过程与历史意义》的相关内容。

始皇本纪》中记载了秦代“朝贺皆自十月朔”“车黄屋”的制度。而恰恰在“朝以十月。车服黄屋左纛”这句的上面，司马迁称许了夏商周的“三王之道”，却尖锐地批判了“秦政不改，反酷刑法，岂不缪乎”。换言之，司马迁对刘邦的创制是大有不满的。出于儒家的立场，学者们多认为三代之治最为美好，秦政却暴虐不足道。在“朝以十月。车服黄屋左纛”这十个字中，看似不涉及价值判断，却包含着太史公的暗中哀叹——汉代虽得天下，仍然没有摆脱用秦之政的局限性。应该说，这一如匕首般犀利的观点远高出汉人“汉兴，改秦之弊”的自我贴金。诚然《史记》此处亦有“汉兴，承弊易变，使人不倦，得天统矣”的揄扬歌颂，但通常学术界认为，此处对汉政的批评，才是司马迁思想精华的体现。

而班固的“赞”则借鉴了刘向的观点，与司马迁的认识有明显差别。班固认为，汉代确实继承了尧的道统，其原因在于血缘。由于刘邦是尧的后代，因此汉政权有天然的合法性。这一认知是五德终始观念下的产物，由于班固撰《汉书》以尊汉为宗旨，这里也表现出了讳言“汉承秦制”，彰显“汉承尧运”的思想立场。从这一点来看，班固的批判性毫无疑问无法与司马迁相提并论。以血缘、符瑞作为对历史规律的说明，以现代眼光看无疑也是荒谬不经的。不过，高度标举汉代，并不意味着一定是用违背史实的方式向统治者献媚——不论在享国时长、历史影响、经济文化还是其他方面，汉优于秦都是不争的事实。对于残暴的秦政，汉代也做过相当的修正，虽承之，亦改之。而“汉承尧运”之类的说法，自董仲舒以后就是汉代重要的思潮，在当时的历史语境下有其独特意义，也并非班固曲笔之过。

总体来说，班固的政治思想虽然“戴着镣铐”，但其见解仍然是第一流的。其对汉景帝的评价就是《汉书》优于《史记》之处。《史记》中“十篇有录无书”，并非司马迁所写，而是后人所补。其中《孝景本纪》一般认为在十篇之一，并非司马迁原作。但是，与其他诸篇不同，续补的痕迹几乎没有文本内证证明，而续补的可能作者也无法找出①。而从外证来看，《孝景本纪》的见解则多与司马迁近似。其原因是：从传文的思想上看，与司马迁“作景帝本纪，极言其短及武帝过”② 的情况是吻合的。从赞文对晁错的态度看，也与前文所引《晁错列传》的观点近似。因此笔者倾向于认为，《孝景本纪》的主体很有可能出于司马迁，即使不出于司马迁，也必出于宗法司马迁思想者之手。但不论作者为谁，这篇本纪的赞文，都足以证明班固史识的高明。

> 太史公曰：汉兴，孝文施大德，天下怀安。至孝景，不复忧异姓，而晁错刻削诸侯，遂使七国俱起，合从而西乡，以诸侯太盛，而错为之不以渐也。及主父偃言之，而诸侯以弱，卒以安。安危之机，岂不以谋哉？——《史记·孝景本纪》

> 赞曰：孔子称“斯民，三代之所以直道而行也”，信哉！周、秦之敝，罔密文峻，而奸轨不胜。汉兴，扫除烦苛，与民休息。至于孝文，加之以恭俭，孝景遵业，五六十载之间，至于移风易俗，黎民醇厚。周云成、康，汉言文、景，美矣！——《汉书·景帝纪》

可以看出，《史记·孝景本纪》对景帝的评价基本是负面的，主要批评景帝与晁错在处理诸侯问题上的不当，认为武帝、主父偃的谋划才是安国之道。在《孝景本纪》的写作中，作者以“孝文在代时，前后有三男，及窦太后得幸，前后死，及三子更死，

---

① 历代学者曾先后提出褚少孙补说、冯商补说，但目前均不能成为定论。

② 《史记·太史公自序集解》引卫宏《汉旧仪》。

故孝景得立”的文字暗示景帝的得位不正，此后又大量列举了景帝年间的灾异。如果按照《史记》中的观点，我们今天“文景之治”的看法则是全然荒谬的。而按照班固的观点，则文帝、景帝并称毫无可疑，“汉言文、景”正是后来武帝盛世的基础。我们认为，班固的态度似更为近实。从《刑法志》记载的诏令来看，景帝有不少“近古而便民”的措施，“其宽仁固无异于文帝也”①，绝不是祸国的昏君——如景帝祸国，那么武帝所拥有的经济基础从何而来？在逻辑上似乎就已无法讲通。“至孝景，不复忧异姓”云云的话同样也无法成立。

诚然，包括《风俗通义》在内的一些书已经指出，文帝、景帝在政治上均有不光彩的一面，“文景之治”存在若干人为的夸大。但是，“文景之治”对于汉初经济恢复的正面意义毋庸置疑，文景二帝所起到的作用也平分秋色，因此班固的总体认知是精确的。相反，《史记·孝景本纪》的评价则相形见绌。从“作景帝本纪，极言其短”的记载来看，即使司马迁别有一篇不同于今本的《孝景本纪》，其见解恐怕也要逊于班固。班氏“周云成康，汉云文景，美矣！”的大胆评判和歌颂，与历史上的时代交相辉映，成为铭刻在中国人记忆里的宝贵财富。

又如，武帝时期的名臣公孙弘、主父偃、卜式、倪宽等，虽有政治才能，但人品都不高，善于谄媚求宠。司马迁对此辈人的道德评价都极低。班固的见解与司马迁相近，但他却持论较平，对其长处、短处，分别言之，不相混淆。即使对于司马迁极力贬低的田蚡，班固也提到了他，对其发扬儒学之功给予了正面评价。此外，班固还从中发现武帝任用人才的高明之处。其《公孙弘传》赞文曰：

公孙弘、卜式、倪宽皆以鸿渐之翼困于燕爵，远迹羊豕

① 吕思勉《秦汉史》。

之间，非遇其时，焉能致此位乎？是时汉兴六十余载，海内艾安，府库充实，而四夷未宾，制度多阙。上方欲用文武，求之如弗及，始以蒲轮迎枚生，见主父而叹息。群臣慕向，异人并出。卜式拔于刍牧，弘羊擢于贾竖，卫青奋于奴仆，日䃅出于降虏，斯亦曩时版筑饭牛之朋已。汉之得人，于兹为盛，儒雅则公孙弘、董仲舒、倪宽，笃行则石建、石庆，质直则汲黯、卜式，推贤则韩安国、郑当时，定令则赵禹、张汤，文章则司马迁、相如，滑稽则东方朔、枚皋，应对则严助、朱买臣，历数则唐都、洛下闳，协律则李延年，运筹则桑弘羊，奉使则张骞、苏武，将率则卫青、霍去病，受遗则霍光、金日䃅，其余不可胜纪。是以兴造功业，制度遗文，后世莫及。

其见解可说上升到历史大势的高度，比起单纯评判一人的道德功业来说，更进一步。

再说学术思想。班固以儒家思想为唯一指导，对儒学有精纯的造诣，正是武帝“独尊儒术”以后学者的常态；而司马迁则是在儒学的基础上力图贯通百家，尤其是对黄老之学有所领悟，犹不失战国时期“百家争鸣”的思想特色。司马迁的父亲司马谈是典型的黄老一派学者，而司马迁则师从孔安国、董仲舒等儒学大师，因此《史记》中表现出儒家与黄老道家融合的特色，而这种融合似乎还尚有不够圆通之处。这种思想，班固认为是“是非颇谬于圣人”① 而加以了批判。因此在《汉书》的写作中，班固更加注重突出儒学的核心地位。仅从对董仲舒的态度看，司马迁与班固就已表现出明显不同。

司马迁曾师从董仲舒学习《公羊春秋》，按说对董仲舒的生平事迹与思想建树是熟悉的。但在《史记》中，董仲舒只不过在

---

① 《汉书·司马迁传》。

《儒林列传》中得到了三百余字的短短介绍，也并没有什么特别的评价。看上去，虽然是自己的老师，司马迁也并没有觉得董仲舒有什么特别了不起之处，而只把他当作一般的儒家学者。但在《汉书》中，《董仲舒传》却整整占据了一卷，篇幅长达八千余字。除了收录有董仲舒的几篇重要文章外，赞文中也对董仲舒的历史地位进行了讨论。在赞文中，班固引用了刘歆的观点，认为董仲舒是西汉一代儒宗，但其地位却远不能及子夏、子游等孔子弟子。班固的这一评价基本是符合客观历史的。作为长时段的审视，《汉书》对董仲舒的评价比身处同时代的司马迁更为精准。

而在对先秦诸子的态度上，《汉书》则较《史记》有所不及。《史记》对先秦诸子多有立传，对其学术水准的评价、后世影响的概括皆多精到处，可以说不泥守儒家门户，而能对诸子百家争鸣有较客观公允的评价。而《汉书》的《古今人表》虽然列举百家学者，但评价总体来说不甚高；而对儒家学者则有任意拔高之嫌，可以说是官方意识形态儒教化后的产物。以今天的视角来看，无疑《史记》更胜一筹。

不过，上述的评价分歧，与其说是司马迁与班固的差异，不如说是司马迁的个人感情与汉代官方历史观的差异。换句话说，司马迁在写作《史记》的时候，代表的完全是个人，因此可以尽情发挥主观的感情与思想，只要持之有故，能“成一家之言”就可以了，而不必顾及其他，其性质近乎经学。但班固之作《汉书》，更是一种代表着汉王朝的“宣汉”之史著，因此就不得不以官方的态度作为评价标准，以客观的态度冷静观照一切史事，而收起私人感情与想法。读《汉书》我们可以感受到，班固个人与大汉的精神风貌是融合在一起的。

对于这种“子学”与“史学”、“个人”与“集体”的不同，我们可以从《史记》《汉书》对游侠的不同态度中发现其深层因由。

战国以来一直到汉代，刺客、游侠都是社会中一股重要的力量。他们注重私人感情间的“忠”“义”，以“勇”的精神快意恩仇，而并不顾及一般的价值观念和道德观，甚而不惜为此以身犯法。司马迁在《史记·游侠列传》中这样热情洋溢地颂扬游侠：

> 今游侠，其行虽不轨于正义，然其言必信，其行必果，已诺必诚，不爱其躯，赴士之阨困，既已存亡死生矣，而不矜其能，羞伐其德，盖亦有足多者焉。……而布衣之徒，设取予然诺，千里诵义，为死不顾世，此亦有所长，非苟而已也。故士穷窘而得委命，此岂非人之所谓贤豪间者邪？诚使乡曲之侠，予季次、原宪比权量力，效功于当世，不同日而论矣。要以功见言信，侠客之义又曷可少哉！

司马迁的态度是，游侠虽然不被一般“正义”所认同，但是他们的品质与精神是高贵的，对于社会也有积极的影响。在这样的理想化认知下，司马迁笔下饱含有一股不平之气，“咨嗟慷慨，感叹宛转”，正令人有“读《游侠传》即欲轻生”[①] 的感觉。

但《汉书·游侠传》则表达了完全相反的意见。在班固的认知中，《游侠列传》恰恰是司马迁最糟糕的几篇文章之一。“序游侠则退处士而进奸雄”[②] 是在说，游侠是社会秩序、国家力量的反面，因而也是历史发展的对立面，不足为取。在班固以前，扬雄曾经批评要离、聂政、荆轲等人“焉可谓之义”[③]；在班固以后，荀悦也在《汉纪》中认为游侠“伤道害德，败法惑世，失先王之所慎也”。可以说，对游侠的严厉批判，才是合于儒家思想的。其原因在于，游侠“专以奸犯公法”[④] 的行为实际上就是违法犯罪，这种行为纵然可能有其合理性，但无论如何不能得到官方的提倡。

---

① 茅坤《与蔡白石太守论文书》。
② 《汉书·司马迁传》。
③ 《法言·渊骞》。
④ 《史记·游侠列传》。

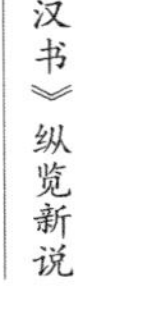

以历史的眼光看，司马迁对游侠的评价不免过高。这种过高的评价与司马迁生平遭际的不平或有密切关联，在感情的倾向下而用抽象的“游侠精神”代替了历史的游侠本来面目。这同时也是司马迁性格使然，不完全具有学理性。比起来，班固的态度相对更为允当。出于史学家的眼光，班固对游侠有诸多痛斥深诋之辞，揭示出其对社会秩序的破坏。对此区别，章太炎如是评价：

> 史公重视游侠，其所描写皆虎虎有生气；班氏反之，谓之乱世奸雄，其言实亦有理。是故《史》《汉》之优劣，未可轻易下断语也。

但需要注意的是，班固同样在不经意间表露出对游侠精神的欣赏，表现出与司马迁精神的相通。

在评价郭解的时候，他不仅做了对郭解个人的批评，而且对于春秋战国的历史也表达了自己的看法。班固认为，从三王到春秋五霸，到战国七雄，再到战国四君子，标志着王道解纽，世风日下。服务于此堕落力量的郭解，自然就是“其阴贼著于心，率发于睚眦如故云”、“其罪已不容诛矣”的人。

尽管严厉地批评了游侠，班固却不得不承认，郭解是一个“温良泛爱，振穷周急，谦退不伐，亦皆有绝异之姿”的人。从历史大势上批评郭解的行为，但对郭解的个人品行却有一定程度的欣赏肯定，体现了班固在写作中，试图追求历史正统观念与个人情感的平衡，而并非如司马迁一样一发无余。因此，班固更为欣赏、认同的是有侠烈之行，最后却被“招安”入体制内的季布、栾布、田叔，这也正是他调和江湖与庙堂道德观念的尝试。

总而言之，对于司马迁与班固的分歧，不应简单认为“个性化就是好的”或“官方的就是反动落后的”，而是应基于文本辩证看待，二者实际上仍然各具独见，各有优长，表现出第一流的史家风采。但是，文无十全，司马迁失之于身受创伤、感情用事，因此其史学观念有时不免过于主观；而班固则失之于受到官方束缚、过度尊崇体制，因此批判性往往有所不足。两种缺陷看似相反，其实都与其生活的政治背景与个人性格、家庭环境等诸多方面密切相关。如读者善用对读的方法，不斤斤计较于“史汉优劣”的争论，则可通过两书的比较，以明乎史家叙事的义法，求得历史本来的客观。

与之相反，近代以来，深受启蒙思潮影响的学者对《史记》的过度拔高与对《汉书》的过度贬低，无疑多属于“结论先行”的产物。对于一般的读者来说，这种态度是有百害而无一利的：客观的结论必基于对文本的细读而得出，“二手的”、大而化之的空论适足以引人误入歧途。

第五节　微言大义：《史记》《汉书》体例问题补论

《汉书》体例上对《史记》的改良，在上章中已有所涉及。不过，上章所谈的情况主要是从史学角度出发，这里则需要补充一点：《史记》《汉书》虽然同属史学著作，但同样都具有“微言大义”的“经学”因素（一般认为《史记》所含更多）——明了这一问题，对于我们理解马、班的史识异同，当有所促进。

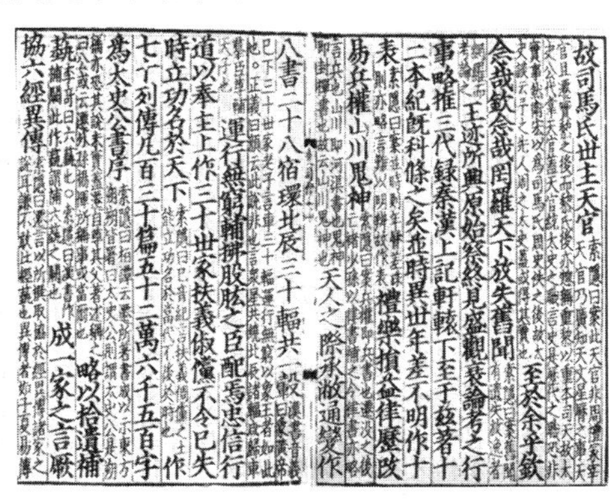
故司馬氏世主天官
至於余乎欽
念哉欽念哉罔羅天下放失舊聞
王迹所興原始察終見盛觀衰論考之行
事略推三代録秦漢上記軒轅下至于茲著十
二本紀既科條之矣并時異世年差不明作十
表
禮樂損益律曆改
易兵權山川鬼神
天人之際承敝通變作
八書二十八宿環北辰三十輻共一轂
運行無窮輔拂股肱之臣配焉忠信行
道以奉主上作三十世家扶義俶儻不令已失
時立功名於天下
作
七十列傳凡百三十篇五十二萬六千五百字
為太史公書序
略以拾遺補
藝
成一家之言厥
協六經異傳

《太史公自序》

《史记·太史公自序》的结尾云：

罔罗天下放失旧闻，王迹所兴，原始察终，见盛观衰，论考之行事，略推三代，录秦汉，上记轩辕，下至于兹，著十二本纪，既科条之矣。并时异世，年差不明，作十表。礼乐损益，律历改易，兵权山川鬼神，天人之际，承敝通变，作八书。二十八宿环北辰，三十辐共一毂，运行无穷，辅拂股肱之臣配焉，忠信行道，以奉主上，作三十世家。扶义俶傥，不令己失时，立功名于天下，作七十列传。凡百三十篇，五十二万六千五百字，为太史公书。序略，以拾遗补艺，成一家之言，厥协六经异传，整齐百家杂语，藏之名山，副在京师，俟后世圣人君子。

这里，司马迁指出其篇目的“十二”“十”“八”“三十”“七十”皆有其意义，不过却未能详论。后世注释《史记》的司马贞、张守节有着更为深入的阐发，兹以其论为基础，并参考其他学者的研究成果，檃栝其中大义如下：

本纪十二篇：象征一年的十二个月，为“岁星之周”。其体例受到《春秋》及《吕氏春秋》“十二纪”的影响，象征天地运行之道。

表十篇：象征“刚柔十日”，取自《周易·系辞上》的“天一、地二、天三、地四、天五、地六、天七、地八、天九、地十”。以“十”为数字中的极则（理由是十最大），其来源盖即襄赞《易经》的“十翼”（汉人以为皆孔子所作）。

书八篇：象征“天时八节”，即立春、立夏、立秋、立冬、春分、夏至、秋分、冬至八个节气，指代天、地、日、月、山、川、礼、乐。另一种说法认为“八”或指地上的八方，即“天九地八”之义，指代上古政治制度的“八政”之说。

世家三十篇：司马迁已明确说明其含义“三十辐共一毂”，其言引自《道德经》，古代的车轮由三十根辐条构成，为车的重要组成部分，数字取象于一月的三十天。

列传七十篇：一般认为“七十”为“七十二”的泛举，

象征一年三百六十日的五分之一，是受到五行思想影响演化出的术语。

可见，《史记》的篇目其实蕴含深意，其思想殆受当时五行等“天人之际”学说的影响，暗含着以“天道”切合“人道”的经学思维。篇目如此，文本亦然。《史记》作为一部效法《春秋》的新的“一家之言”，其性质是“厥协六经异传，整齐百家杂语”。从后世的学术观念来看，属于“史学”；但以司马迁的写作目标来看，则是代表其个人思想见解的“子学”，或者说，即近乎当时的显学公羊家一脉（这与他师承董仲舒的学术渊源不无关系）。

后人多认为班固《汉书》不如《史记》意蕴深厚，其实未免武断。诚然，《汉书》的写作受到当时政治的影响，较为慎重；且当时对欲拟经而成一家之言的司马迁、扬雄等人都多有微词，是以班固的“一家之言”野心不得不有所收敛。虽然如此，他仍有所暗示：《汉书》的命名实际上是效法五经中的《尚书》——由于《尚书》按照夏、商、周三代分野，称之为“虞书”“商书”“周书”，那么记叙汉代的史著，自然应称为“汉书”。

《汉书·叙传》云：“综其行事，旁贯五经，上下洽通，为春秋考纪、表、志、传凡百篇。”其言也颇有蕴藉：

《汉书》《尚书》的篇幅同为百篇，其“十二本纪”“八表”“十志”“七十列传”的数量也与《史记》若合符契。这一数字自然会引人以无穷联想。至于为什么没有如司马迁般为每个数字都做出解释，其原因也易于理解：当时的政治背景已不允许私人如此创立“一家之言”（苏朗的政治案件犹在班固的年代回响），留下暗示已属难能。章学诚《永清县志·列女列传序例》中评论说：“马、班分合篇次，具有深意。故《前汉书》于简帙繁重之处，宁分上中下而仍为一篇，不肯分其篇为一二三也。”其言甚是。而“为春秋考”云云，很可能也是暗指其所受的《春秋》影响。

在行文之中：《汉书》因袭《尚书》的地方多处可见。如

“食货志”，源于“《洪范》八政，一曰食，二曰货”；“郊祀志”则洎乎“《洪范》八政，三曰祀”。《地理志》，开头引《尚书·禹贡》的全文。引用《春秋》经传处更多——若单从数量上看，其次数或多于《史记》。即以《汉书·五行志》为例，除广引解释《尚书·洪范》的《洪范五行传》外，更多引用《春秋》经传的不同解读，如非明于《春秋》学大义者，就连读通句子都很困难。此外引及、源自经学的内容更不计其数，难以遍举。

之所以特别将两书的渊源上溯至经学，其原因在于两书皆以“春秋笔法”撰史，其叙述具备“微言大义”的经学特色。所谓“微言”，即用词讲究，含蓄而精微；所谓“大义”，即思想高明，广大而深邃。此前学者关注《史记》较多，能深入剖析《汉书》“大义”者甚少，是以这里的介绍，则略《史记》而详《汉书》。

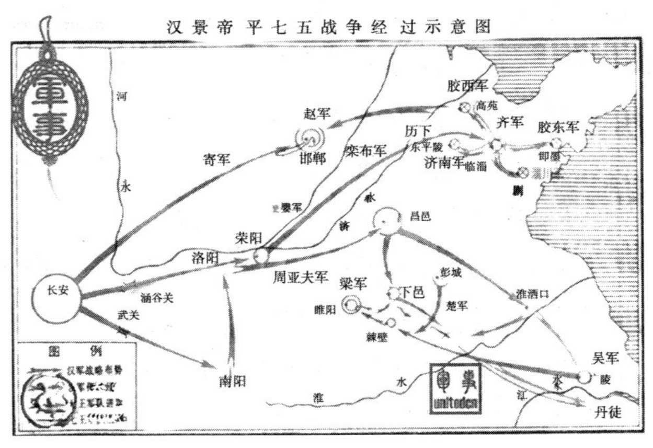

七国之乱示意图

景帝时期，七个诸侯国起兵造反，《汉书》记载为“皆举兵反”。但齐王刘将闾实际上临阵反悔，并未起兵造反，而是坚守城池，为中央政府平叛做出了贡献。《汉书》对此记作“皆举兵反”，其原因是齐王虽未起兵，但却早有反意，特书此以彰显其罪过——刘将闾在七国之乱中其实有功，但他却自知阴谋已被发现，而选择了服毒自尽。

而武帝末年的“巫蛊之祸”，戾太子刘据杀江充，矫诏发兵，被武帝定性为叛乱。但《汉书》记载此事却作“太子以节发兵，与丞相刘屈氂大战长安”，并不称太子为“反”。其原因在于刘据是被迫做出“反”的举动，其内心是忠于汉武帝的。①

类似的文例颇多，不遑尽举。从中我们可以发现的是，《汉书》在“微言”中往往表达出显性与隐性的两重含义：显露的一面，《汉书》通过对事迹的记录，写出了历史事件的原始面貌；隐藏的一面，《汉书》在用字时极讲究，带有对历史事件定性的意味，其中内涵颇值挖掘。近儒刘咸炘《汉书知意·序论》中言：

> 夫班氏自谓“纬六经，缀道纲”，岂徒大言以欺后世？华、谢而后，断代为书，悉遵其规度，列于正史，十有余家，而开山作祖之书，顾无人深探义例，且致谤焉。史法之隳，讵不由此？

其说发明幽微，实可证班氏之功也。

第六节　风神与矩矱：《史记》《汉书》文学风格论

《史记》《汉书》两部书，既是史学家所关注的历史著作，又是文学家所爱读的“史传文学”。

顾名思义，史传文学即是以历史事实为题材，而具有极高文学性的一种文本。也就是说，虽然以客观介绍历史为主要内容，但因为写作者高明的叙事手段与文笔，这种史传给人的美感不亚于乃至于超过一般的文学作品。

总体而言，文学家对两书的文学地位都有着极高的评价。元末明初的朱右（公元 1314 年—1376 年）在《秦汉文衡序》中提出：“文莫古于六经，莫备于《史》《汉》。六经蔑以尚矣，《史》

---

① 上述两例皆取自南宋刘子翚的《汉书杂论》。

《汉》之文，庸非后世之准衡也欤?”此后，众多古文家多受此影响，甚至直接学习《史》《汉》的文法。

与朱右同时的宋濂（公元1310年—1381年）这样评价：“迁之文如神龙行天，电雷惚恍而风雨骤至，万物承其濊泽，各致余妍。固之文类法驾整队，黄麾后前，万马夹仗，六引分旌，而循规蹈矩不敢逾尺寸。”① 从学习的难易来看，《汉书》由于其严整规范，多用骈偶句式，所以更容易被人所效仿。《史记》之文，则需要以高超的见识、雄奇的气魄、旺盛的活力才能支持，除少数天才作家以外，大部分效仿者只能做到“画虎类犬”而已。因此，虽然评价者多推崇《史记》，但在实际操作中，却不得不以境界相似却更为易学的《汉书》作为学习目标。

宋濂像

司马迁行文的长处在于晓畅疏宕，文章中有豪杰之气，高雄奇崛。这种行文的好处是个人的性情与感情可以淋漓尽致地发挥出来，读起来文采飞扬，令人神往。但考虑到“史传文学”同时还是史学，其缺陷是往往失却了历史的客观性。班固在文字处理中做了调整，通过删削大量的虚字、动词，将文字进一步凝练，雅洁深厚的文章背后，更加凸显出叙事的客观与冷静。班固的修饰是有意为之：他将《史记》中的口语改用书面语表达出来。在班固的改写下，《汉书》虽损失了一些历史信息，且不如《史记》神采飞扬，却有一种严整典雅的风味，而更加精确、简练地叙述清楚历史事件的本末。

不妨举数例略作对比：

① 宋濂《宋学士文集》卷二十三《吴潍州文集·序》。

我们首先举最为脍炙人口，且颇具文学意味的“鸿门宴”故事为例，由于它被收入高中语文必修教材，相信读者对相关故事是熟悉的。这个故事见于《史记》的《项羽本纪》《高祖本纪》及《汉书》的《高帝纪》《陈胜项籍列传》等篇中。

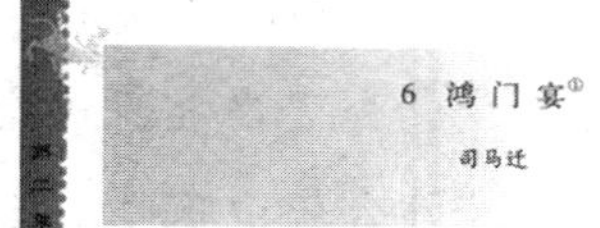
6 鸿门宴[1]

司马迁

沛公[2]军霸上[3]，未得与项羽相见。沛公左司马[4]曹无伤使人言于项羽曰：“沛公欲王关中[5]，使子婴[6]为相，珍宝尽有之。”项羽大怒曰：“旦日飨[7]士卒，为[8]击破沛公军！”当是时，项羽兵四十万，在新丰鸿门；沛公兵十万，在霸上。范增[9]说项羽曰：“沛公居山东[10]时，贪于财货，好美姬[11]。今入关，财物无所取，妇女无所幸[12]，此其志不在小。吾令人望其气[13]，皆为龙虎，成五采，此天子气也。急击勿失[14]！”

楚左尹项伯[15]者，项羽季父[16]也，素善留侯张良[17]。张良是时从沛公，项伯乃夜驰之沛公军[18]，私见张良，具告以事，欲呼张良与俱去，曰：“毋从俱死也。”张良曰：“臣为韩王

高中课文《鸿门宴》

《史记·项羽本纪》的这一段记载约二千字，从项羽击破函谷关，与刘邦对阵开始，至刘邦成功从鸿门宴脱身，奉璧以得项羽的谅解为终。虽是历史记载，却生动仿佛小说。司马迁对人物的刻画栩栩如生，面部表情、人物对话、肢体动作、心理活动等都描写得十分传神，读来令人有身临其境之感。叙事也前后照应，深得为文之法。鸿门宴一段故事，以“沛公至军，立诛杀曹无伤”结尾，看似细节闲笔，却正合上文曹无伤向项羽告密，而项羽却向刘邦泄密的经过，既将事情的原委本末一一交代清楚，又通过曹无伤的命运折射出刘项二人政治智慧的差距，足见功力。

而《汉书》中则对相关的描写大量删削。《高帝纪》中整段的记叙不过数百言，其他的内容有的拆分入《项籍传》等篇目，有的则由班固自作主张，进行了删削。

由于篇幅较长，我们这里仅择取部分段落加以对比，下面是介绍鸿门宴前背景的一段铺垫：

闻沛公已定关中，羽大怒，使黥布等攻破函谷关，遂至

戏下。沛公左司马曹毋伤闻羽怒，欲攻沛公，使人言羽曰："沛公欲王关中，令子婴相，珍宝尽有之。"欲以求封。亚父范增说羽曰："沛公居山东时，贪财好色。今闻其入关，珍物无所取，妇女无所幸，此其志不小。吾使人望其气，皆为龙，成五色，此天子气。急击之，勿失。"于是飨士，旦日合战。是时，羽兵四十万，号百万。沛公兵十万，号二十万，力不敌。——《汉书·高帝纪》

又闻沛公已破咸阳，项羽大怒，使当阳君等击关。项羽遂入，至于戏西。沛公军霸上，未得与项羽相见。沛公左司马曹无伤使人言于项羽曰："沛公欲王关中，使子婴为相，珍宝尽有之。"项羽大怒，曰："旦日飨士卒，为击破沛公军！"当是时，项羽兵四十万，在新丰鸿门，沛公兵十万，在霸上。范增说项羽曰："沛公居山东时，贪于财货，好美姬。今入关，财物无所取，妇女无所幸，此其志不在小。吾令人望其气，皆为龙虎，成五采，此天子气也。急击勿失。"——《史记·项羽本纪》

从这一小段中，便可看出《汉书》与《史记》文章的差异：

其一，《汉书》有意简省文字，使之较《史记》为简练。《史记》"项羽遂入，至于戏西"八个字，《汉书》用"遂至戏下"四个字概括出来，简省四字；《史记》"使子婴为相"，《汉书》作"令子婴相"，省下一字，而意思不变。《史记》引范增的话"贪于财货，好美姬……此其志不在小"，《汉书》作"贪财好色……此其志不小"。类似的删削还有很多，读者对读自可有所发现，在这里不一一指出。这些文字看上去区别并不大，也不甚影响文义，但是集腋成裘，便会导致较大的篇幅差异，对阅读与传播产生影响。体现在文学风格上，就是《汉书》尚简，《史记》繁复。考虑到今本《史记》的文字远少于司马迁自称的"五十二万六千五百字”，则或许今本《史记》已被抄者作了大量删削，而原本《史记》的繁复程度可能远超今本。因《汉书》尚简，故其行文必然要追求古雅、精确、简明；因《史记》多繁，因此其行文可以任意变化，不拘一格，以充盈的感情取胜。

其二，《汉书》对《史记》的文字有所加工，使叙事更为贴切。《史记》“沛公左司马曹无伤使人言于项羽曰”，《汉书》改为“沛公左司马曹毋伤闻羽怒，欲攻沛公，使人言羽曰”。按照《史记》的记载，项羽在听了曹无伤的密报后“大怒”欲杀刘邦；《汉书》则认为曹无伤是听说项羽已经大怒，因而密报，“欲以求封”。从逻辑上看，《汉书》的记载似乎更合情理。《汉书》中引范增语“皆为龙”，删改了《史记》“皆为龙虎”的原话，以“龙”对应下文的“天子气”，似乎更为贴切。可以看出，《汉书》文字虽大体源于《史记》，但也做了相当的调整与斟酌。除却一些词句使用的不同外，叙事的先后、对史料的理解等也有细微差异。

当项羽决意与刘邦一战时，项羽的叔父项伯，却连夜向自己的好友、刘邦的部下张良泄密。在刘邦的一番自白下，“沛公与伯约为婚姻”，项伯自告奋勇地为刘邦缓颊，并命刘邦次日早早来向项羽表示顺从。

> 项伯还，具以沛公言告羽，因曰：“沛公不先破关中兵，公巨能入乎？且人有大功，击之不祥，不如因善之。”羽许诺。——《汉书·高帝纪》

> 于是项伯复夜去，至军中，具以沛公言报项王。因言曰：“沛公不先破关中，公岂敢入乎？今人有大功而击之，不义也，不如因善遇之。”项王许诺。——《史记·项羽本纪》

对于项伯行动的交代，《汉书》明显简略得多，而又没有损害文义。而项伯劝导项羽的话，一为“今人有大功而击之，不义

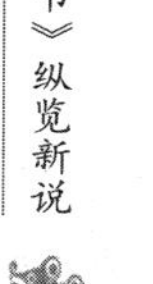

也”，一为“击之不祥”，这里表现的细微差别似乎也值得玩味。两个词均有不合乎道义的意味，但“不祥”似乎却更多地带有“不吉利”这样功利性的色彩，而“不义”则是纯粹道德上的判断。这里班固的修改是否带有某种思想倾向，是引人遐想的。

由于项伯的建言，兵戈相交的战事消弭于无形，而一场无硝烟却同样凶险的政治斗争在鸿门的宴会上开始了：

> 沛公旦日从百余骑见羽鸿门，谢曰：“臣与将军戮力攻秦，将军战河北，臣战河南，不自意先入关，能破秦，与将军复相见。今者有小人言，令将军与臣有隙。”羽曰：“此沛公左司马曹毋伤言之，不然，籍何以至此?”羽因留沛公饮。范增数目羽击沛公，羽不应。范增起，出谓项庄曰：“君王为人不忍，汝入以剑舞，因击沛公，杀之。不者，汝属且为所虏。”庄入为寿。寿毕，曰：“军中无以为乐，请以剑舞。”因拔剑舞。项伯亦起舞，常以身翼蔽沛公。——《汉书·高帝纪》

> 沛公旦日从百余骑来见项王，至鸿门，谢曰：“臣与将军戮力而攻秦，将军战河北，臣战河南，然不自意能先入关破秦，得复见将军于此。今者有小人之言，令将军与臣有郤。”项王曰：“此沛公左司马曹无伤言之，不然，籍何以至此。”项王即日因留沛公与饮。项王、项伯东向坐，亚父南向坐。亚父者，范增也。沛公北向坐，张良西向侍。范增数目项王，举所佩玉玦以示之者三，项王默然不应。范增起，出召项庄，谓曰：“君王为人不忍，若入前为寿，寿毕，请以剑舞，因击沛公于坐，杀之。不者，若属皆且为所虏。”庄则入为寿。寿毕，曰：“君王与沛公饮，军中无以为乐，请以剑舞。”项王曰：“诺。”项庄拔剑起舞，项伯亦拔剑起舞，常以身翼蔽沛公，庄不得击。——《史记·项羽本纪》

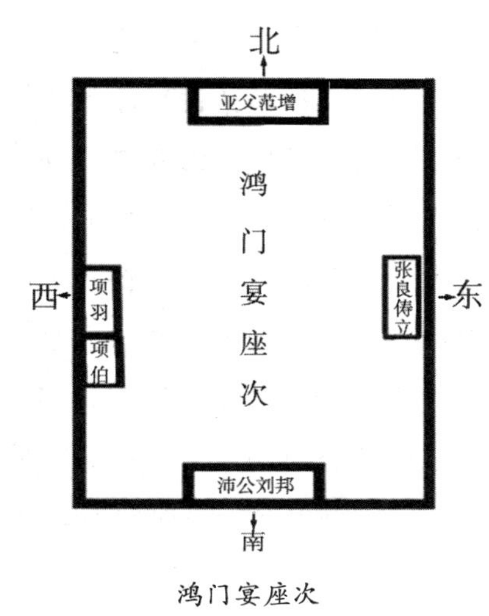

鸿门宴座次

从字数上就可以看出来，这一小段《史记》与《汉书》有明显的差异，《汉书》删去了宴会中的大量细节——这些细节或许在班固眼中无足轻重。比如，《汉书》删去了宴会上“项王、项伯东向坐，亚父南向坐。……沛公北向坐，张良西向侍”的座次安排。座次看上去并不影响事情的走向，但若深入考察，却是一个颇值得关注的问题。余英时先生在《说鸿门宴的座次》[1] 中就揭示出来，按照当时的礼仪，东向坐为最尊，南向坐为次尊，北向坐为卑。因此座次的安排，实际暗示刘邦向项羽表示臣服的态度。——或许可以猜测，这一座次安排出于或合于刘邦的意愿，也正因为此，项羽的怒气才逐渐平息了下来。从文学角度看，这样的描写也营造出宴会当时的气氛，使下文的开展更加顺理成章。

项庄舞剑意在沛公

此外，《汉书》

① 余英时《史家、史学与时代》，广西师范大学出版社，2004 年，70—78 页。余先生的这一考据目前虽未成为定论，但通过座次问题分析鸿门宴的形式，则是学者公认的一条有效进路。

删削掉范增“举所佩玉玦”的动作、项伯翼蔽刘邦后“庄不得击”的效果等，或许在班固的眼中，这些都是不影响历史大局的小细节。但在一般读者看来，这样的细节恰恰更真实地还原出了宴会现场的情态，凸显出人物的性格，而在文章上的趣味性和可读性也更高。范增举玉玦暗示项羽应当下定决心（玦、决谐音）在宴会上杀死刘邦，项羽完全明白范增的暗示，却“默然不应”。《汉书》在这里删去“默然”二字，恰好丢失了项羽反复思考、犹豫不“决”的态度。下文中，项庄奉范增之命请求舞剑助兴，实际却意在刺杀刘邦，这一目的相信项羽也明白——或许正是之前早已做好的预谋——但项羽却回答了“诺”。在当时，“诺”既表示同意（同“是”），也往往暗示应答者回复较慢，态度仍存犹豫（与“唯”形成对比）。——不妨猜测，这时候的项羽仍然没有下定决心杀死刘邦，因此也就在项伯起舞、樊哙闯入之后，轻易地放过了刘邦。班固删除了这些细节，对于结局自然没有产生影响，但却使我们错失了通过细节推想历史本来面目的可能性。

对这一段的思考，或许可上升到“文”与“言”，或“书面语”与“口头语”的高度。既然落到纸面，形为文字，便必然是“书面语”而非“口语”——即使是号称通俗易懂的白话文，也是在口语的基础上作了若干加工而成的书面语。但史传虽属书面语、文言，其来源却很大程度上出于口语，因此亦不能完全摆脱口语成分。面对这种情况，有的作者倾向于将书面语口语化，而有的作者则反其道而行之，将口语化为书面语。大而化之地看，司马迁《史记》属于前者，而班固《汉书》属于后者。仅举一例言之：“项羽遂入，至于戏西”八个字，《汉书》用“遂至戏下”四个字概括出来，看上去是《汉书》的简省，其实在前或许有司马迁的有意繁化。“项羽遂到戏西”，一句意思便足；但《史记》却采取“项羽就来了，他到了戏西”这种口语都不常用的说法。显然，这是司马迁有意采取的修辞手段，其性质或类似天津快板中“竹板这么一打啊，别的咱不夸——我夸一夸，这个传统美食狗不理包子”的渲染法。先说文义不足的上半句，再用下半句补足，正仿佛表演艺术的“引人入胜”。而班固则坚守文言的雅正，不屑为此。换言之，仅从文章来看，其对我们的启发或许是：《汉书》才更接近于文章的本格正统，而《史记》则是掺入了纵横家表演气味的变格。①

鸿门宴的故事并未在此完结，有心的读者不妨取《史记》《汉书》对照而读，当对这篇名文、这段历史有新的体悟和感慨。

我们再来看另一个例子。

这个故事发生在汉高祖三年（公元前204年），当时项羽围刘邦于荥阳，汉军处于军事不利的地位。郦食其劝刘邦立战国时六国诸侯的后人为王，以标举自己的合法性，来达到使楚不战而服的政治目的。刘邦刚刚答应郦食其的建议，此时张良恰好来谒，一场兼具历史意义与文学意义的对话就这样展开：

郦生未行，良从外来谒汉王。汉王方食，曰：“客有为我计桡楚权者。”具以郦生计告良，曰：“于子房何如？”良曰：“谁为陛下画此计者？陛下事去矣。”汉王曰：“何哉？”良曰：“臣请借前箸以筹之。昔汤、武伐桀、纣封其后者，度能制其死命也。今陛下能制项籍死命乎？其不可一矣。武王入殷，表商容闾，式箕子门，封比干墓，今陛下能乎？其不可二矣。发巨桥之粟，散鹿台之财，同赐贫穷，今陛下能乎？其不可三矣。殷事以毕，偃革为轩，倒载干戈，示不复用，今陛下能乎？其不可四矣。休马华山之阳，示无所为，今陛下能乎？其不可五矣。息牛桃林之野，天下不复输积，今陛下能乎？其不可六矣。且夫天下游士，离亲戚，弃坟墓，去故旧，从陛下者，但日夜望咫尺之地。今乃立六国后，唯无复立者，

① 本段的分析，实源于陈熹兄“《史记》有话本感”的观点，特此致谢。

游士各归事其主，从亲戚，反故旧，陛下谁与取天下乎？其不可七矣。且楚唯毋强，六国复桡而从之，陛下焉得而臣之？其不可八矣。诚用此谋，陛下事去矣。”汉王辍食吐哺，骂曰：“竖儒，几败乃公事！”令趣销印。——《汉书·张陈王周传》

食其未行，张良从外来谒。汉王方食，曰：“子房前！客有为我计桡楚权者。”具以郦生语告，曰：“于子房何如？”良曰：“谁为陛下画此计者？陛下事去矣。”汉王曰：“何哉？”张良对曰：“臣请藉前箸为大王筹之。”曰：“昔者汤伐桀而封其后于杞者，度能制桀之死命也。今陛下能制项籍之死命乎？”曰：“未能也。”“其不可一也。武王伐纣封其后于宋者，度能得纣之头也。今陛下能得项籍之头乎？”曰：“未能也。”“其不可二也。武王入殷，表商容之闾，释箕子之拘，封比干之墓。今陛下能封圣人之墓，表贤者之闾，式智者之门乎？”曰：“未能也。”“其不可三也。发钜桥之粟，散鹿台之钱，以赐贫穷。今陛下能散府库以赐贫穷乎？”曰：“未能也。”“其不可四矣。殷事已毕，偃革为轩，倒置干戈，覆以虎皮，以示天下不复用兵。今陛下能偃武行文，不复用兵乎？”曰：“未能也。”“其不可五矣。休马华山之阳，示以无所为。今陛下能休马无所用乎？”曰：“未能也。”“其不可六矣。放牛桃林之阴，以示不复输积。今陛下能放牛不复输积乎？”曰：“未能也。”“其不可七矣。且天下游士离其亲戚，弃坟墓，去故旧，从陛下游者，徒欲日夜望咫尺之地。今复六国，立韩、魏、燕、赵、齐、楚之后，天下游士各归事其主，从其亲戚，反其故旧坟墓，陛下与谁取天下乎？其不可八矣。且夫楚唯无疆，六国立者复桡而从之，陛下焉得而臣之？诚用客之谋，陛下事去矣。”汉王辍食吐哺，骂曰：“竖儒，几败而公事！”令趣销印。——《史记·留侯世家》

刘邦兴奋地为张良讲了这个新计划，而张良则连续以八条理由批判其不可行，终于使刘邦醒悟而大怒，取消了这个计划。这里，除了大量文字细节的差异（读者对读自见，不赘述）外，重要的删改有两处：

张良像

其一，在刘邦与张良刚刚见面的时候，刘邦言说郦食其“客有为我计桡楚权者”的计划之前，《史记》有“子房前”三个字，而《汉书》则删去了。按照《史记》的记载，可以想象出当时的情景：张良刚刚从外面来进谒，刘邦虽然在吃饭，但却对郦食其的建议大有信心，以欣喜的心情让张良来听此计策，并问张良“于子房何如”，大概是认为其策略水准不在张良之下。如此，刘邦的前后感情是连贯的，而他对郦食其建议的欣赏也就不言而喻。《汉书》删去了这一细节，固然不影响对此事件的理解，但却未免使刘邦的形象有所减色。

其二，在刘邦与张良对话之时，按照《史记》的记载，张良连续八次设问，刘邦前七次皆回答“未能也”，到第八次乃痛骂郦食其为“竖儒”，认识到其建言的不可从。而按照《汉书》，则是张良一口气陈述“八不可”，刘邦醒悟过来。从对话的常理推度，似乎司马迁的记载更符合情理，刘邦在张良反复的诘问下总是无法应答，终于愤而大骂，然后取消了计划。从文学的戏剧性角度来看，刘邦插入的语言也使得文章更加跌宕起伏，给人以层层递进之感，相比之下，《汉书》的记载就容易令人产生审美疲劳。对此，顾炎武《菰中随笔》评价说：“留侯借前箸为汉王言八不可，实无八件，正是一时口语，令千载下如见当日设问光景。”可说至为恰当。班固在这里省略了文字，但代价或许是史学、文学两失之。——诸多名家认为《史记》高出《汉书》，其理据正在于这些例子。

此外，尚有一些地方的区别，是出于司马迁、班固对同一史事的不同理解。

这种不同有的受历史背景影响：

同样是记录每年大事的本纪，《史记》对匈奴之事记叙极为详细，而《汉书》则相对简略。这是因为在司马迁生活的时代，匈奴正是汉朝的心腹大患，在政治上有极大影响；而在班固的东汉时代，匈奴早已式微，对国家安全并无太大影响，因此班固对此只是简要叙述而已。相反，《汉书》详细补入了大量《史记》未载的对灾异的记录。灾异，即以天文现象解释人事，特别是借天灾以抨击统治者，宣扬“求礼乐以恤民瘼”，虽出自方士迷信，却在当时的时代背景下具有相当严厉的批判性，自董仲舒以后逐渐成为时代热点话题。而这样的话语是司马迁时期所不具备的，因此《史记》中并不看重的灾异事件，《汉书》则尽可能详细地记载了下来。

有的则纯粹出于两人的不同史学眼光：

对于高祖刘邦在沛县“教歌儿百二十人”之事，《史记》在《高祖本纪》中加以叙述，而班固则略作简化，收入《礼乐志》中。徐复观先生指出，《史记》的安排是认为这件事并不足以上升到礼乐文明的层面，但却是反映高祖性格的重要材料；而班固则认为这是汉代礼乐文明的一部分。“由此可知两氏对文字安排的异同，皆苦心经营，不是苟且随意的。在这种地方，不应以优劣论。”[①] 这一评价是比较公允的。

之前一直有学者认为，《史记》《汉书》的文本差异（尤其是文学差异）主要是后世传抄时所导致，与班固的关系不大。如吕

---

① 徐复观《两汉思想史（三）》，443 页。

思勉先生《秦汉史》论述说：

> 《汉书》辞句，率较《史记》为简。后人以为班氏有意为之，非也。古人辑录旧文，例不改其辞句。《汉书·陈涉传》于《史记》至今血食之文，尚未刊落，何暇校计虚字？盖《史记》在唐以前，通行不如《汉书》之广，其经传抄之次数，即不如《汉书》之多。昔人读书，不斤斤于字句，传抄时无谓之虚字，率加删节，钞胥尤甚，故《汉书》之虚字，较《史记》减少也。……此恐非独《史》《汉》为然，一切古书，莫不如是。

这一观点发现了文献抄写流传中对文本原貌的伤害，但以之否定班固的文字处理，则不免有失偏颇。经过上文的举例，我们可以看出班固在安排行文时的良苦用心——即便这种用心有时候仍存瑕疵。是故，吕先生的说法是值得商榷的。

第七节　一时瑜亮：《史记》《汉书》比较之小结

在前面的几节中，我们从史学、文学的不同角度，将《史记》与《汉书》的相关文本进行了对比。对于两书的不同魅力，相信读者在对比中也有所体悟。那么，对于这两部难分伯仲的巨著，我们应该如何用整体的眼光来看待呢？

施丁先生在总体上是更倾向于《史记》：

> 司马迁是用画家的彩笔写历史……史篇是活生生的历史；班固是用工细的墨笔写历史，因而在班固笔下，历史的账单较为清楚，然少彩色，有格式化的倾向。[1]

① 施丁《司马迁研究新论》，河南人民出版社，1982 年版，362 页。

刘跃进先生则以类似的修辞与观点表达了不甚相同的感情倾向：

> 班固则与历史保持相当的距离，原原本本，实实在在，从容儒雅，文质彬彬，即使有所褒贬，也不像司马迁那样外露，那样容易动情……用一个不太恰当的比喻，《史记》就像是巨幅泼墨山水，酣畅淋漓，而《汉书》有如工笔细描，于细微处见精神。①

既能够忠于历史，又能够使人有亲临其境之感，这正是司马迁为文的高明之处。相比之下，班固为了文辞的简约、精确，一定程度上放弃了行文的“现场感”。单从阅读体验来说，司马迁会赢得更多的读者，他那行云流水、神采飞扬的文章令无数人兴发感动，如临其境。但从文学史的角度上说，班固的文章由于追求精炼典雅，也自有其价值。《史记》接续的是先秦散文汪洋恣肆、不拘一格的传统，而《汉书》虽是散体文，但同时受到骈体辞赋的影响，注重富丽、典雅、骈偶。风格本身没有优劣，司马迁、班固将两种不同的文学风格分别发展到了极致，正代表着两者的不分高下。

“论史而至于文，末也”。章学诚认为，史学著作的第一要义是史学水准，文学水准则是次要之事，其说良然。至于近人徐复观批评说这类比较“既不关系于史，实亦无与于文……率皆皮傅细节，买椟还珠之类”②，更显严苛。但是，史学虽不以文学成就为鹄的，甚而抵制笔法的生动流畅，但叙事的平实、逻辑的清晰

---

① 刘跃进《雄风振采——中华文学通览·汉代卷》，中华书局，1997 年版，148—149 页。

② 徐复观《两汉思想史·论〈史记〉》，九州出版社，277 页。

等同样属于文学层面（近人称之为“消极的修辞”），而这绝非“皮傅细节”。作为一种文本，即使可以完全忽略文采风流的那一面，史学著作的特有书写方法同样不容忽视：作为“纪传史书”或“史传文学”，司马迁与班固，哪种写法更为合适得体?

与一般的文学创作不同，加上了“史”的本质限定，就代表着书写者要“戴着镣铐跳舞”，行文中的曼妙舞步必须受到历史本来面目的约束——这也正是史传文学不同于一般文学，尤其是不同于《三国演义》等历史小说的地方。郑樵批评《史记》有“雅不足也”的缺憾，他的意思是，《史记》中混入了不少神话传说、民间传闻一类的内容，而这些材料一般不被后世的历史学家所认可。而《汉书》则注重可靠的史料，很少收录传说的内容。这看似只不过是一个史学的问题，其实对于文章写作也有影响。由于吸纳了大量出于传闻的资料，且这些材料的精彩程度往往堪比小说，因此可以发挥的地方也就较多，文章易于写得活泼畅达。而若材料极为有限，那么往往就会容易受到客观条件的拘束。这是《史记》《汉书》造成差别的原因之一。

《史记》的文学价值总体而言高于《汉书》，但这文学价值往往是牺牲了史学价值而换来的。司马迁往往根据自己的感情与猜想，挥洒自如地加以细致描写，令人读起来痛快淋漓，仿佛身临其境，但当冷静下来之后，不免会疑虑其真实性究竟如何。在《史记》中，保留下来大量的动作、语言、表情、心理等细节，这些细节从何而来，有无可靠的资料来源（其中许多细节按理说只有当事人才能知道，并无流传出来被他人所知的可能），抑或仅仅是司马迁发挥其绝妙构想“以意行文”的产物，目前来看多属于未知数。读《史记》，仿佛看一部电影巨制，司马迁用他的“摄像头”将历史事件生动地记录下来，或许其中不免主观加工之处，却合乎情理与逻辑。

而读《汉书》则不同。班固以他的史家眼光，对这些无法证实亦无法证伪的细节多做了处理，尽可能地将不具备重大历史影响的内容剔除出去，同时也尽可能地将主观发挥换成客观叙述。或许在视觉效果上有所欠缺，但是这种“纪录片”式的忠实还原，或许正是历史学家们所喜爱的。由于去掉了冗余的细节，重点就跃然纸上，易于把握。如果说，《史记》是英姿勃发的少年，那么《汉书》则是忠厚老成的长者，何者为优何者为劣并无客观标准，只在乎读者的阅读取向与个人兴趣。若看影响，则似以施丁先生的见解为允：

> 《史》开创于前，乃空前杰作，是古代史学的高峰；《汉》继于后，有所发展，对后世正史影响最大。

后世的纪传体史书，似乎更多地受到班固的影响。记事的详略精粗或有差别，史家的创作精神逐渐淡化乃至退出历史舞台。——不过，与其说是受到班固的影响，或许应该说，在司马迁与班固之后，有才能的史学家实际上并不多见。由于才能的匮乏，学习班固的规范性行文尚有章可循，而学习司马迁的独特个性就不免“画虎类犬”。由是观之，司马迁由于其戛戛独造、特立不群，其地位自然无法撼动；而班固则容易受后来的模仿者所误，导致了评价的降低。幸或不幸，谁能言之？

不妨拈取史传中对《史记》《汉书》的精彩评论结束本节：

> 迁有良史之材，服其善序事理，辨而不华，质而不俚，其文直，其事核，不虚美，不隐恶，故谓之实录。——《汉书·司马迁传》

> 若固之序事，不激诡，不抑抗，赡而不秽，详而有体，使读之者亹亹而不厌。——《后汉书·班固传》

第八节　从分流到合流："史汉学"物语

从内容上说，《史记》《汉书》存在大量重叠，而又在诸多细节上有所不同；从文章上看，《史记》多风神，《汉书》守规范，各具风格而又旗鼓相当。因此，不论是文学家抑或史学家，都喜欢将二书并称"《史》《汉》"，将二人并称"班马""马班"，而"《史》《汉》对比""班马异同"也成为学术研究的一个重点。与本章所持的旨趣不同，在大多数人眼中，对比只是一个过程，排名才是根本目的。这样的话题纷纷攘攘地持续了两千年之久，话题本身也成为令人感兴趣的话题。因此，作为本章的结束，似乎应当向读者略微介绍两千年来的"史汉学"研究。如果想要进一步思考"班马异同"的问题，则可以通过前人的观点继续前进。

当班彪续修《史记》的时候，当时的读者就有"观读之者以为甲，而太史公乙"的对比评价，称许班彪的才能高于司马迁。到了东汉顺帝（公元 125 年—144 年在位）时期，著名学者、文学家张衡就曾"条上司马迁、班固所叙与典籍不合者十余事"[①]，还对《汉书·王莽传》的体例加以批评，是较早对两书进行研究的成果，可惜当时并未得到重视，其内容也散佚无存了。类似的评论自此以后数量极多且纷无定说，有名家高屋建瓴的议论，也有庸者人云亦云的复述。虽然只言片语间不乏切中肯綮之独见，却由于其芜杂繁多，只能在本书的行文中择要引述。在这里，尝试做一番提纲挈领式的介绍。

东汉至唐的数百年间，是《史记》《汉书》对比研究的草创期，认为《汉书》高于《史记》是当时的主流论调，"为班左袒盖十七焉"[②]。正如司马贞《史记索隐序》所言，当时《史记》

① 《后汉书·张衡传》。

② 《少室山房笔丛》。

“汉晋名贤，未知见重”，影响力与史学地位均不及《汉书》。此时期最重要的论文是刘知几《史通》中的相关内容，从史学的角度详细说明了班马异同。其中较为重要的论点有 14 条，主要观点认为，《史记》《汉书》均属私人修史，都是行文精妙、批评公正的优秀史著，两书虽风格不同，但却各具特色。但是，《汉书》为断代史，断限严明，体例严整，叙事精确，是其高于《史记》之处。不过《史记》由于有草创的地位，因此也难能可贵。刘氏虽然对《史记》《汉书》各有褒扬和批评，但总体来看是对《汉书》的价值更为认可。

但是，亦有少数的异议分子。东晋张辅在《名士优劣论》首先提出不同的观点。他是这样论述的：

> 世人论司马迁、班固才之优劣，多以固为胜，余以为失。迁叙三千年事，五十万言；固叙二百年事，八十万言。烦省不敌，固之不如迁一也。良史述事，善足以奖劝，恶足以鉴戒，人道之常，中流小事，亦无取焉，而班皆书之，不如二也。毁败晁错，伤忠臣之道，不如三也。迁既造创，固又因循，难易益不同矣。①

在这里张辅提出了四点意见，以说明司马迁高于班固：

其一，司马迁《史记》行文简省，班固《汉书》篇帙繁多；

其二，司马迁善于舍弃枝蔓小事，而班固选材芜杂；

其三，班固攻击晁错，褒贬不合正道；

其四，司马迁创造体例为难，班固因循为易。

对于张辅的观点，近人徐复观先生在《〈史〉〈汉〉比较研究之一例》中对其观点深加驳斥，认为仅着皮相，甚而有的颠倒黑白，完全不能成立。徐氏的批评极为精到，张辅的见解因违背事

① 《全晋文》卷一零五。

实，在当时也是不为人所接受的“非主流”。但张辅所提出的标准，却对后来的《史》《汉》对比产生了深远影响。叙事的艺术、思想的深度，长期以来成为《史》《汉》对比的核心议题，相形之下，本应成为主角的史学考据研究反而退居次席。易于理解，对于一般知识储备不足却好发议论的人来说，空谈之言易发，而实证之学难为。

说到史学研究，在这一时期为《史记》或《汉书》单书做校勘、注解者，也多取两书异文相互比勘，以确定版本文字，解读文章内涵。司马贞《史记索隐》就大量运用《汉书》以校勘《史记》。如《史记·太史公自序》“北正黎以司地”，《史记索隐》根据《汉书·司马迁传》及注文“火正黎以司地”的记载，以为作“火”为是。此处即为一则利用《汉书》研究《史记》的范例。类似的例证还有很多，除了《索隐》之外，《史记集解》也大量运用了《汉书》注文的相关内容。同样，《汉书》的研究者有时也参考《史记》的文本及《史记索隐》等注文。但是，往往只是校勘，能够加以按断或综合分析者甚少，因此只能说还是相对粗糙的研究阶段。

其实，比起分析《史记》《汉书》之“异”，对其“同”的关注或许更具意义。《史记》奠定了纪传体正史的格局，其“本纪而上承《左氏春秋》，下开《前汉纪》之编年体。由年表而上存谱牒，下开年谱等无数法门；由书而下开三通；由世家而下开族谱并地方志；列传树立后来文学家的传记文学的典型，衣被两千年而不坠”①。这种格局代表了中国古代史家看待历史的眼光，又开发出诸多新的史学体裁，影响可谓深远。而《汉书》在《史记》的基础上又日趋精密，后世史家在具体的选择上则多沿用班固的构架。因此，上文中所谓《史记》的“下开”，其实也同时可以看作是班固的“下开”。这一点，只要将“二十四史”中的“志”的设立开列对比一下，就可以一目了然。（本书的第五章也会进一

---

① 徐复观《两汉思想史》，九州出版社，308 页。

步论述这个问题）

自唐中叶以后韩愈、柳宗元推重古文复兴以来，由于《史记》成为他们眼中古代散文的正统，扬马抑班逐渐成为主流思想。也就是说，随着人们把“史传文学”更多地看成“文学”而非“史传”，评价的标准就产生了变化，从而导致了《史》《汉》排名关系的颠倒。对此，近人胡小石曾说：“若以作史的体例来作论断的根据，则《史记》实不如《汉书》。若用文学的眼光来评断，则《汉书》远不如《史记》。”① 其说当然有笼统的地方，却为我们指出了一个事实：认为“《汉书》远不如《史记》”，主要原因大抵是评委从“史学家”变成了“文学家”。

宋代以降，大部分论说虽然力求不偏不倚，对双方的优劣都加以讨论与分析，但总体的感情倾向则多以司马迁为优。这一时期讨论的主要内容是文章方面的，论者也多是文学家、哲学家，而对史学的讨论相对较少。这一对比研究的路数影响直到今日。近现代大量汗牛充栋的论文，固然不乏名家名篇，但绝大多数不过是将古人的一些观点加以展开发挥而已。

除了这些散见于文集、笔记中对两书的一般性论述与单篇论文，宋代以降还出现了大量专门研究两书关系的专著。通过前人的这些研究著作，能够帮助我们更快地进入到司马迁与班固的世界中，对二者的关系有更深入的认识。因此我们在这里择要介绍几种有趣味的著作，以便读者按图索骥。

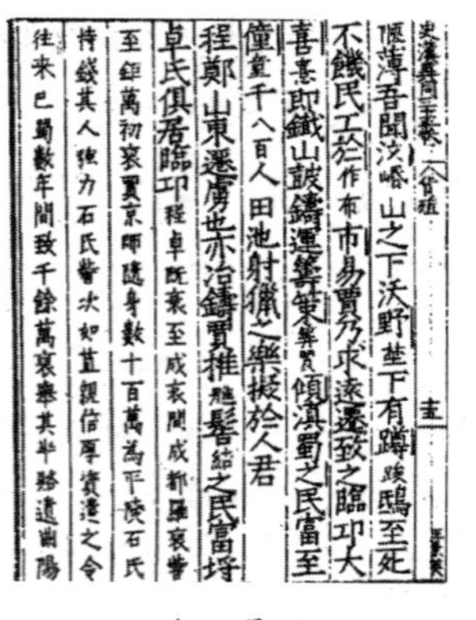
陿薄吾聞汶岷山之下沃野埜下有蹲踆鴟至死
不饑民工於作布市易賈乃求遠遷致之臨邛大
喜憙即鐵山鼓鑄運籌策筭傾滇蜀之民富至
僮童千八百人田池射獵之樂擬於人君
程鄭山東遷虜也亦冶鑄賈椎魋髻結之民富埒
卓氏俱居臨邛程卓既衰至成哀間成都羅裒訾
至鉅萬初裒賈京師隨身數十百萬為平陵石氏
持錢其人彊力石氏訾次如苴親信厚資遣之令
往來巴蜀數年間致千餘萬裒舉其半賂遺曲陽

史汉异同

娄机（公元1133年—1212年）的《班马字类》（一名《史汉字类》），共五卷，成于南宋孝宗淳熙年间。此书相当于一部生僻字典，将《史记》《汉书》中出现的生僻字、假借字等分别列出，

① 《胡小石论文集续编》，上海古籍出版社，1994年版，67页。

在下附有出处及解释，同时对异文也有考据。这部书被《四库全书总目》列为经部小学类，对其学术价值有高度评价。

《班马异同》三十五卷，宋倪思撰。本书的写作方式是：“以班固《汉书》多因《史记》之旧而增损其文，乃考其字句异同以参观得失。其例以《史记》本文大书，凡《史记》无而《汉书》所加者则以细字书之，《史记》有而《汉书》所删者则以墨笔勒字旁。或《汉书》移其先后者则注曰《汉书》上连某文，下连某文。或《汉书》移入别篇者则注曰《汉书》见某传。”① 相当于以《史记》为本，用《汉书》校之，将不同的文字用小字注于其下。这样，读者取此一书，对两书的内容都可了然，而“二书互勘，长短较然，于史学颇为有功”。此书又有文学理论家刘辰翁（公元 1232 年—1297 年）的评点，在遣词造句、人物描写上都有独特见解。类似的还有明代许相卿的《史汉方驾》，“是编因倪思原本稍为釐订……补缀所阙”而成，也可备参考。

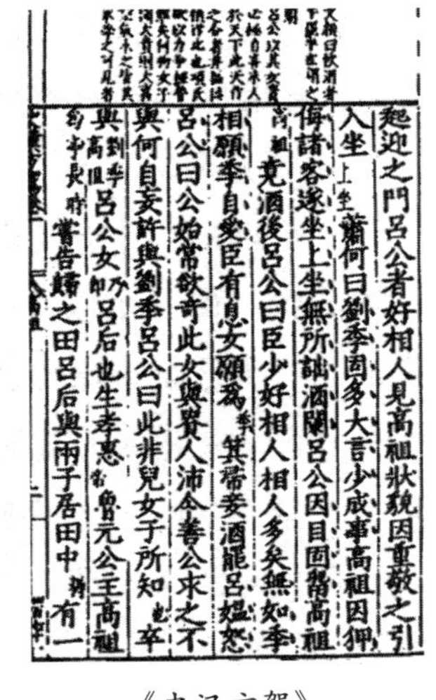

趨迎之門呂公者好相人見高祖狀貌因重敬之引
入坐 蕭何曰劉季固多大言少成事高祖因狎
侮諸客遂坐上坐無所詘酒闌呂公因目固留高祖
竟酒後呂公曰臣少好相人相人多矣無如季
相願季自愛臣有息女願為 箕帚妾酒罷呂媼怒
呂公曰公始常欲奇此女與貴人沛令善公求之不
與何自妄許與劉季呂公曰此非兒女子所知也卒
與劉季 呂公女乃呂后也生孝惠 魯元公主高祖
嘗告歸之田呂后與兩子居田中 有一

《史汉方驾》

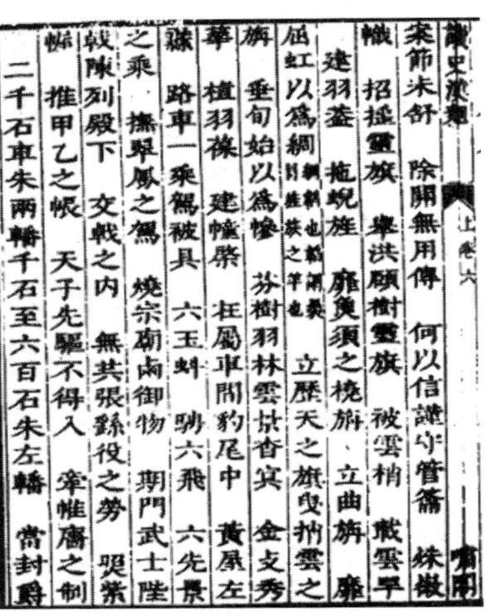

讀史漢翹 上卷六
案節未舒 除開無用傳 何以信讒守管籥 株徵
幟 招搖靈旗 舉洪頤樹靈旗 被雲梢 戴雲罕
建羽葢 拖蜺旌 靡魚須之橈旃 立曲旃 靡
屈虹以爲綢 立歷天之旗曳拂雲之
旃 垂旬始以爲幓 芬樹羽林雲毕杳冥 金支秀
華 植羽葆 建幢棨 枉矞車閒豹尾中 黃屋左
纛 路車一乘駕被具 六玉虯 馳六飛 六先景
之乘 撫翠鳳之駕 燒宗廟鹵御物 期門武士陛
戟陳列殿下 交戟之內 無共張繇役之勞 哭紫
幄 推甲乙之帳 天子先驅不得入 牵帷廧之制
二千石車朱兩轓千石至六百石朱左轓 嘗封爵

《读史汉翘》

也就是说，这一时期开始，“史汉对比”在小学、史学、文学上均有新的建树，并在视角、体例、观念上均有重大的创新。明代以后，沿袭者数量更多，产生

① 《四库全书总目·史部正史类》。

了大量偏重普及的读物，多被后世目录著作收入“史钞”或“史评”类中。

摘录字句，接续《班马字类》者有清代施端教的《读史汉翘》2卷，此书收入《四库全书存目》中，乃分门摘录《史记》《汉书》中新异词句成书。

明代以来，评点《史记》《汉书》成为文人显学。如茅坤既有《史记钞》102卷，又作《汉书钞》93卷。两书均有诸多版本，在当时有较大影响。篇帙更大的则当推凌稚隆所编《史记评林》《汉书评林》，博采万历以前数百家评点、研究成果，以文学批评为主，又辅之考证，对阅读极为有益。

此外，合《史记》《汉书》于一书，并加以文学评论者，有明代万历年间茅一桂《史汉合编题评》88卷《附录》4卷，该书既将《史记》《汉书》合编，又在书眉辑录茅坤、杨慎等人的评语，茅氏也往往自附己说。此外亦有使两书为八股文服务的选本，如托名袁黄的《新刻了凡家传利用举业史汉芳润》5卷，教读书人模仿《史记》《汉书》的文风，以应付科举考试，正是当时的畅销书。

此类著作还有很多，难以一一尽举。从中我们可以看出，《史记》《汉书》两部大著作，实际已经合力构成了一大传统。这一传统既是史学的，亦是文学的。读《史记》而不读《汉书》，或读《汉书》而不观《史记》，都未免盲人摸象，不能窥其全豹。“穷则变，变则通，通则久”，从《史记》到《汉书》，再到后世的效法者与研究者，正是由通变而不断推进的过程，随着后人对前人的不断发展，这一传统传之长久，为我国的史学与文学留下了至今鲜活的“文脉”。这也正是我们用一章篇幅谈论史汉对比的用意所在。

第四章
文章擅奇响："后汉武时代"的《汉书》文学

班固在写作《汉书》的过程中，除了汉初至汉武帝这一段历史大量借鉴《史记》外，对于汉武帝以后直至汉亡历史的写作，也并非全无依傍。他还阅读、利用了前人留下的历史档案与著述资料。由于这些原始资料都散佚不传，因此难以看出班固对这些材料的借鉴程度究竟如何。不过，从《汉书》出后，各家续书均散亡这一历史事实看，可以认为班固的写作已经大大超越了前人。如果说上一章中讨论的与《史记》重叠的部分，主要还是班固因循而改良的话，那么独见于《汉书》而不见于《史记》的"后汉武时代"文学，就可以认为是体现班固原创力与史学思想的最好证据。在这一章内，我们将探讨《汉书》所书写的武帝之后的历史。限于篇幅，仅选4篇，分为两类：

一类是出于文化的眼光：选《司马迁传》，因其正是班固史学思想的体现，且反映出"从《史记》到《汉书》"的发展脉络；选《李陵苏武传》，一方面因其史事是司马迁受宫刑等一系列后话的开端，另一方面则是其在诗文、史论、传说、戏曲等诸多文体上的巨大影响力。两传之间，恰可联系起来对读。

一类是出于政治的眼光：选《霍光金日磾传》，因其是"昭宣之治"的重要核心，在历史上处于承前启后的地位；而传文中的

“不学无术”“芒刺在背”等成语，今天仍脍炙人口。选《王莽传》，则兼考虑到王莽在历史上的重要影响与巨大争议——在21世纪，去除传统史学的偏见或已刻不容缓。两篇传文连起来，恰可作为西汉后期的一部政治史来读。

第一节　“巨人传”：班固眼中的司马迁

司马迁像

《汉书》这一原创的过程，首当其冲的便是面临着与司马迁的碰撞。应该如何盖棺论定司马迁的一生及其思想？应该如何扬弃其史学遗产？这正是班氏父子在撰史时面对的第一个也是最重要的问题。从结果上看，我们能够见到一些“火星撞地球”的思想火花。

班彪在其“斟酌前史而讥正得失”的“略论”中，除了对史学发展史有简单的论述外，主要评价了司马迁《史记》的优缺点。班彪认为，司马迁的长处是具备“善述序事理，辩而不华，质而不野，文质相称”的“良史之才”（其实这一观点早在西汉时就由刘向、扬雄先后提出了），这里主要是称赞司马迁历史叙事的能力。“采获古今，贯穿经传”，体现出“至广博也”的史学功底。汉初至汉武这一段的历史，唯有司马迁留下了自己的记载，这也是其珍贵重要之处。同时，班彪也在多方面对司马迁进行了尖锐的批评，总体认为《史记》的缺陷是“至于采经摭传，分散百家之事，甚多疏略，不如其本，务欲以多闻广载为功，论议浅而不笃”“此为薄五经也”。

其主要表现有：

“其论术学，则崇黄老而薄五经”：并未将儒家思想作为主导意识形态，而是崇尚黄老之学；

“序货殖，则轻仁义而羞贫穷”：鼓吹工商业致富，耻居贫贱，轻视仁义；

“道游侠，则贱守节而贵俗功”：注重游侠世俗功利的一面，鄙薄其中那些品行高洁者；

——以上三条是批评《史记》思想上与儒家“圣人”不同的地方。

“进项羽、陈涉而黜淮南、衡山，细意委曲，条列不经”：设置《项羽本纪》《陈涉世家》（两篇皆应为列传体例）《淮南衡山列传》（应为世家体例），为自乱体例。

“一人之精，文重思烦，故其书刊落不尽，尚有盈辞，多不齐一”：是认为《史记》的叙事中还有不少冗余之辞。

“若序司马相如，举郡县，着其字，至萧、曹、陈平之属，及董仲舒并时之人，不记其字，或县而不郡者，盖不暇也”：这里是批评《史记》叙事中的遗漏。

——以上三条是批评《史记》在写作中的缺陷。

从上面的批评，可以看出班彪对司马迁及其《史记》的主要态度：虽然承认其优长，但总体上是以批判的眼光观察。正是由于对《史记》有这样那样的不满，班彪才会有续修《后传》的工作，因此，这一批评对于班氏父子的史学创作应该有极大的积极作用。但是，若单从史学见解上看，班彪无疑对司马迁要求过苛了。前三条批评司马迁的思想，以今天眼光来看本非缺陷；后三条批评《史记》的写作，除其成立与否本来就具有一定争议性外，同时也是过度关注其小节而忽视其大体的表现。不过，考虑到《史记》成书以来的广泛批评与官方打压，这一过苛的评价也不宜完全归疚于班彪，而应该认为是时代历史思想的产物。

不过，班固与班彪的态度却不完全一致。虽然《汉书·司马迁传》的赞文主要依据、延续了班彪的评价，却表现出了不同的

观点。赞文增强了褒扬的力度，又减弱了批评的尖锐性，因此“褒贬抑扬，三致意焉”①，文采与客观性俱存。根据《叙传》的内容看，班固对司马迁的态度与乃父迥异。《叙传》是这样提及《司马迁传》的：

> 乌呼史迁，薰胥以刑！幽而发愤，乃思乃精，错综群言，古今是经，勒成一家，大略孔明。述《司马迁传》第三十二。

“薰胥”，是指因人得罪而遭到连坐，即司马迁因李陵事遭遇宫刑。对此，班固以“乌呼史迁”表示了他的同情。在下面的几句中，则是称赞司马迁能博览精思，完成可成一家之言的《史记》，并没有涉及反面的观点。这里可以推断，与班彪的否定不同，班固对于司马迁总体上是认可的，而且对他的史学成就有极高的称许。这正是史学巨人向另一位史学巨人表达的崇高敬意。考虑到班固与司马迁在诸多方面表现出的异趣，这样的敬意具有脱离了“文人相轻”的那种纯粹。

但是，班固对《史记》的观点，从今天来看存在一大漏洞：即其只将《史记》当作一部史著，而未太注重从“成一家之言”的角度展开评说。“良史实录”，虽是高度称赞，却未免忽略了其中“微言大义”之处，即梁启超所提出的“超史”概念。班固并非体察不到司马迁的思想见解，却因东汉当时特殊的政治环境而未敢拈出此点详论，因而给后人以误导。作为代价，班固《汉书》同样含有部分“微言大义”，却同样被人所忽视。

让我们再回到《司马迁传》。这篇传记的前半部分基本上是照用了《史记·太史公自序》——与《汉书·叙传》一样，《太史公自序》既是对全书精神的提要，又是作者自己的自传。在“迁之自序云尔”标志引用《太史公自序》到此结束之后，经过几句

---

① 《汉书评林》。

过渡性的叙文，主要载录了司马迁的《报任安书》。司马迁为了完成《史记》，忍辱遭受宫刑后，“为中书令，尊宠任职”，因此一些不了解底细的人都把司马迁看成为了苟全性命不择手段的人。他的故友、益州刺史任安也曾写信责备他不能恪守“古贤臣之义”。面对这些指责，司马迁并没有立刻回应。直到汉武帝征和二年（公元前91年）年底，巫蛊之祸起，任安受连坐下狱，将被判处死刑的时候，司马迁才写下这篇《报任安书》，以自剖心迹。这也正是《史记》刚刚完稿不久的时候。在信中，司马迁留下了“人固有一死，死有重于泰山，或轻于鸿毛”“究天人之际，通古今之变，成一家之言”等经典名句，抒发了对个人不幸命运的悲慨，也表达了《史记》“藏之名山，传之其人通邑大都”的自信。班固评价“幽而发愤，书亦信矣”，可称精确。

大概在此后不久，司马迁就离开了人世。一代史学巨擘，莫说连卒年、死因都不可考，就连晚年生平事迹都难以知晓，不可不认为是文化的悲哀。班固的《司马迁传》在史料上并未有太多贡献，但《太史公自序》记录了司马迁早年的经历与史学思想，《报任安书》反映了司马迁受宫刑后的情感活动与坚守。我们读到这两篇文章，司马迁的一生也就跃然纸上了。

赞文末尾对司马迁的命运进行了慨叹：

> 以迁之博物洽闻，而不能以知自全，既陷极刑，幽而发愤，书亦信矣。迹其所以自伤悼，《小雅》巷伯之伦。夫唯《大雅》“既明且哲，能保其身”，难矣哉！

对于司马迁的才能，班固给予了充分的肯定，而又慨叹他未能自全其身，以至于不得善终的悲惨命运。确实，在社会不公的时代，有个性、有才华的人，总是容易遭遇不公待遇；而在古代，这种不公待遇往往容易令人送命。司马迁虽然没有在宫刑中死去，但也濒临于死亡；而司马迁最后的离世，也有许多人猜测是非正常的死亡。班固感慨于司马迁的悲剧命运，自己却也走上了司马迁的覆辙，不幸死于狱卒之手。范晔在《后汉书·班彪列传》赞中亦慨叹说：

> 固伤迁博物洽闻，不能以智免极刑；然亦身陷大戮，智及之而不能守之。呜呼，古人所以致论于目睫也！

班固看到了司马迁的悲剧，自己却也没有能够做到明哲保身，以至于范晔写《后汉书》的时候，更深为之哀悼。不过，范晔看到了司马迁、班固的悲剧，自己却因卷入谋反而丧命，全家也遭到株连，其命运更为悲惨。由是观之，史家虽能对历史事件洞若观火，却同样避免不了“当局者迷”的命运，不可不称之为人类的局限性吧！司马迁、班固、范晔……历史学家如何用卓越的史识来改变现实社会与个人命运，至今似乎还是一个悬而未决的问题。

这里，还值得一提的是范晔的评语。《后汉书·班彪列传》赞中如是说：

> 彪、固讥迁，以为是非颇谬于圣人。然其论议常排死节，否正直，而不叙杀身成仁之为美，则轻仁义，贱守节愈矣。

按照范晔的观点，不仅是在现实生活中，即使是在史学写作中，《汉书》同样“当局者迷”地与《史记》有同样的弊病。“比良迁、董”的同时，也无法摆脱乃至深化了其局限性。这仿佛是一种史学的“俱分进化”了。诚然，这种评价毕竟是基于传统儒家立场的，不足深论。但值得注意的是，在班固眼中属于司马迁的缺点，自己同样也未能避免：“是非颇谬于圣人”的批评，同样被加在了班固的头上，而随着历史的发展，证明这一批评同样适用于范晔。如此，这一句评语的意蕴也就很明显了。

第二节　生死之际的抉择：《李陵苏武传》

《汉书》对篇章结构的处理多有绝妙构想。班固擅长运用宾主对比之法，通过结构的巧妙安排，刻画出栩栩如生的历史人物形象，而这些人物形象，除了令人能追想到历史发展的活的历程外，又明确地表现出作者的历史思想与个人情感。其中，最具代表性的则属“李陵苏武传”。这一段起于武帝时期，终于宣帝时期的故事，按照《史记》《汉书》的时间范围，本应由司马迁撰写故事的开头，而由班固序成结尾，但实际上从头到尾基本可以说是班固一个人的创作。

李陵像

司马迁因李陵之祸而遭受宫刑，或许由于这个原因，在《史记》的《李将军列传》与《太史公自序》中都对李陵之事语焉不详，其原因是因为外在政治压力导致写作忌讳。在《报任安书》中，司马迁如是描写这一战役：

> 且李陵提步卒不满五千，深践戎马之地，足历王庭，垂饵虎口，横挑强胡，卬亿万之师，与单于连战十余日，所杀过当，虏救死扶伤不给。旃裘之君长咸震怖，乃悉征左右贤王，举引弓之民，一国共攻而围之。转斗千里，矢尽道穷，救兵不至，士卒死伤如积。然李陵一呼劳军，士无不起躬流涕，沬血饮泣，张空拳，冒白刃，北首争死敌。

李陵的精神气势一读可见，但毕竟是文学笔法，而非历史记载，其中有许多细节都语焉不详。由于任安也是同时代的亲历者，不需要详写他也知道具体情况，因此与为流传千古而写作的《史记》不同，《报任安书》里的记载并不能完全满足我们这些后世读者的求知欲望。

幸运的是，班固不仅对此作了详细的记载——既可补充《史记》之未备，又能订正《史记》之错误；并且用极为精彩的笔法叙写了这一历史事件，令我们在增长历史见闻的时候，同时得到文学的享受与人生的感慨。由于到了班固的时代，这一事件并非政治忌讳，他也可以不受影响地完成历史书写。这一令人热血沸腾而又感喟不尽的故事，其详细情况存留在《汉书》中。

说是“李陵苏武传”，其实从篇目来看，二人不过是《李广苏建传》的附传，李陵是李广的孙子，苏武是苏建的儿子。李广的事迹在《史记·李将军列传》中就有生动的记载（而《汉书》也只是对《史记》的细节稍作调整），但苏建则不过是平庸之辈，官职虽不低，却没有什么事迹值得记载，不足与李广相提并论。班固明里将李广、苏建合为一传，其实可以理解为是将李陵、苏武二人合传。李陵、苏武两人，都是对匈战争中起到重要作用的历史人物，且后来又有过历史交集，留下了著名的对话，合传叙述，允称妥帖。

从本传的篇幅来看，李广、李陵祖孙二人，各有表现，平分秋色；而苏建、苏武父子，则苏建完全是配角，苏武才是班固全力表现的人物。这样的安排，在结构中既体现出李、苏二家族以及李广李陵祖孙间的对称之美；又并非严整不苟而沦为呆板，显现出灵动飞扬的风格。客观而言，与《史记·李将军列传》相比，班固对李广的描写，感情不如司马迁深邃悲壮，成就逊太史公一筹。但在为李陵、苏武二人作传之中，由于大量运用叠映对比手法，在结构中颇下苦心，自有高妙之处，令人读之击节称道。

在介绍李陵、苏武的故事前，首先要初步了解一下作为背景的李广故事。元狩四年（公元前119年），汉武帝发动漠北之战，远征匈奴。当时，李广出任前将军一职，请缨率前锋军与匈奴接战。但汉武帝认为李广年老，而且运气总是不好，因此暗中授意卫青不要让李广当前锋。于是大将军卫青听命，下令李广率军从最难走的东路进发。东路距离迂远，水草也较少，加之路上没有向导，李广军迷路失期，受到军法追责。李广叹道："广结发与匈奴大小七十余战，今幸从大将军出接单于兵，而大将军又徙广部行回远，而又迷失道，岂非天哉！且广年六十余矣，终不能复对刀笔之吏。"——我李广从少年起与匈奴征战，前后打过大小七十多仗；如今有幸跟随大将军卫青出征，同单于军队正面交战，可是大将军却调我的部队去走迂回绕远的路，又迷失了道路，这种命运难道不是天意吗！而且我已六十多岁了，毕竟不能再受那些刀笔吏的侮辱。于是，李广带着满怀的愤懑与痛苦，自刎而死。他死之时，军中将士与百姓全部为之落泪。

李广像

但可惜的是，李家的悲剧还没有结束。

李广的三个儿子，两个早早病逝，只有幼子李敢活到李广身后。由于李广死于非命，与卫青的公报私仇不无关系，李敢曾击伤卫青，卫青自知理亏，也不敢声张。但卫青的表弟霍去病却暗中报仇，找机会谋杀了李敢。由于霍去病既是得宠的外戚，又是伐匈奴有功的名将，这件事也就不了了之。李广的三个儿子，就这样先后死去了。

到了李广的孙子李陵，军事才能不让乃祖，命运之悲惨却有过之而无不及。他的故事也正是班固叙事的重心所系。从《李陵传》的记载看，班固的写法颇有重心，整篇传记的内容都紧扣李陵败降一事来建构，几乎所有的语句都为着这一主题服务。

败降之前，李陵是一个初生牛犊不怕虎的少年英雄。据记载，李陵弓马娴熟，他曾"深入匈奴二千余里，过居延视地形，无所见虏而还”，显示出非同寻常的出色胆识。后被武帝封为骑都尉，在酒泉、张掖一带教练士兵射箭，防备匈奴。天汉二年（公元前99年），贰师将军李广利率三万骑兵在祁连山与匈奴右贤王对垒。当时的李陵，不过负责辎重后勤，看上去安全、轻松。但李陵却少年气盛，不甘人下，向武帝叩头自请“愿得自当一队，到兰干山南以分单于兵，毋令专乡贰师将军”；当武帝表示无骑兵可与时，他竟毫不在意，回答说“对所事骑，臣愿以少击众，步兵五千人涉单于庭”。对于这样的英雄将军，武帝开始虽给予了嘉奖，随后却怀疑他“悔不欲出”，催促他赶快出兵。仅此一事就可以看出，汉武帝在用人时极为多疑，在部署军事战略上也没有计划，而是随心所欲。作为总指挥的汉武帝决策轻率，整场战争的命运其实已经决定了。

在茫茫大漠之中，李陵舍长就短，率领五千弓箭步兵孤军北向，分散匈奴军力。就是这一次请缨御敌，奠定了他一生中最壮烈也最屈辱的时刻。对于这一场军事冒险，《史记》仅用了百余字记载，仿佛不过是一场通常而不值一提的战役。《汉书》的记载却荡气回肠。

当他行军至浚稽山时，遭到了匈奴单于三万骑兵围困。一般来说，这样悬殊的兵力，足以制造一场大屠杀。古代军事史上诸多例证表明，在游牧民族一望无际的骑兵铁蹄之下，很少有军队能全身而退。而李陵显然是个例外，他从容布阵，“前行持戟盾，后行持弓弩”；令出如山，“（弓箭）闻鼓声而纵，闻金声而止”。仅仅看班固明确简净的20字，我们就不难想象李陵兵阵之严整，战术之有效。第一回合的交手中，汉军击杀匈奴数千人。

在挫败之后，匈奴单于立刻加派兵力，以图复仇。这次是八万大军围攻李陵部，实力对比更加悬殊。在这样艰苦的情况下，李陵军且战且退，但军法依然严明——“士卒中矢伤：三创者载辇，两创者将车，一创者持兵战”，这些极具图像感的文字，一方面呈现了惨烈的苦战情景，一方面依然勾勒了李陵部队毅勇的形象。这样的军队，他们取得的战果也就不难想象：“明日复战”，汉军续斩敌首三千余级；而后四五日间的转战，复杀敌数千人；再其后甚至“战一日数十合”，还能“伤杀虏二千余人”。显然，班固有意透过列举数字，呈现出李陵以寡击众，击杀数倍于己方的敌军这一事实。这一数据大概来自于“使有来报”，因此难免有所夸大。但是，先后五战，占据绝对兵力优势的匈奴一方已经损失数万人，而且依然毫无消灭李陵军的胜算，仅从这一事实就可看出李陵的军事才能。匈奴之所以坚持追击，是担心“单于自将数万骑击汉数千人不能灭，后无以复使边臣，令汉益轻匈奴”。可以说，匈奴是为了荣誉而不惜一切代价地与作为小部队的李陵战斗。

但是，毕竟双方的兵力太悬殊了，而且双方连战八日，李陵军的弓箭、粮草也已耗尽，而叛徒管敢又将内情透露给匈奴，使匈奴军顿时有恃无恐。对比之下，由于李陵不过是一支偏师，武帝没有为他安排接应的救兵（本该负责接应的路博德奉命在西河出击），随着实力逐渐被消耗，难以对敌进行持续的有效杀伤，终于矢尽车毁，被逼入绝境之中。在这样的困境中，班固仍然着力描写出了一位末路英雄的形象：

昏后，陵便衣独步出营，止左右：“毋随我，丈夫一取单于耳！”良久，陵还，大息曰：“兵败，死矣！”军吏或曰：“将军威震匈奴，天命不遂，后求道径还归，如浞野侯为虏所得，后亡还，天子客遇之，况于将军乎！”陵曰：“公止！吾不死，非壮士也。”于是尽斩旌旗，及珍宝埋地中，陵叹曰：“复得数十矢，足以脱矣！今无兵复战，天明坐受缚矣！各鸟兽散，犹有得脱归报天子者。”令军士人持二升糒，一半冰，期至遮虏鄣者相待。夜半时，击鼓起士，鼓不鸣。陵与韩延年俱上马，壮士从者十余人，虏骑数千追之，韩延年战死，陵曰：“无面目报陛下！”遂降。

这一段话不过二百多字，但却反映出李陵心理的多次转变。“毋随我，丈夫一取单于耳”，还是豪气干云、志在必得的气概；大息曰：“兵败，死矣！”则一变成知事不可为的绝望；“吾不死，非壮士也”则是舍生取义、宁死不屈的英雄精神；“复得数十矢，足以脱矣”又是对自己此役失败的惋惜与不甘，“无面目报陛下！”终于变成了刹那之间不知所以的投降（或很多学者认为的诈降）——班固的刻画何其细腻委曲！这种写法，突破了传统中国叙事对人物的书写样式，表现出班固对李陵的同情与赞赏。

这一场战役，虽然以李陵兵败投降而告终，但是李陵展现出的军事才能堪称无与伦比。且不说庸碌无能的李广利等人，即使是卫青、霍去病等武帝时期的所谓名将，也必须率领大兵，以多击少，并有多支军队负责接应与后勤，如此才能在战斗中处在上风（有时还未必能取胜）。李陵以弱击强，以寡敌众，却取得了如此惊人的战果，莫说在当时，即使置于世界军事史中也是卓越的一战。这一支由“荆楚勇士，奇才剑客”构成的偏师，既具有极高的战术水准和战斗能力，又有着壮烈不屈的气魄，令人千载之下，仍存感慕。李陵的失败，只能归结于己方人数上的绝对劣势，而并非指挥、交战之罪。

对这一段惊心动魄的经历，《史记》中描写李陵只有短短二百字，远不如《汉书》精彩飞扬，最重要的原因是司马迁正是这一事件的重要亲历者。在李陵投降（或诈降）之后，满朝文武无不大力攻击李陵，认为他罪无可恕，唯有司马迁辩驳说：

> 陵事亲孝，与士信，常奋不顾身以殉国家之急。其素所畜积也，有国士之风。今举事一不幸，全躯保妻子之臣随而媒蘖其短，诚可痛也！且陵提步卒不满五千，深鞣戎马之地，抑数万之师，虏救死扶伤不暇，悉举引弓之民共攻围之。转斗千里，矢尽道穷，士张空拳，冒白刃，北首争死敌，得人

之死力，虽古名将不过也。身虽陷败，然其所摧败亦足暴于天下。彼之不死，宜欲得当以报汉也。

司马迁认为，李陵服侍母亲孝顺，对士卒讲信义，常奋不顾身以赴国家的危难，可称有国士之风。今天他一次战败，那些安保着身家性命的臣下便肆意攻击其短处，实在令人痛心！况且，李陵率领的兵力尚不满五千，他勇于深入匈奴腹地，压制匈奴数万虎狼之师，使匈奴军手忙脚乱，连死者、伤者都不及救治，继而又召集一切有力气射箭的百姓来一起围攻。李陵转战千里，矢尽道穷，战士们赤手空拳、弹尽粮绝，仍在敌人的屠刀面前，争先恐后地殊死搏斗、奋勇杀敌。李陵得让部下以死效命，这种带军的能力，就算是古代名将也不过如此吧。他虽身陷重围而战败，但他的辉煌战绩、对匈奴的沉重打击也足以传扬天下。他之所以不战死，一定是有想法，准备卧底立功以报效朝廷。

不过，这个说法却得罪了汉武帝。这次出征，主帅李广利具有外戚身份，是汉武帝宠姬李夫人和宠臣李延年的长兄，汉武帝希望他像卫青和霍去病一样，在战争中立功，可以顺理成章地封他为侯。但在战争中，他的领导能力不敢恭维，战绩不佳，完全被李陵所掩盖。因之，汉武帝认为司马迁是有意逆鳞，表面上看是为李陵鸣不平，实际是讥刺李广利过大于功，汉武帝用人不当。——于是，汉武帝“下迁腐刑”。宋人黄震悲痛地感慨道：“武帝区区欲侯一贰师，故借陵以成其功。陵不屑，卒以无救而败，悲夫！有天下之大者，奈何以人材之良、民命之重，为追悦嬖妾计哉！”这一次，汉武帝伤害的不只是李陵与司马迁，还有人才为国效力的心。

随后，将军公孙敖在边境捉住匈奴俘虏，听说李陵正在为单于练兵，回来汇报给了汉武帝。汉武帝大怒之下，将李陵在汉朝的母亲、兄弟、妻儿全部杀死以泄愤。其实俘虏所说的是之前投降的李绪，并非李陵（也许是由于语言不通导致的误解）。对此，

《史记》的记载是，李陵娶了单于的女儿，因此汉武帝才灭了李陵满门。但根据《汉书》记载，李陵闻知家人被杀后，报仇杀死了真正投降的李绪。这本应判处死刑，但因为单于的袒护才得以免难。随后，单于把女儿嫁给了李陵。此事虽然没有外明证，但从常理来看，这样的故事逻辑是比较完整的，似乎近于真实。今本《史记》如果没有被人篡改过的话，那么恐怕应该认为是司马迁故意曲笔，以免触碰汉武帝的忌讳。

汉武帝不分青红皂白而杀李陵的全家，真足以令功臣寒心。以今之眼光看，即使真的叛变了，也不应该如此对待曾经有功的臣士；而汉武帝的做法是连古人都无法接受的，对此，凌稚隆在《汉书评林》中一针见血地指出：

> 陵之败，帝误之也；陵之无还心，帝绝之也。畴谓陵独负帝乎哉！

可见，即使有不少囿于忠君成见的士大夫依然不满意李陵的投降（这里面还有唐代大诗人白居易），但古代依然不乏同情、支持李陵的有识之士。而这，或当归功于班固的生动刻画——虽然班固并没有主观评价，但他充满感情的描写已经说明了一切。

武帝死后，昭帝即位，朝廷由素与李陵相善的霍光、上官桀辅政，派遣李陵好友任立政等出使匈奴，邀请李陵回国。

> 立政等见陵，未得私语，即目视陵，而数数自循其刀环，握其足，阴谕之，言可还归汉也。

第一次，任立政没有说话的机会，用刀环的“环”谐音归还的“还”，暗示此来目的是邀请李陵回国。李陵想来明白了这个隐喻，但却并没有回答。

随后，在李陵、卫律“持牛酒劳汉使，博饮”的宴会上，任立政再次暗示、明示了此来的目的。这一段叙述堪称“极力形容，光景在目”：

> 立政大言曰：“汉已大赦，中国安乐，主上富于春秋，霍子孟、上官少叔用事。”以此言微动之。陵墨不应，孰视而自循其发，答曰：“吾已胡服矣！”有顷，律起更衣，立政曰：“咄，少卿良苦！霍子孟、上官少叔谢女。”陵曰：“霍与上官无恙乎？”立政曰：“请少卿来归故乡，毋忧富贵。”陵字立政曰：“少公，归易耳，恐再辱，奈何！”语未卒，卫律还，颇闻余语，曰：“李少卿贤者，不独居一国。范蠡遍游天下，由余去戎入秦，今何语之亲也！”因罢去。立政随谓陵曰：“亦有意乎？”陵曰：“丈夫不能再辱。”

“汉已大赦，中国安乐，主上富于春秋，霍子孟、上官少叔用事。”一语既说明了汉朝当下的政治、经济状况，又以旧友霍光、上官桀的成功，告诉李陵这次邀请的诚意。李陵沉默良久，最终答以“吾已胡服矣”五字，既是在说自己近况，也表现出与“华夏”“汉朝”的隔膜，暗示自己无意归汉。任立政并不死心，先以霍光、上官桀的关心之情动之，又以“请少卿来归故乡，毋忧富贵”诱之，足见新政权邀请李陵的诚心。李陵的对答是：“少公，归易耳，恐再辱，奈何！”归国固然容易（足见此时李陵对故国仍有感情），但归国之后，届时又该如何面对呢？家人因已被屠戮殆尽，李陵对汉室难免没有怨恨之心；而在汉代士大夫的眼中，投降叛变的李陵作为“汉奸”，也必将是他们鄙薄憎恶的对象。如此，归国不过是让自己遭受更深的煎熬而已，又有什么必要呢？“丈夫不能再辱”，任立政虽出于诚心，但李陵已经不再是汉朝的李陵了。

与“徐庶入曹营——一言不发”的歇后语相比，李陵在匈奴的二十余年间，似乎并非“一言不发”。相反，他却是在匈奴国中深得信任，居于高位。作为单于的女婿，身为右校王的他“贵于用事”。征和三年（公元前90年），匈奴入侵五原、酒泉，两部都尉都战死。武帝派贰师将军李广利率七万骑、御史大夫商丘成率三万骑、重合侯莽通率四万骑出征救援。《汉书·匈奴传》记载，在这一场大战中：

> 匈奴使大将与李陵将三万余骑追汉军，至浚稽山合，转战九日，汉兵陷陈却敌，杀伤虏甚众。

这一记载非常值得玩味：李陵奉命率三万余匈奴骑兵追击汉军商丘成部，双方在浚稽山大战九日，以汉军大胜而告终。双方兵力大致相等，按通常规律，匈奴军的战斗力应当不弱于汉军。从军事大势看，此番战争是匈奴主动出击，“入五原、酒泉，杀两部都尉”，而汉被动应对。论力量对比，汉军数量虽多，但商丘成部仅三万余人（料来并非骑兵），比李广利的七万人、莽通的四万骑兵为少，不过是一支偏师；匈奴数量虽少，但李陵部三万骑却比匈奴王的二万余骑还多，当属主力无疑。而论军事经验，李陵是当时的名将，商丘成只是第一次出征，而且也未表现出什么军事才能；论地理环境，浚稽山正是当年李陵与匈奴作战时扎营对垒之处，应该比商丘成更加熟悉。从情理来看，汉军似乎必败无疑，但结果却以匈奴的惨败而告终。对此似乎可以猜测，李陵在这一战中只是出工而不出力，甚至起到了卧底的作用，方才使得汉军在这一场战役乃至整场战争中取得了胜利。大概也正是因此，到昭帝时，霍光、上官桀才会派人邀请李陵回朝。李陵并非慨然赴死的烈士，却也并非卖国求荣的小人。他的悲剧命运，应该值得我们有“同情之理解”。

李陵死后，他的儿子也不甘寂寞，“复立乌藉都尉为单于”，曾主动发起过一次叛乱行为，但很快被“呼韩邪单于捕斩之”[1]，身死事败。李陵家族政治活动的故事就到此为止了。唯一还可顺带一提的是，按照匈奴的习俗，其子从母姓拓跋，相传这一支流传有绪，是北魏拓跋氏的祖先[2]。

苏武像

李陵一生都被国仇家恨所折磨、撕裂，时刻处于内心的挣扎之中。相比起来，与他同传的苏武就要幸运得多。苏武因其守节，被汉代乃至后世目为民族英雄。而在与李陵的交集中，两人虽各有出色表现，但李陵却完全成为苏武的配角乃至反衬。当然，苏武为之付出的代价是异常惨痛的。

天汉元年（公元前100年），且鞮侯单于初即位，由于内政尚未安定，于是主动向汉示好求和，并放还了扣押的路充国等汉使。汉武帝为了表示嘉奖，派苏武送扣押在汉的匈奴使节回国，并赠送一份厚礼给单于。但到了匈奴之后，苏武发现单于非常傲慢，并没有和平的诚意。此时适逢缑王与虞常准备谋反，欲图杀死卫律、绑架单于的母亲以逃归汉朝。其中虞常是投降匈奴的汉将，与苏武的副手张胜曾是好友，他私下将计划告诉张胜，希望事成后得到汉朝的赏赐。张胜口头允诺，并“以货物与常”。没想到，起事前计划泄露了，单于子弟杀死了缑王，生擒了虞常。在审讯中，虞常又供出了张胜。单于闻之大怒，想要把汉使全部杀死。左伊秩訾劝单于说：“如果刺杀卫律就要判死刑，那么谋害单于又该当何罪？不如劝降他们吧！”（原文作“即谋单于，何以复加”）此时，闻知情况的苏武做出了激烈的回应：

① 《汉书·匈奴传》。

② 说见《南齐书·魏虏传》。

> 武谓惠等：“屈节辱命，虽生，何面目以归汉！”引佩刀自刺。卫律惊，自抱持武，驰召毉。凿地为坎，置煴火，覆武其上，蹈其背以出血。武气绝半日，复息。

与李陵不同，苏武表现出了宁死不屈的气节，立刻持刀自杀。虽然经抢救活了过来，但还是在鬼门关上走了一遭。在卫律的“自抱持武，驰召毉”的抢救下，苏武“气绝半日，复息”，可见伤势之重与决死心之坚定。苏武为人之果敢刚毅，在短短几句话中可以看出。这也得到了“单于壮其节，朝夕遣人候问武”的待遇。可见，有气节的人不仅是己方的民族英雄，即连敌方——甚至是文化相对落后的匈奴——都会为此而赞叹。

不过，单于的礼遇基于这样一种假设：苏武最终还是会投降匈奴。所以，礼遇只是一种打感情牌的招安手段。卫律先“举剑拟之”以为威胁，又以“富贵如此”作为诱惑，苏武不但不为所动，反而痛骂卫律一番。坚持不降的苏武令单于“愈益欲降之”，欣赏赞叹有增无减，但为了达到劝降的目的，改用幽禁在恶劣环境中来逼迫苏武屈服。这时候，还在李陵兵败投降的前一年，而苏武坚守不降，一忍就是19年。在这19年中：

> 单于……乃幽武，置大窖中，绝不饮食。天雨雪，武卧啮雪，与旃毛并咽之，数日不死。匈奴以为神，乃徙武北海上无人处，使牧羝，羝乳乃得归。……武既至海上，廪食不至，掘野鼠去草实而食之。杖汉节牧羊，卧起操持，节旄尽落。积五六年，单于弟於靬王弋射海上。武能网纺缴，檠弓弩，於靬王爱之，给其衣食。三岁余，王病，赐武马畜、服匿、穹庐。王死后，人众徙去。其冬，丁令盗武牛羊，武复穷厄。

匈奴人让苏武在北海牧羊，说等到公羊生出小羊，才能让他回来。在自然环境恶劣又缺乏衣食的北海，苏武持节牧羊，坚守气节，虽然身处穷厄，却不改忠臣初心。“廪食不至，掘野鼠去草实而食之。杖汉节牧羊，卧起操持，节旄尽落。”20 余字中，苏武的苦难完全表现出来。刘向《新序·节士》同样提及苏武的事迹：

苏武者，故右将军平陵侯苏建子也。孝武皇帝时，以武为栘中监使匈奴，是时匈奴使者数降汉，故匈奴亦欲降武以取当。单于使贵人故汉人卫律说武，武不从，乃设以贵爵，重禄尊位，终不听，于是律绝不与饮食，武数日不降。又当盛暑，以旃厚衣并束之日暴，武心意愈坚，终不屈挠。称曰：“臣事君，犹子事父也。子为父死无所恨，守节不移，虽有铁钺汤镬之诛而不惧也，尊官显位而不荣也。”匈奴亦由此重之。武留十余岁，竟不降下，可谓守节臣矣。诗云：“我心匪石，不可转也；我心匪席，不可卷也。”苏武之谓也。匈奴绐言武死，其后汉闻武在，使使者求武，匈奴欲慕义归武，汉尊武为典属国，显异于他臣也。

连环画《苏武与李陵》

如详加比对，可发现其中细节不乏出入。或可推测，苏武 19 年的囚禁生涯，在后人的传颂与想象中，已经出现了若干演义的成分。而“汉尊武为典属国”的说法，与后人伪托李陵《与苏武书》“位不过典属国”的评价针锋相对，也值得进一步思考。比起来，班固的记载独详细而生动，较刘向之本为胜，或可证明苏武故事在当时的广泛传播与深远影响。

在苏武这 19 年的艰苦生涯中，最有戏剧性与文学性的是苏武与李陵的会面与诀别。二人在汉代为同僚，已有交情；又同被困匈奴，却选择了不同的人生道路。单于派李陵去海上劝降苏武。李陵的出场，一定程度上起到了反衬苏武高大形象的作用。但作为曾经的战斗英雄，李陵同样有其杰出之处。两人的映衬并非极高与极卑的简单对比，而是各有亮色的相互映照。

陵至海上，为武置酒设乐，因谓武曰："单于闻陵与子卿素厚，故使陵来说足下，虚心欲相待。终不得归汉，空自苦亡人之地，信义安所见乎？前长君为奉车，从至雍棫阳宫，扶辇下除，触柱折辕，劾大不敬，伏剑自刎，赐钱二百万以葬。孺卿从祠河东后土，宦骑与黄门驸马争船，推堕驸马河中溺死，宦骑亡，诏使孺卿逐捕不得，惶恐饮药而死。来时，大夫人已不幸，陵送葬至阳陵。子卿妇年少，闻已更嫁矣。独有女弟二人，两女一男，今复十余年，存亡不可知。人生如朝露，何久自苦如此！陵始降时，忽忽如狂，自痛负汉，加以老母系保宫，子卿不欲降，何以过陵？且陛下春秋高，法令亡常，大臣亡罪夷灭者数十家，安危不可知，子卿尚复谁为乎？愿听陵计，勿复有云。"

武曰："武父子亡功德，皆为陛下所成就，位列将，爵通侯，兄弟亲近，常愿肝脑涂地。今得杀身自效，虽蒙斧钺汤镬，诚甘乐之。臣事君，犹子事父也。子为父死亡所恨。愿勿复再言。"

陵与武饮数日，复曰："子卿壹听陵言。"

武曰："自分已死久矣！王必欲降武，请毕今日之欢，效死于前！"

陵见其至诚，喟然叹曰："嗟乎，义士！陵与卫律之罪上通于天。"因泣下沾衿，与武决去。

李陵出兵讨伐匈奴时，距离苏武被扣押不过一年，但苏武的母亲已经不幸病逝，年轻的妻子也已改嫁，武帝并没有很好地安置忠臣家属。此前，苏武的长兄苏嘉、弟弟苏贤也因被指控而自杀。武帝喜怒无常，经常无罪而灭大臣全族，这样的皇帝又如何值得为他守节呢？李陵又现身说法：我自己投降时万分痛苦，远过于你，但这种心情又有什么意义呢？还不如投降以顾全自身。

苏武的应答则异常冷静："臣事君，犹子事父也。子为父死，亡所恨。"武帝既然封给苏家爵禄官位，就应该为武帝肝脑涂地，不惜献出生命。这就好像儿子为父亲而死，没有什么可以遗憾的。

这次劝降行动终于以李陵"泣下沾衿，与武决去"而结局。班固写作的时候，或许是希望以"陵与卫律之罪上通于天"来映衬苏武品格的坚贞。不过以今天的眼光来看，还有其他解读的可能性。

李陵的投降，固然是其个人道德的污点，但也有不得已的苦衷。不论古时抑或当代，都值得给他以相当的同情。苏武虽然是忠君的道德典范，但他的忠君是没有前提的。所谓"武父子亡功德，皆为陛下所成就，位列将，爵通侯"，并不足以否定李陵所说的现状。说到底，苏武的思想还是"臣罪当诛兮天王圣明"式的，他服从于当下的制度与地位，并不惜为此失去自我。从品格气节上抽象地看，这种精神至今并未过时；但从具体思想上来看，这种"愚忠"式的态度仍需批判性地继承——坚守的气节值得称许，但作为现代人来说，这种坚守应当有高于"君臣父子之道"的前提。

终于，随着"鸿雁传书"的计谋得逞，汉之使者用计迎回苏武。昭帝始元六年（公元前 81 年）的春天，苏武终于结束了 19 年的囚禁生涯，回到了苦盼已久的汉朝长安。在回国以前，苏武与李陵进行了第二次也是最后一次会面：

> 于是李陵置酒贺武曰："今足下还归，扬名于匈奴，功显于汉室，虽古竹帛所载，丹青所画，何以过子卿！陵虽驽怯，

令汉且贳陵罪，全其老母，使得奋大辱之积志，庶几乎曹柯之盟，此陵宿昔之所不忘也。收族陵家，为世大戮，陵尚复何顾乎？已矣！令子卿知吾心耳。异域之人，壹别长绝！”

陵起舞，歌曰：“径万里兮度沙幕，为君将兮奋匈奴。路穷绝兮矢刃摧，士众灭兮名已聩。老母已死，虽欲报恩将安归！”陵泣下数行，因与武决。

陈洪绶绘《苏李泣别图》

仅就文学性来说，本传中班固将苏、李两番对照，不假议论而情感自明，“是非高下，最易从此等处显”。以李陵之惭愧、潸然，恰可映衬出苏武的坚贞不屈。

在这次诀别的对话中，李陵借着恭贺苏武，解释了“丈夫不能再辱”的原因。李陵自称，在刚刚投降之时，宿昔不忘以曹沫（音mèi）① 为比。曹沫是春秋时期鲁国的将领，以勇力著名。他曾三次与齐军作战，却每战必败，丢失了大量土地。不过，鲁庄公依然任用他为将，并不怪罪于他。终于，齐鲁两国在柯地会盟的时候，曹沫劫持了齐桓公，逼迫桓公归还了之前侵占鲁国的全部土地——“曹沫三战所亡地尽复予鲁”。在此，李陵借这个比喻，表达自己立功赎罪的愿望——其中一说认为，李陵有劫持单于的计划。但是，由于全家被武帝处死，这种报国之心也就消泯了。“老母已死，虽欲报恩将安归！”李陵非不欲报国，但却已无法回国

① 曹沫，或作曹沬。一说曹沬与“一鼓作气”的故事主角曹刿是同一人，这一问题学界纷争已久，但似根据不足，本处不取。

了。这正是李陵与苏武命运的不同之处。

对李陵的人生选择，古人的评价也有所不同：

有对其偷生降敌深恶痛绝者。文天祥有“李陵罪在偷生日，苏武功成未死时”（《题苏武忠节图》）“许远死何晚，李陵生自羞”（《十二月二十日作》）之作，诗中明确表达对李陵偷生的不满，以民族英雄文天祥的立场，对李陵未能“舍生取义”持否定态度。当然，若立足于专制政治“君让臣死，臣不得不死。父让子亡，子不得不亡”的角度，李陵则不仅是“自羞”，更是十恶不赦了。

有不忍从道德角度苛责李陵，对其悲剧命运表达叹息与同情者。较著名者，如李白《奔亡道中五首（其二）》：“亭伯去安在，李陵降未归。愁容变海色，短服改胡衣。”在这一组诗中，李白分别引用苏武、李陵、鲁仲连、申包胥等人的故事，描写他在安史之乱中所见景况与自身处境。作为“仙人下凡”的李白，既自负有救国良策、不屈铁骨，又不乏李陵、崔骃这样的逃避心理。

李白像

两种看法虽然迥异，却正符合传统士人的心理结构：既对于舍生取义的道德高标有无限的颂扬之词，又往往在实际生活中同情忍辱偷生之人，甚至在乱世中选择这条道路。道德的高标与内心的软弱看似矛盾，却构成了传统士人的复杂心态。在治世鄙薄李陵者，多不过是大言欺人，此辈人在乱世时往往转而走上明哲保身的道路。只有在文天祥这样的人面前，“杀身成仁”才并非空谈，这些以生命建构脊梁的民族英雄，才有资格批判李陵在生死是非面前的软弱。而李陵也正是如此充满愧疚地将自己与苏武相比的。

《汉书》的这段情节，又衍生出《与苏武书》及李陵致苏武诗三首，据说是苏武回朝后李陵所写。从内容而言，一般认为皆属假托，不似李陵所想所说。在当时的历史背景下，双方恐怕也并无通信的条件。但却由于其文辞之美、感情之深，在文学史上有极高的评价。即使是伪托，恐怕也是时代较早的作品，不会像苏轼说的那样晚到齐梁时期。《与苏武书》实际上是对《汉书》所载李陵骚体歌六句的铺陈敷衍，描写了李陵深处胡地、家散人亡的哀伤悲痛，又回顾与匈奴作战之惨烈，自剖忍辱偷生之心迹与计划。在书信的结尾，激烈抨击了汉对忠臣的刻薄，而为自己辩解。这种辩护与抨击的情感与《汉书》中的不同，但却可以看出后人对李陵的同情与理解——尽管其中有“强为之辩”与“想当然耳”的成分。苏李互相酬答的诗作，似也可作如是观。

《与苏武书》虽是伪托，但其中有一番话颇为痛切：

> 陵谓足下，当享茅土之荐，受千乘之赏。闻子之归，赐不过二百万，位不过典属国，无尺土之封，加子之勤。而妨功害能之臣，尽为万户侯，亲戚贪佞之类，悉为廊庙宰。子尚如此，陵复何望哉？

李陵在分别前，称许苏武之节“扬名于匈奴，功显于汉室，虽古竹帛所载，丹青所画，何以过子卿”，真是古今罕有，期许他能得到汉室的高额补偿与隆重嘉奖。但是，不过是“诏武奉一太守谒武帝园庙，拜为典属国，秩中二千石，赐钱二百万，公田二顷，宅一区”，比起“妨功害能之臣，尽为万户侯，亲戚贪佞之类，悉为廊庙宰”，实在甚为寒酸。

因此，与苏武有旧的上官桀、桑弘羊借此事大做文章，上书控告掌权的霍光处事不公，并谋求发动推翻霍光的政变，苏武的儿子苏元也参与了这场政变。上官桀等人的“倒霍”本出于权力私欲而非公心，而上官桀的才能、品行较霍光更是远为不逮。于是，最终政变以失败告终，被官方定性为“谋反”，苏元等被处死刑，苏武受牵连被免官。当时廷尉本想将苏武当作谋反的参与者一并逮捕，幸而霍光没有批准，否则，苏武在审讯中恐怕也很难全身而退。

几年之后昭帝病逝，苏武由于参与了迎立宣帝的计划，被“赐爵关内侯，食邑三百户”。从这时起，苏武的人生才逐渐见到光明。又由于张安世的推荐，宣帝“以武著节老臣，命朝朔望，号称祭酒，甚优宠之”。随着汉与匈奴的关系再度紧张，苏武等熟知边事之人也开始受到宣帝的重视。宣帝本始三年（公元前71年），汉朝派出15万大军讨伐匈奴，其中苏武出使时的副手常惠立功，被封为长罗侯。作为苏武的接班人，常惠在边事屡立功勋，在促成龟兹国与汉帝国交流的同时，遏制了匈奴的力量。在他的任内，西汉政府得以在神爵二年（公元前60年）建立西域都护府，这一被写入中学课本的历史成就正可说明常惠的贡献。这一年也正是苏武病逝之年，常惠以他的出色工作，完成了对老上司苏武的接力。

常惠像

而作为常惠的前任，苏武地位的提高或许也与此有某些潜在关联。甘露三年（公元前51年），宣帝回忆辅佐功臣，令人画11名功臣图像于麒麟阁，以表示怀念与表彰。这也可以认为是当时乃至中国古代臣子的最高荣誉，前可比周代的方叔、召虎、仲山甫；其后也仅有东汉的“云台二十八将”、唐代的“凌烟阁二十四功臣”可与之颉颃。在此11人中，苏武因职位最低，而居于末位。史载：

自丞相黄霸、廷尉于定国、大司农朱邑、京兆尹张敞、右扶风尹翁归及儒者夏侯胜等，皆以善终，著名宣帝之世，然不得列于名臣之图，以此知其选矣。①

在当时，比苏武地位更高、名气更大者极多，但却未有入选资格。《论衡·须颂篇》里甚至有这样的记载："宣帝之时，画图汉列士，或不在于画上者，子孙耻之。"从中可以看出麒麟阁画图在当时人眼中的重要程度，也正可看出苏武入选所代表的崇高荣誉。苏武独以不高的爵位入选，正代表了宣帝对他的高度肯定。这种肯定，并不在于苏武立下了多高的功勋、具有多高的爵位，而在于其被囚匈奴19年却不改品行之坚贞高洁。在《汉书》的笔法中我们也可以体会到这一点：麒麟阁画图的故事，不见于排名靠前的霍光、张安世等人传中，而独表见于苏武传，其原因正如李慈铭所说的那样：

苏武惟画麒麟阁一事足以伸眉身后，班氏特系此以慰读史者之心。

李陵、苏武，在面对同样的抉择时，他们走向了不同的道路，在历史上的评价也相反而相成。在文学上、史学上，"苏李"都成为后人喜谈的热点话题。除却他们本身经历的传奇性外，还应当归功于班固写作的入木三分——他完成了司马迁未及写作的内容，从这一点看，班固接过司马迁的如椽巨笔的这一过程，或可认为存留在本篇之中。苏武实际的政治功绩甚少，但在班固笔下，传文的内容却极丰沛，前后呼应也颇谨严，足见作文作史之妙境。

赵翼评价"不知固之工于文盖亦不减子长耳"②，以本篇观之，洵非虚誉。

---

① 《汉书·苏武传》。

② 《廿二史札记》卷二。

古人往往把“苏武”抽象化成一个符号，以个人概括出立节不屈者的整体面貌，苏武自然是其中最为杰出的那个。但是若忽略了当时有大量类似苏武之人的涌现，那么苏武的代表性也就不免大打折扣。赵翼《廿二史札记》云：

是时守节绝域，或归或不得归，不止武一人也。先是长史任敞使匈奴，欲令单于为外臣，单于怒，留敞不遣。

又郭吉讽单于，单于亦留吉，辱之于北海上。

路充国为单于所留，且鞮侯单于立，始得归。

是诸人皆在武之先。

又《匈奴传》，匈奴欲和亲，先归苏武、马弘等以通善意。马弘者，前副光禄王忠使西域，为匈奴所遮。忠战死，弘被擒，不肯降，至是得归。是武之外尚有马弘也。

赵破奴以浚稽将军与匈奴战，为所得，在匈奴中十年，与其子定国逃归，是破奴亦守节不屈者也。

张骞先使月氏，道半为匈奴所得，留十年，持汉节不失。后乃逃出，由大宛、康居至月氏、大夏。从羌中归，又为匈奴所得。岁余，乘其国内乱，乃脱归。是骞之崎岖险阻，更甚于武也。

即与武同时出使者，有中郎将张胜及假吏常惠等。后胜为匈奴所杀，惠仍在匈奴，教汉使言天子在上林射，得雁足书，知武等所在，故武得归。是惠在匈奴亦十九年也。

同时随武还者九人，见于《武传》者，常惠、徐圣、赵终根，然至今但称武而已。惠后以军功封长罗侯，尚在人耳目间。圣、终根虽附书于传，已莫有知之者。其余尚有六人，并氏名亦不载，则同一使也，而传不传亦有命。

又况是时二十余年间，汉留匈奴使，匈奴亦留汉使以相当，前后凡十余辈，则其中守节不屈者亦必有人，而皆不见于史籍，则有幸有不幸，岂不重可叹哉！

第三节　同种地位，不同命运：《霍光金日磾传》

如果从对历史大势的影响来看，李陵、苏武不过是政坛中的两个小人物。他们在政治中表现不甚多，而更多地是以其品格被后世所铭记。但是，历史却并非如此简单。在纪传体史书中，一个人物能够有立传的资格，其前提往往是在政治领域（当然也可以是其他领域）有突出的贡献，而这种贡献甚至能够起到影响历史大势走向的作用。在有限的篇幅内，那些“大人物”必将受到史家更多的垂青——他们既是历史上独一无二的“个人”，又影响与代表了广大的“群体”。能以小而见大，又不因大而遗小，正需要史家工于叙事、善于思辨。在这样的历史视角下，《霍光金日磾传》堪称《汉书》中另一篇有代表性的雄文。据今人考证，《金日磾传》或许由班彪写作，由于“彪外祖为金敞，按敞为金日磾弟伦之孙”①，因此记载颇详尽。但是，将霍光、金日磾合为一传，则经过了班固的重新剪裁与调整。对于此篇，茅坤称许其“是《汉书》第一传”，徐中行以为本篇“杂而不乱，事详词整，叙事最优”，正是“孟坚宪章子长……得其声貌与其步骤”② 的代表性文章，足见前人推许之重。

霍光像

霍光、金日磾二人都是武帝临终前钦点的顾命重臣，同辅少主汉昭帝，在政治上的影响力罕有人比。同时，两人又因为不同

① 杨树达《积微居小学金石论丛·汉书所据史料考》。

② 《汉书评林》。

的性格命运，而导致身后家族的迥异结局。在《霍光金日磾传》这一篇之内，班固既顾及到了他们在历史大势中的所作所为，又叙及个人、家族在这一特定环境下的结局走向。整篇结构可称草蛇灰线、宾主辉映，在班固的生花妙笔下，读者可以同时体验到社会历史的变迁与政治权臣的个性。

金日磾像

读者多苦本传“头绪最多”，而茅坤独认为“传中一一指次如画”。其实，这种差异感来源于读法的不同。若能深味全篇结构，抓住文中要点，则读之必有文不加点、一气呵成之感。

《霍光金日磾传》，以霍光为主，先叙；金日磾为辅，后叙，也正符合二人在当时辅政地位的主次高下。在行文中的部分勾连，又照应出两人共事的关系。班固叙述两人的事迹时，虽有先后之别，但两篇传文的结构却出奇近似，都是分三层来书写：第一层，介绍传主受武帝信任以至托孤的经过；第二层，记叙传主辅佐少主的经历；第三层，讲述传主身后家族的命运。把握住了总体的结构，也就易于体会到茅坤所说“指次如画”的文学美感与历史场面感。

霍光是以外戚裙带身份进入政坛，而以内廷宠臣身份登上政治舞台的。故事首先要由他的身世说起。

在平阳侯家中，小吏霍中孺在完成公务期间与侍女卫少儿私通，生下了儿子霍去病。后来，霍中孺回家娶妻生子，生下了霍光。而卫少儿由于妹妹卫子夫当上了皇后，带着霍去病来到了长安，地位日崇。——与卫子夫一起显贵的，除了霍去病，还有卫子夫的哥哥卫青，武帝时期对匈战争的名将“卫霍”，其实最初也不过是因外戚裙带关系而进入政坛的普通人。

霍去病像

元狩四年（公元前119年），当时已经是骠骑将军的霍去病出征路过河东，与父亲霍中孺相认，为他置办田产、奴婢。由于霍光是霍去病同父异母的弟弟，也受到霍去病的照顾。霍去病归来带走了当时十余岁的霍光，让他来到长安，任职为郎。按照汉代制度，必须家中有钱，才有任职郎官的资格——“訾算十以上乃得宦”（家产在中产家庭的十倍以上才能当官）、“訾五百万为常侍郎”（家产五百万以上才能当皇帝亲信的郎官）。汉代的郎官主要从贵族子弟中遴选，既是保护皇帝安全、侍奉皇帝起居的护卫，又可以在皇帝身边参与政事讨论，积累从政经验。一般来说，任郎官一段时间之后，就会被安排出任实职，正式从政。这种待遇显然是县吏之子所不能奢望的，但是，霍光并没有因此表现出跋扈的习气，而是长年保持了谨慎的工作态度。“出则奉车，入侍左右，出入禁闼二十余年，小心谨慎，未尝有过，甚见亲信”。能够在晚年尤为多疑善怒的武帝面前得到这一评价，其人的性格可以推想而知。在铁腕治国的汉武帝面前，不论朝中重臣、地方王侯、宫廷宠臣，都往往因为诸多或大或小的原因被杀——在巫蛊之祸中，武帝的亲生儿子太子刘据也同样未能幸免。侍奉这样的皇帝，小心谨慎既是讨他欢心的唯一方式，同时也是保全性命的唯一选择。能够做到这一点，其人的政治智慧当非寻常。

因此，当武帝酿成巫蛊之祸，年老垂死之际，认为其身后“唯光任大重，可属社稷”，命画工画出一幅“周公负成王朝诸侯”的图给霍光，暗指自己百年之后，可由霍光辅政。

东汉画像石周公辅成王

与此同时，武帝的眼光还射向了他身边的金日磾。金日磾本是匈奴休屠王的太子，其母亲为以公主身份远嫁匈奴的汉朝宫女。元狩二年（公元前 121 年），霍去病率一万骑兵北击匈奴，“多斩首”“大克获”，取得了辉煌的战果。匈奴单于大怒，欲诛杀战败的昆邪王、休屠王。昆邪、休屠二王非常惊恐，准备共同投降汉朝。后来休屠王反悔，昆邪王便杀死休屠王，兼并其军队，率众四万余人降汉。朝廷封投降的昆邪王为列侯，而将拒不投降的休屠王亲属收入宫中为奴。当时只有 14 岁的金日磾失去了父亲，与母亲、弟弟一起成了汉朝的俘虏，在宫中为武帝养马。

在一次偶然的机会下，武帝见到了“混血儿”金日磾，而且一眼就相中了他。当时，正值武帝宴会，身旁都是后宫佳丽。金日磾与数十人一起牵马走过武帝殿下，众人皆四处偷看后宫美女的容貌，只有金日磾目不斜视，引起了武帝的关注。史载，金日磾“长八尺二寸，容貌甚严”，生得相貌堂堂，体型魁梧（应该还带有匈奴人独有的特点），连牵的马都膘肥体壮，武帝一下就对他有了好感——不妨顺便一提，武帝似乎对相貌英俊的男子多有偏爱。且不说“常与上卧起”的男宠韩嫣、李延年等，卫青、霍去病、田千秋等当时贤臣名将也多以外貌俊美著称。他们能得到武帝的喜爱与重用，或许也与其面相不无关系。霍光本人也是“长财七尺三寸，白皙，疏眉目，美须髯”，与金日磾似乎有些相似之处。

经过询问，武帝知道金日磾是有汉族血统的匈奴王子，立刻封他当马监，此后他又逐渐升迁，“出则骖乘，入侍左右”，备得武帝亲信，而这也与金日磾长期以来的“未尝有过失”有着密切的关系。比起霍光来，金日磾处事的谨慎、为人的忠敬可以说是有过之而无不及。从文化上来说，身为匈奴人的金日磾已经汉化了，他完全接受、恪守当时的儒家道德规范与忠君思想。《汉书》传文中举出了诸多事例：

金日磾的母亲病逝之后，武帝为表示嘉奖，命画工绘肖像一幅，挂在甘泉宫里。金日磾“每见画常拜，乡之涕泣”，可见对母亲感情之深厚，配得上一个“孝”字。金日磾的长子受武帝喜爱，恃宠而骄，行为不够检点，与宫女随意戏闹，金日磾愤而杀之。此事看似是金日磾小题大做，但在武帝朝，弄臣在宫中作风不谨，罪行极大。韩嫣“以奸闻”，被皇太后赐死；李延年甚至只因为弟弟的淫乱，全族都被武帝连坐诛杀。金日磾大义灭亲，可以说是忠于武帝的表现，同时也是自保的谨慎之举。金日磾向武帝说明情况之后，“上甚哀，为之泣，已而心敬日磾”，其忠信品行得到了武帝的进一步认可。不过，“目不忤视者数十年”的金日磾，果真性格笃慎如此，还是高度的政治智慧告诉他不得不如此？史书并未记载，或许其中兼而有之：谨小慎微与工于心计不过是一枚硬币的两面。

更为重要的则是金日磾在武帝晚年完成了一次重要的平叛。巫蛊之祸因弄臣江充而起，征和二年（公元前 91 年），为替太子平反复仇，武帝将江充家族及其朋党全部诛杀。江充的好友莽何罗、莽通兄弟在与太子作战时奋勇向前、不遗余力，自忖难逃牵连，就决定谋杀武帝，篡夺政权。《汉书》记载：

> 是时，上行幸林光宫，日磾小疾卧庐。何罗与通及小弟安成矫制夜出，共杀使者，发兵。明旦，上未起，何罗亡何从外入。日磾奏厕心动，立入坐内户下。须臾，何罗袖白刃从东箱上，见日磾，色变，走趋卧内欲入，行触宝瑟，僵。日磾得

抱何罗，因传曰：“莽何罗反！”上惊起，左右拔刃欲格之，上恐并中日磾，止勿格。日磾捽胡投何罗殿下，得禽缚之，穷治，皆伏辜。由是著忠孝节。

早上，汉武帝还未起床，莽何罗就已进入院子，被早已怀疑他的金日磾看到。莽何罗袖藏利刃，从东厢而上。他看见金日磾在屋里，心知事迹败露（此前，金日磾早已表现出对莽何罗的怀疑），神情大变，奔向汉武帝的卧室。由于太过紧张，莽何罗不小心撞倒宝瑟，自己也摔倒在地。金日磾立刻扑上去抱住莽何罗，高呼：“莽何罗反！”经过肉搏，金日磾把莽何罗摔到殿下擒获，其同党全部伏法受诛。经此一事，金日磾在武帝心目中的地位已是十分重要，他对武帝的忠诚毋庸怀疑。

当武帝病笃时，霍光、金日磾等集聚在武帝面前，即使面对病在垂危的汉武帝，他们也仍不敢稍有放肆，依然谦让不止：

光涕泣问曰：“如有不讳，谁当嗣者？”

上曰：“君未谕前画意邪？立少子，君行周公之事。”

光顿首让曰：“臣不如金日磾。”

日磾亦曰：“臣外国人，不如光。”

上以光为大司马大将军，日磾为车骑将军，及太仆上官桀为左将军，搜粟都尉桑弘羊为御史大夫，皆拜卧内床下，受遗诏辅少主。明日，武帝崩，太子袭尊号，是为孝昭皇帝。

经过一番谦让，武帝在临终前任命了四位辅政大臣：霍光、金日磾、上官桀、桑弘羊，而以霍光为首，金日磾、上官桀为辅，桑弘羊虽同为辅政大臣，但似乎在其中权力最低。当时的内廷领袖、丞相田千秋当时也年迈，很少发表政见。也就是说，霍光、金日磾、上官桀三位内臣，成为了权力的掌握者。

武帝在临终前任命了四位辅政大臣

对于三人权力的合法性，时人已有议论。常在武帝身旁的侍中王忽扬言“安得遗诏封三子事！群儿自相贵耳”，以为武帝遗诏中“封金日磾为秺侯，上官桀为安阳侯，光为博陆侯”是霍光等人伪造的。王忽是霍光朋友王莽之子，事情发生后，霍光切责王莽杀其子灭口。这样来看，三人的受封确实大有疑问。武帝之子燕王刘旦也拒绝承认昭帝刘弗陵的合法性：“我亲武帝长子，反不得立，上书请立庙，又不听。立者疑非刘氏”①。意欲推翻霍光等人，自立为帝。在班固暧昧的记载下（《汉书》并没有明确否定这种说法），“事有不可知者矣”，后人颇为轻易地展开了丰富的想象——霍光在武帝最后的几年中，就已经控制了朝政大权，软禁武帝、暗杀政敌，推举并非武帝亲生儿子的刘弗陵即位，从而保证自己能够继续掌权。此类阴谋怪论由于来源于“玄想”，因此不足与辩，但时人对新任少主及辅政大臣的疑虑与抵触，从中可见一斑。

其实，内臣得宠早已不新鲜。武帝早期，外廷丞相的权力就已经被逐渐架空，实权集中于内廷手中。侍中级别虽低，政治影响力却大。专权的武帝往往跳过丞相，直接与内臣商量政策。这种秘密政治在特定时期自然易被外界怀疑，却并不能证明确有政治阴谋。莽何罗叛乱朋党颇多，霍光三人是平叛的主要力量，可能“扩大化”清理掉了武帝身边不可靠（或与三人敌对）的人，

① 《汉书·武五子传》。

因此引发了若干传言。三人以奉武帝遗诏辅政无可怀疑，但是霍光或许在其中掺入了自己的私欲。

在武帝生前，三人或许都以“小心谨慎”而得到赏识重用，但武帝既死，继位的刘弗陵不过是八岁儿童，悬在头上的达摩克利斯之剑不再存在，也就正是三人展示政治智慧与个人才华的时候。

时人都怨恨“陛下妄得一胡儿，反贵重之!”。武帝生前，金日磾可依赖的只有汉武帝的宠爱与信任，稍有不慎，他就将被武帝身旁的贵戚推下万丈深渊。此时金日磾虽然成为武帝临终托付的顾命大臣，但他既无显赫功业，亦无朋党联盟，虽处高位，仍觉危险。因此，“封日磾为秺侯”的封赏，金日磾独推辞不受，这也正是他谨慎的表现——辞爵不受，应该正是畏于朝野传言议论的表现。昭帝即位后，金日磾也并没有其他的政治表现，他仅仅辅政一年多，就因病去世了。但是，从相关的记载来看，可以推测出霍光对金日磾的忌惮——“辅政岁余，病困，大将军光白封日磾，卧授印绶。”以霍光之雄才尚且不免于此，那么金日磾想来也绝非无能之辈。武帝任用金日磾，当是独具知人眼光的选择。

金日磾之早逝，使他得以避免卷入后来的政治斗争漩涡——但或许也正是因为他的死，辅政大臣间才因失去制衡而爆发出矛盾来。王夫之《读通鉴论》如是说：

> 金日磾，降夷也，而可为大臣，德威胜也。武帝遗诏封日磾及霍光、上官桀为列侯，日磾不受封，光亦不敢受。日磾病垂死，而后强以印绶加其身。日磾不死，光且惮之，况桀乎？桀之逆，日磾亡而光受其欺也。霍光妻子之骄纵，至弑后谋逆以亡其家，无日磾镇抚之也。光之不终，于受封见之矣。日磾没，而光施施自得，拜侯封而若不及，早已食上官桀之饵，而为其所狎。利一时之荣宠，丧其族于十年之后，“厉熏心”，鲜不亡矣。

这里对金日磾的评价远高于霍光，可备读者体味参考。

霍光掌管了汉朝的政务大权，“初辅幼主，政自己出，天下想闻其风采”。本来不过是因“从君之令”而得武帝托孤的霍光，一变成为“以安社稷为说”的国之重臣。一次，宫中曾有怪物出现，一夜间大臣们惊吓自危。霍光召来符玺郎，令郎官把玉玺给他保管，以防万一。郎官坚持不肯交给霍光，手按着剑说：“臣头可得，玺不可得也!”霍光很赞赏他的忠义，下诏提升两级。霍光表彰了郎官的恪尽职守，他未如一般权臣公报私仇，也得到百官平民的拥戴与称许。

随着金日磾的死，武帝设计的政治平衡格局被打破，另一位辅政大臣上官桀也并不甘心仅作霍光的副手。上官桀最初负责养马工作，武帝一次生病，病好后发现马都瘦了，勃然大怒，要治上官桀的罪。上官桀哭着叩头说：“臣闻圣体不安，日夜忧惧，意诚不在马”——我日日夜夜为皇上您的身体担心，无暇顾及养马了。汉武帝认为这表现了上官桀对自己的忠心，不仅饶恕了他的罪，并逐渐为他升官。从这里可以看出，上官桀不过是花言巧语、曲意逢迎的人，却通过这样的手段得到武帝的信任，后来也成为顾命大臣之一。辅政时期，他也展现出了自己的野心。《汉书》这一段描写层层递进，结构缜密，足见班固的叙事功力：

光与左将军桀结婚相亲，光长女为桀子安妻。有女年与帝相配，桀因帝姊鄂邑盖主内安女后宫为婕妤，数月立为皇后。父安为骠骑将军，封桑乐侯。光时休沐出，桀辄入代光决事。桀父子既尊盛，而德长公主。公主内行不修，近幸河间丁外人。桀、安欲为外人求封，幸依国家故事以列侯尚公主者，光不许。又为外人求光禄大夫，欲令得召见，又不许。长主大以是怨光。而桀、安数为外人求官爵弗能得，亦惭。自先帝时，桀已为九卿，位在光右。及父子并为将军，有椒房中宫之重，皇后亲安女，光乃其外祖，而顾专制朝事，繇是与光争权。

开始，霍光与上官桀的关系还颇为不错。霍光的女儿嫁给了上官桀的儿子上官安，两人成为儿女亲家，儿女所生的女儿又被许配给昭帝当皇后。霍光休假的时候，上官桀也进宫代霍光处理政务。随着丁外人事件的发生，矛盾才暴露出来。

昭帝姐姐盖主（即鄂邑长公主）在“内安女后宫为婕妤，数月立为皇后”时为上官家族出了大力，深为上官桀父子所感戴。盖主也希望借助上官桀的力量，为她的秘密情人丁外人谋求爵位。上官桀既欠盖主的情，又与丁外人本就是好友，两番私人恩谊之下，便去请霍光封丁外人为官，却遭到了霍光的严词拒绝。从此“长主大以是怨光。而桀、安数为外人求官爵弗能得，亦惭”，上官桀开始与霍光争夺权力，两人关系逐渐破裂。随后，上官桀又联合了盖主、燕王刘旦、御史大夫桑弘羊等对霍光不满的人，一起谋划推翻霍光。

昭帝元凤元年（公元前 80 年），霍光检阅郎官时，把一名校尉调动到自己的大将军府。上官桀立刻假造了一封燕王的奏章，趁霍光休假时上奏给汉昭帝。奏章中以燕王的口吻说，这次调动一定是霍光的阴谋，他“专权自恣，疑有非常”。我愿意离开自己的封地，到京城来当皇上的侍卫，免得霍光作乱。上官桀、桑弘羊等大臣也谋划好了，只要昭帝一批示，就立刻捉拿霍光。但昭帝只是读了奏章，并没有批复。

到了第二天，霍光才知道这个消息，害怕得不敢进宫。汉昭帝下诏要求霍光必须进去。霍光一进去就伏在地上请罪。汉昭帝说：“将军冠。朕知是书诈也，将军亡罪。”昭帝已经发现了奏章的可疑：

将军之广明都郎，属耳；调校尉以来未能十日，燕王何

以得知之？且将军为非，不须校尉。

霍光检阅羽林军、调用校尉还不到十天，燕王如何能知道这些事？又如何来得及上奏？而且，霍光如果真的要造反篡位，也不需要利用一个小小的校尉。因此，这是有人诬告无疑。

14 岁的昭帝洞穿了其中的阴谋，其推断与事实一致，智慧令人折服。以后再有人诬告霍光，昭帝就怒斥他们说：“大将军忠臣，先帝所属以辅朕身，敢有毁者坐之。”明确表达对霍光的支持。据说，惊惧的上官桀一党欲殊死一搏，谋划暗杀霍光、昭帝，迎立燕王为帝。事情很快因人的举报而败露，“光尽诛桀、安、弘羊、外人宗族。燕王、盖主皆自杀。”从此之后，“光威震海内”，在霍光的有生之年，再没有人对他的权力构成威胁；而霍光的功高盖主，也开始为世人所熟知。

失去了制衡的霍光，逐渐露出他的真面目来。一方面，他保持着对汉室的忠诚、对政务的改良，具有良臣股肱的风范；另一方面，霍光也展现出自己野心家的一面，他的嚣张跋扈使他虽无皇帝之名，却有皇帝之实。

对于霍光时期政治的评价，在《汉书·昭帝纪赞》中可以看出来：

昔周成以孺子继统，而有管、蔡四国流言之变。孝昭幼年即位，亦有燕、盍、上官逆乱之谋。成王不疑周公，孝昭委任霍光，各因其时以成名，大矣哉！承孝武奢侈余敝师旅之后，海内虚耗，户口减半。光知时务之要，轻徭薄赋，与民休息。至始元、元凤之间，匈奴和亲，百姓充实。举贤良、文学，问民所疾苦，议盐、铁而罢榷酤，尊号曰“昭”，不亦宜乎！

这篇赞文虽然表面上称许的是昭帝，但其实昭帝并未真正掌握过权力，所有政策都自霍光出，因此实际上是表达了对霍光的赞扬。通过始元六年（公元前 81 年）的“盐铁之议”，霍光在贤良文学的支持下，逐步矫正了桑弘羊与民争利、为国聚敛的政策，正是对武帝时期过度役使民力的矫正与反拨。霍光多次降低赋税，宽政待民，注意减轻人民负担，使国家经济得以逐渐恢复，因此深得拥戴。在对匈奴方面，虽没有发动大的战争，但在几次出击中都大获全胜，战功反而比武帝时为大。在节省了国力民力的同时，联合西域各国限制匈奴，长期保持住了边境的安宁。后人将昭帝、宣帝时期目为汉代的中兴期，其主要功劳应该归于霍光的努力——在不足 40 年的昭宣两朝中，有 20 年的时间是由霍光一人秉政。

但在另一方面，霍光在掌权期间的跋扈专权，也达到了惊人的程度。汉武帝任命霍光为辅政大臣，是让他辅佐当时尚未成年的昭帝。因此，当昭帝成年之后，按理说霍光就应该退让交权，但霍光却依然把控朝政不放。虽然《汉书》称这是昭帝“遂委任光”的结果，但考虑到霍光连昭帝宠幸后宫的权利都剥夺了，只许“皇后擅宠”（皇后正是霍光的外孙女）的情况，聪颖的昭帝大概并非不想独立亲政，只是当时的环境不允许他如此。到宣帝时期，霍光的专权依然存在。宣帝谒见高庙时，霍光随侍左右，“上内严惮之，若有芒刺在背”，霍光的功高盖主，由此可见一斑。即使是霍光晚年已经归政告老，但宣帝仍“谦让不受，诸事皆先关白光，然后奏御天子。光每朝见，上虚己敛容，礼下之已甚”。在霍光面前，本来至高无上的皇帝仿佛变成了臣子，直到霍光死后，宣帝才真正亲政掌权。在传统社会中，这样的关系显然已经触碰到了政治禁区。

在历史上更富有争议的则是霍光所行的废立之事。在传统的政治结构下，君王作为“天子”，其神圣性至高无上，对其权威稍有违背与挑战，就往往以“欺君之罪”遭到严厉的处罚。霍光却主导实行了一次废立君主之事。昭帝病死后没有子嗣，霍光立十六七岁的昌邑王刘贺为帝。刘贺刚刚进京即位不过一个月，就“废礼谊”“行淫乱”，霍光遂将刘贺废掉，别立刘病已（即位后改名刘询），是为汉宣帝。对于这种冒天下之大不韪的行为，支持者认为霍光刚正不阿、深明大义；而反对者则认为他只手遮天、大逆不道。班固总体的态度是倾向于霍光一方的，在叙述霍光行动之时，写得从容不迫而又有声有色。但在叙述昌邑王刘贺一方时，也注重了对昌邑王态度的客观，而非一味贬低。

根据《汉书本传》，霍光开始对刘贺只是不满，在田延年的劝说下，才逐渐下定决心废帝另立。在与张安世等人谋划停当后，霍光在未央宫召集百官开会：

> 光曰：“昌邑王行昏乱，恐危社稷，如何？”群臣皆惊愕失色，莫敢发言，但唯唯而已。
>
> 田延年前，离席按剑，曰：“先帝属将军以幼孤，寄将军以天下，以将军忠贤能安刘氏也。今群下鼎沸，社稷将倾，且汉之传谥常为孝者，以长有天下，令宗庙血食也。如令汉家绝祀，将军虽死，何面目见先帝于地下乎？今日之议，不得旋踵。群臣后应者，臣请剑斩之。”
>
> 光谢曰：“九卿责光是也。天下匈匈不安，光当受难。”
>
> 于是议者皆叩头，曰:“万姓之命在于将军，唯大将军令。”

在群臣不知所措，莫能发言的情况下，田延年拔剑而起，激烈地说明废帝另立的重要性，他的英风凛凛令全场折服敬佩。而霍光则表示甘愿为此事“受难”负责，表现出辅政大臣为了国家安危，敢于放弃个人名誉的政治品质。但在《杨敞传》中，班固记录了另一面的评价：霍光与张安世、田延年早有废帝的密谋，计划商定后，便向丞相杨敞咨询意见（值得顺带提及的是，杨敞即司马迁的女婿）。杨敞听后，犹疑不决，他的妻子劝道：“霍光已有成议，你若犹豫不从，恐将首先遭到不测”。杨敞这才赞同了霍光的计划。这个故事展现了霍光废帝的另一种可能：废帝同样可能是一场“不臣”的阴谋。

田延年像

此后的进展是：废立之事得到了群臣的赞同。在上书皇太后要求废帝的奏章中，除了早有预谋的霍光、张安世、田延年外，还有三十余人联名上书，其中包括宗室刘向、帝师韦贤、名臣苏武、大儒夏侯胜等人，足见废立并非霍光一党的阴谋，而是朝臣想做而不敢做的愿望。这个“受玺以来二十七日，使者旁午，持节诏诸官署征发，凡千一百二十七事”的刘贺，看来确实极度失去人心。在刘贺被废后十年，宣帝曾安排山阳太守张敞暗中调查刘贺，得到的回复是，年仅二十六七岁的刘贺不但“衣服言语跪起，清狂不惠……其天资喜由乱亡，终不见仁义”，品行恶劣；而且身体亦不佳，“疾痿，行步不便”，用今天的话讲，“是脑血管疾病引发的半身不遂”①，可能是过度纵欲所致。

然而，班固也并没有借此将刘贺彻底写成一无是处的昏悖之君，从班固所记录的他为数不多的几句话中，我们可以看出这个被废的刘贺也自有出彩之处，并没有被塑造成那种脸谱化的反派。

光令王起拜受诏，王曰：“闻天子有争臣七人，虽亡道不失天下。”

光曰：“皇太后诏废，安得天子！”乃即持其手，解脱其玺组，奉上太后，扶王下殿，出金马门，群臣随送。

王西面拜，曰：“愚戆不任汉事。”起就乘舆副车。

① 此用于赓哲先生说。

大将军光送至昌邑邸，光谢曰："王行自绝于天，臣等驽怯，不能杀身报德。臣宁负王，不敢负社稷。愿王自爱，臣长不复见左右。"光涕泣而去。

群臣奏言："古者废放之人屏于远方，不及以政，请徙王贺汉中房陵县。"太后诏归贺昌邑，赐汤沐邑二千户。昌邑群臣坐亡辅导之谊，陷王于恶，光悉诛杀二百余人。

出死，号呼市中曰："当断不断，反受其乱。"

面对废帝之诏，刘贺以《孝经》中的"闻天子有争臣七人，虽亡道不失天下"作为辩词，认为自己的所作所为并不到被废的程度，并暗示身旁有争臣，即使无道也不至于失去天下，虽然有强词夺理的意味，但亦可见其应答之机敏与平日所受文化之熏陶。到霍光强行"持其手，解脱其玺组，奉上太后，扶王下殿，出金马门"的时候，刘贺还能"西面拜，曰：'愚戆不任汉事'"，回答地极为得体，可见他仍知礼数、是非。从这短短的两句话中，可以知道刘贺并非昏庸狂悖之人，只是过于贪玩享乐。从刘贺以前的所作所为看，他对于身边大臣如王吉、龚遂等人的意见，大体都能听进去，只是没有践行的自制力。这一缺点可能不过是幼稚不成熟的表现，但作为代表汉朝国格的天子，就成为无法忍受的缺点。而在他身旁的主要又是一些奸佞之臣，放大了他的缺点。不然，刘贺一人岂能在 27 天之内，做出一千多件被弹劾之事？"昌邑群臣坐亡辅导之谊，陷王于恶，光悉诛杀二百余人"，这被诛杀的二百余人，应当才是令刘贺被废的真正罪魁祸首。他们死前高呼"当断不断，反受其乱"，大抵是曾经要求刘贺诛杀霍光，夺取大权，却被刘贺拒绝，因此才有这样的感慨。——从班固的记载中，我们可以发现一个有巨大缺点却又不失真实的刘贺，并能进而玩味这一场废帝的原因：于公，刘贺身旁群臣"陷王于恶"，放大了刘贺的过错；于私，群臣因刘贺而"鸡犬升天"，自恃是刘贺心腹，与霍光为代表的朝臣势力出现了你死我活的政治斗争。霍光废帝的举措无可厚非，但从这一事件中可见，他的权威已经凌驾于皇权之上。在霍光辅政的20年中，权力始终掌握在他自己的手中。虽然他一直忠于汉室，并采取了适当的政治措施，可称功臣，但作为帝王一方，也始终有“芒刺在背”的感觉。因此，茅坤批评说“光之擅宠处，即其祸根处”，在得到了不受挑战的权威之后，霍光未能像侍奉武帝时那样注重谨慎退守，一味求进的他种下的祸根，终于在他死后爆发出来，导致他满族遭到抄灭。

宣帝作为西汉后期的明君，对于霍光虽然颇为忌惮，却更多地看到了他的功业。因此，与后世的一些皇帝不同，宣帝并没有立刻采取秋后算账的方式报复霍氏家族，霍光病逝时，宣帝“亲临光丧”，葬礼极度奢华，可谓哀荣备至。即使是霍氏被族灭之后，宣帝仍然把霍光列为麒麟阁功臣之首，足见其气度与后世某些遮遮掩掩的帝王不同。

汉宣帝像

霍光几乎所有亲属都有或大或小的官职，“自昭帝时，光子禹及兄孙云皆中郎将，云弟山奉车都尉、侍中，领胡越兵。光两女婿为东西宫卫尉，昆弟诸婿外孙皆奉朝请，为诸曹大夫、骑都尉，给事中”，这种“党亲连体，根据于朝廷”的势态，正是霍光只手遮天的表现。霍氏家族的“鸡犬升天”，也正是霍光家族覆灭的开始。

霍光的妻子霍显生活上骄奢淫逸，总觉着霍光的权力还不够大，无法满足她的愿望。霍显一直想将小女儿成君送入宫中，给宣帝做皇后。但宣帝对许皇后“故剑情深”，两人在民间就结发共渡患难，感情深厚，自然容不得霍氏插手。霍显竟“私使乳医淳于衍行毒药杀许后，因劝光内成君，代立为后”，为了达到自己的目的，不惜派人毒死了有孕在身的许皇后。开始霍光并不知情，后来调查日益深入，“显恐事败，即具以实语光”。霍光“大惊，欲自发举，不忍，犹与。会奏上，因署衍勿论”，不忍心依法处置霍显，于是利用自己的权力将此事压制了下去，不再追查。但此后霍显仍不收敛，好几次想暗害许皇后所生的太子刘奭，只是没有找到机会才作罢。连皇后、太子都想杀害，霍显在霍光的姑息下，可以说是无恶不作，于情于理，谁都无法容忍这样的事件。

霍光死后，霍家的几个晚辈也都飞扬跋扈，生活糜烂。更有甚者，霍云常常装病不去上朝，自己到处游乐，派家奴去上朝谒见宣帝。对霍家的肆意妄为，朝臣都不敢出言制止。甚至，有一次霍家的奴仆因一点小事在御史府大闹，逼得御史大夫出来磕头谢罪，才姑且作罢。时间久了，大臣们的不满也就逐渐爆发出来，纷纷上书要求宣帝剪除霍氏集团。

这时候，宣帝逐渐下定决心除掉霍氏，他首先将霍氏成员调离重要岗位，而“悉易以所亲信许、史子弟代之”，利用新的外戚力量，逐渐把握住实权。霍显毒害许皇后的事情也泄露出去，外界对此议论纷纷。这时候，霍氏成员才意识到事态的危险，霍显、霍禹都做了不吉利的噩梦，霍家门口亦出现了怪异现象——霍家人人自危，乃至可能产生了幻觉。于是，他们召开家庭会议讨论对策。事已至此，他们觉得罪行之大，已经不足以得到宣帝的宽恕，于是决定先下手为强，除掉宣帝，立霍禹为帝。阴谋很快破败，霍云、霍山自杀，其余霍家成员也都被判处死刑，“与霍氏相连坐诛灭者数千家”，霍氏家族彻底灰飞烟灭。此时距离霍光病逝不过三年而已。

——以上是《汉书·霍光传》对霍氏家族覆灭的主要记载。但是，其记载不无疑点，因此后之史家多以为宣帝意图剪灭霍氏在先，霍氏的谋反是后起，且其罪行亦被夸大。毒杀皇后并欲下毒太子、立霍禹为帝，这些事是霍氏家族灭亡的最大罪行，但其中多不合常理处：霍显以一介女流，虽然霸道，但胆敢在霍光不知情的情况下给皇后、太子下毒，是如何做到的？在此事被朝堂所揭露后，霍光将此事压制下去，至今没有留下详细记载，是霍光一手遮天还是本来并无其事？倘若霍光压制了此事，为什么其历史评价并未因此而遭到汉代官方的贬低？班固的记载是含混的。且班氏赞有“死财三年，宗族诛夷，哀哉！”之语，“哀哉”与《李陵传》“自广至陵，遂亡其宗，哀哉！”一样，皆是冤惜其无罪之词。（李详《愧生丛录》，江苏古籍出版社，127 页）关于造反一事，主要的罪证是霍氏家族的家庭会议（从传文的记载来看，霍氏家族众人虽然跋扈，但只有权力欲、奢欲，并没有造反的想法，更无相关准备），这些内容是否是审讯中严刑拷打的结果？同样有不少史家表示了怀疑。对于霍氏家族的灭亡，不应过度怀疑“欲加之罪”，但也不简单认定“所言皆是”，或许是更为客观的态度。读者如有未明，不妨参读《左传・郑伯克段于鄢》的名文，当亦别有所会。

不论这些罪行在多大程度上是事实，霍光及其家族的“不臣”都是显而易见的，而这正是其走向灭亡的根本原因。霍光本人曾经废帝，这种行为难免不被封建帝王所怀疑提防——霍光在宣帝乘坐的马车旁侍立，宣帝感觉“芒刺在背”，坐立不安，不论是否引发叛逆之举，这已经违背了古代中国的“臣道”。而霍光家人的肆意妄为——其中或不乏霍光有意无意的纵容——也大体是事实，在这样的背景下，霍氏家族的倾覆，也就不难理解了。

相比之下，金日磾就恰好与霍光形成鲜明的对照。金日磾有两个儿子，均与昭帝刘弗陵岁数仿佛，深得昭帝宠爱，皆得贵幸。此后五世，也一直为内侍，终汉一朝，皆能得善终。后人并传言，中国姓金之人，皆为金日磾的后代，虽无证据，但也可看出金氏家族子孙的蕃盛。这种家风正是金日磾为后代子孙留下的良好遗产。

对霍光与金日磾的殊途，学者多认为这是霍光“不学无术”之过。由于“不学无术”，所以不知道政治形势，也不知道控制自己的私欲。当武帝将“周公负成王朝诸侯”送给霍光的时候，霍光并未理解其意，直到武帝临终时再次向他托孤，才明白是封他为辅政大臣。昌邑王刘贺无道，大司农田延年力劝霍光废帝，霍光便问：“古代有这样的先例吗?”直到田延年讲授了伊尹的故事，霍光才下定决心废帝。从这两件事里可以看出，霍光对伊尹、周公的故事完全不了解（而这对当时人来说可称常识），足见其知识的匮乏。

由于对历史没有了解，也没读过什么书，因此班固感慨霍光“暗于大理”，虽有周公、伊尹之功，却像霍叔一样家族迅速覆灭，正是缺乏历史鉴戒、不识大体所导致的后果。如果能够多读一些书，了解历史教训，相信霍光会有不同的政治抉择。——昭帝始元五年，有男子冒称卫太子刘据，真伪不分，群臣不敢断言。京兆尹直不疑以《春秋》大义断定此人无论真伪，“已为罪人”，成功处理了此事。昭帝、霍光听闻此事，感叹道“公卿当用经术，明于大义”，可见霍光并非反对文化，他只是没有机会专门读书而已。

同样的话也被用来批评汉初的太尉周勃。周勃作为汉初开国功臣，又有平定诸吕、迎驾文帝的大功劳，同样被称许有“虽伊尹、周公，何以加哉”[①] 的大功劳，最终却还是一度下狱，险些身死。这位与霍光可以相提并论的汉代名臣，被王夫之批评为“不学无术而忘其骄耳”[②]，是由于缺乏历史知识而导致的。以后代历史观之，南朝宋时的彭城王刘义康也是同样的反面教材：义康落难时，高僧慧琳对他说“恨公不读数百卷书”，将他的政治失败与学养匮乏联系在了一起。（刘义康的故事，在本书第六章中还会有所涉及，可参看。）

缺乏鉴戒、无所畏惧，导致其个人及家族都过度追求利益，

---

① 《史记·绛侯周勃世家》。

② 《读通鉴论》卷二。

却忽略了利益可能带来的危险。武帝临终时，在遗诏中封霍光等三人为侯，开了外戚无功受爵的先例。此事的蹊跷前文已叙述，很可能是霍光自己的私欲在作怪。至于其家族的不知收敛，也可以说是“楚王好细腰，宫中多饿死”的情况吧。

霍光虽然对汉室忠心耿耿，却由于缺乏处世智慧而不能自保其家族，后来人应当引以为戒。倘若有权势人物读此一篇，必将了解到霍光的不足效法，以及金日磾何以值得赞赏。从历史中寻取鉴戒以指导个人行为，并不是迂腐者的空谈，本篇对于“人何以自保其身”的问题，有着深刻的鉴戒意义。

第四节　圣徒还是魔鬼：《王莽传》的文本背面

在《汉书》中，体例最为奇特者当推“全书中第一巨篇，亦为全书中第一变体”[①] 的《王莽传》。《汉书》中为单人立传的情况不甚多，而王莽不仅有立单传的资格，而且分为上中下三篇，约四万字，其篇幅之长堪称《汉书》之最。在篇目的设置上，本篇居于全书叙事内容的末尾，标志着汉室政权的终结。《四库提要》中评价说：“其述《外戚传》第六十七、《元后传》第六十八、《王莽传》第六十九，明以王莽之势成于元后，史家微意寓焉。”足见班固在拟制构篇时的匠心独运。

王莽傳卷第六十九中　班固　漢書九十九
秘書監上護軍琅邪縣開國子顏師古注
始建國元年正月朔莽帥公侯卿士奉皇太后璽韍（師古曰韍謂璽之組音弗）上太皇太后順符命去漢號焉初莽妻宜春侯王氏女立為皇后（師古曰王訢為丞相初封宜春侯傳爵至孫咸莽妻咸之女）本生四男宇獲安臨二子前誅死安頗荒忽（師古曰荒忽音呼廣反）迺以臨為皇太子安為新嘉辟（師古曰辟君也謂之辟者取為國君之義音璧）封宇子六人千為功隆公壽為功明公吉為功成公宗為功崇公世為功昭公利為功著公大赦天下莽乃策命孺子曰咨爾嬰昔皇天右

《王莽传》

① 《汉书评议》。

此篇在《汉书》中具有独特地位，其原因当然可以推知：王莽以外戚身份登上政坛，地位一路攀升，最终代汉称帝，创立了新朝，宣告了汉朝的结束。站在汉代的立场，王莽当然不配作为皇帝，只不过是篡汉的乱臣贼子。但是，由于他确有帝之实，因此虽然只是传记中的一篇，在写作中却更加近似于本纪的写法。在名义上必须严苛地对其加以批判与贬低，但实际写作中却无法做到。这一点在班固写作的感情上也同样表现出来：《汉书·王莽传》竭力斥责王莽的伪善与奸诈，但若进行文本细读，叙述的历史本身却并不能令我们得出与班固一致的结论。鉴于王莽问题在历史上长期属于一个热点话题，因之不妨以《汉书》的书写为基础，重新反思有关王莽评价的几个问题。

首先当然是关于个人品行的评价。长期以来，史学界倾向认为，王莽表现出来的品行不过是伪诈之举，是他为了篡位所做的准备。但在王莽生活的时代，不论是士大夫还是一般百姓，都认为王莽品行高尚，古来罕有，堪称不世出的圣人。

对这一问题，白居易的《放言五首（其三）》中写道：

赠君一法决狐疑，不用钻龟与祝蓍。
试玉要烧三日满，辨材须待七年期。
周公恐惧流言日，王莽谦恭未篡时。
向使当初身便死，一生真伪复谁知？

在诗中，白居易取周公与王莽对比：周公在摄政时期，有政敌散布周公想要夺权篡位的流言，周公为了避祸，辞去相职，自己躲到楚国。直到后来，成王才明白这是政敌的阴谋，迎回了周公。但若周公“向使当初身便死”，或许后世史书就会认为周公是篡位不果的奸臣。而王莽在摄政时期，一直表现得谦虚恭谨、礼贤下士、淡泊名利，倘若他在代汉自立前死去，那么人们便会把王莽当作圣人了。白居易的观点是，要用长时段的眼光看问题，通过纵观人一生的全部行为，就可以辨别他的忠奸，而从结果看，王莽无疑属于大奸臣。这种观点也是中国古代对王莽的主流看法。

周公像

但是，近代以来也有大量学者持相反的态度。顾颉刚提出，“王莽凭借儒家之学说与其个人理想，以大魄力开创新制度，平阶级、厚民生、裕国计，此实中国政治史上最可纪念之人杰”。钱穆也认为“至论莽之为人，在当时，亦实有足以见信重者”①，对王莽的品格有相对正面的评价。其实，对王莽的最高评价来自于其同时代人。大司徒司直陈崇专门上奏称颂王莽，连续以十二段赞美之词，通过具体事例将王莽与古代贤人对比，并引经据典形容其品行，最终落脚为王莽的功德可以“为天下纪”“为万世基”，当得到堪比周公的待遇，这种评价可谓至高无上。两派人基于同样的材料，得出了相反的结论，究竟谁是谁非，仍需要结合文本重新加以审查。

王莽是元帝妻子王皇后的侄子，具有外戚身份。当时“元后父及兄弟皆以元、成世封侯，居位辅政，家凡九侯、五大司马”，只有王莽的父亲王曼因为早逝，未能封侯。因此，与其族人的奢侈淫逸不同，“莽独孤贫，因折节为恭俭”。王莽曾跟随陈参学习《仪礼》，跟随陈钦学习《左传》，跟随徐宣研究《易经》，转益多师，对儒学研究甚为深入。

对于二十多岁的王莽的品行，《汉书》记载为“事母及寡嫂，养孤兄子，行甚敕备。又外交英俊，内事诸父，曲有礼意。阳朔中，世父大将军凤病，莽侍疾，亲尝药，乱首垢面，不解衣带连月”。由于王莽这样的为人，王凤在死前专门托付太后与成帝，要

① 钱穆《秦汉史》，295 页。

求封王莽为郎。此后，王莽的叔父王商及当时名士戴崇、金涉、陈汤等若干人，都上书称赞王莽，使得成帝对王莽的印象大好。到永始元年（公元前 16 年），成帝封王莽为新都侯，食一千五百户。

类似的故事依然在上演。王莽成为侯爵之后，对外交结朋友，“散舆马衣裘，振施宾客，家无所余。收赡名士，交结将相、卿、大夫甚众”，自己的生活却“愈为俭约”，妻子甚至“衣不曳地，布蔽膝”，有如童仆。他的儿子王获滥杀家中奴仆，王莽强迫王获自杀谢罪，被时人认为是大义灭亲的典范（这点恰好与前文提及的金日磾相似）。此后一直到王莽代汉以前，他都是以这样的状态示人。

对此，班固的评价是，王莽“匿情求名”，本来就居心不良。他举出的例证有两个：其一，王莽曾私自买了一个侍婢，当别人知道时，王莽为了自己的形象，不敢承认，说这是准备送给后将军朱子元的。由于朱子元没有儿子，特意送给他一个侍婢。其二，大司马王根准备退休的时候，很多人认为淳于长应继任大司马，王莽就暗中搜集了淳于长的罪行，向上告发。淳于长被判处死刑，而王莽却被时人认为“忠直”。因此，认为王莽一生彻头彻尾都在耍阴谋者是古代的主流看法。宋人吕祖谦评价王莽说：

> 世谓莽始矫伪而终改饰，是不然。利在孝友则孝友，利在悖虐则悖虐。莽终始为利而已矣，何改节之有哉？

吕祖谦的意见是，王莽一生就是汲汲于为自己谋利，而不择手段。

这种评价实际上可说是诛心之论，是由于“篡汉”的偏见而生。其实，这两件事情，固然算不得光明磊落，但也不至于大奸大恶。在充满漩涡与暗流的政治斗争中，王莽如此的做法并不比别人更为黑暗。侍婢一事不过是小节，谈不上有多坏的居心；告发淳于长既然并非诬告，那么“忠直”的评价也是有理由的。

吕思勉先生对于这种“无论如何也要抹黑王莽”的观点有深刻的批评：

> 凡莽之所行，汉人悉以一伪字抹杀之，其实作伪者必有所图，所图既得，未有不露其本相者，莽则始终如一，果何所为而为伪哉?①

王莽不论是在贫困之时，抑或在任高官之际，甚至称帝之后，其表现都是一致的——口称仁义、辞退官爵、资助穷人，终他一生都未停止。从这样的行为上看，说他是“道德完美主义者”也不为过。这样的表里如一，有何证据认定他就是行伪诈呢？行伪诈又对他有什么好处呢？古来批评者都没能够解决这个问题，事实上也无法解决，因为王莽的所作所为是发自内心的：

> “敢为激发之行，处之不惭恧”……平心论之，正觉其精神之诚挚耳。

应该说，吕思勉先生的评价更近于历史的事实。即使《汉书》中的负面记载全都属实，也不足以否定王莽身上正面的因素。我们可以认为，《汉书》中所写的王莽是这样的一个人：他具有“好名”的虚伪成分，对于外在社会评价极端看重，说他是“伪君子”并非空穴来风。但是，他并非后人眼中的那种野心家，他的“好名”并非“好利”的铺垫。也就是说，其虚荣或有之，但这种虚荣绝不是大奸大恶，甚至还具有“迂腐”的成分。他的作为以事实来看堪称当时的道德典范，而这种所作所为有相当的程度出于真心。对此，则应该同时看到王莽身上那难能的一面。

---

① 吕思勉《秦汉史》第九章。

王莽虽然是历史上的“异类”，但是与他近似的人物却历历可数，兹举一例言之：

《游侠传》中的郭解，在史传中存在正反两面的矛盾性格。正面，郭解是“温良泛爱，振穷周急，谦退不伐，亦皆有绝异之姿”的人。反面，郭解则“少时阴贼感概，不快意，所杀甚众。及解年长，更折节为俭，以德报怨，厚施而薄望。然其自喜为侠益甚。既已振人之命，不矜其功，其阴贼著于心本发于睚眦如故云”。

如果取这样的评价与王莽对比，可以发现其近似之处：两人都以慷慨、谦退、勤俭得到社会的赞誉，同时也都有“阴贼”的心理阴暗面。甚至，连外貌的描写都近似：两人都是其貌不扬的“丑男”。虽然两人的身份高下迥异，但也有着一致性——两人都是江湖义气和儒家仁义道德的结合体。在这种结合之下，史家既折服于他们的道德高标，又发现了其中虚伪的一面。但是，如果深入剖析，可以发现这并非其“阴贼”的表现，而是江湖与庙堂的内在冲突所致。换句话说，江湖豪强所讲的义气与儒家士人所遵的道德存在无法调和的根本冲突。这一点在小说中更是表现得淋漓尽致——《水浒传》中以“郭解＋孔子”为原型的“孝义黑三郎”宋江，在施耐庵的笔下出现了排异性，其形象也被金圣叹改变为伪诈奸雄；而《三国演义》中的刘备，罗贯中本想将他塑造为仁者与英雄的结合体，却最终不过是“欲显刘备之长厚而似伪”。可以随心虚构的小说尚且如此，现实中的矛盾也就可想而知。对王莽、郭解等人品格的争议，也正源于此。单从庙堂，或者单从江湖上看，王莽都可谓道德模范；但若成为二者的结合体，则折射出“虚伪”“阴贼”的形象。这不免令人联想到星新一的“葡瓜之喻”：本想嫁接出“甜瓜般巨大的果实，还能像葡萄般结成串”的美味水果，却生产出了“葡萄般小的果实却像甜瓜那样只结一个”的怪胎。以这种视野来看王莽的生命历程，或许能够有更多的启示吧。

另外需要指出的是，不论如何评价王莽的品格，至少在这一段时间内，王莽的“虚伪”或“忠直”还不会有篡位夺权的打算。开始的王莽身份极为低微，虽然有外戚身份，但长期处于贫困之中。如果说在他贫困求学、照顾长辈的时候就有了当皇帝的阴谋，未免也太过夸张了（此时是否有借此获利的企图，则无任何资料证实或证伪）。其实，至晚到哀帝刘欣（公元前 6 年—公元 1 年在位）即位时，王莽还绝不会有称帝的打算，他那时选择了称病辞官，离开京城，到他的封国新都去，也离开了汉朝的政治中心。在当时，新一代外戚傅氏、丁氏完全压制住了老一辈的王氏外戚，就算有什么非分之想，在这样的背景下也绝无可能。建平二年（公元前 5 年），他强迫杀了人的儿子王获自杀，这种行为与前节提到的金日磾相似，十有八九是为了避祸。

《汉书·王莽传》的赞文里说得好：

> 遭汉中微，国统三绝，而太后寿考为之宗主……推是言之，亦天时，非人力之致矣。

也就是说，王莽能够成功称帝，原因有二：其一是王太后长寿，在后宫 53 年，为王莽提供了外戚身份的荫庇，为他的掌权提供了方便；其二是汉朝新立的几个皇帝都短寿，成帝活了 44 岁，哀帝仅仅活了 22 岁。如果王太后早就病逝，或者哀帝更加长寿，王莽莫说根本不可能有称帝的机会，甚至连自己的权势都无法保住，就连班固也不得不承认，王莽的代汉是“天时”的产物。与其说王莽是伪装起来准备篡汉，不如说是汉朝命数已尽，只有王莽有资格接手——在这样的背景下，王莽顺应并努力促成了这个“天命”。因此，如果不分青红皂白就用“篡汉”概括王莽的一生，毫无疑问是简单粗暴的。同样，这也是受到“观点先行”误导的产物。

讨论到此，相信读者对于王莽的品行也可以做出自己的判断了。在平帝元始五年（公元 5 年），全国有“四十八万七千五百七十二人”上书要求封王莽为安汉公，“九百二”名公卿大夫要求为王莽加九锡。——考虑到当时的人口情况与识字率，可以说九成以上的人都支持王莽不断升官晋爵，哪怕做到皇帝也无所谓。相比起来，反对一派的安众侯刘崇起兵对抗，只不过“从者百余人”，足见一时民心所向。如何客观认识这一历史现象，相信读者自有分寸。

第二个值得关注的问题是“篡位”。说“篡位”，是站在汉朝的角度；站在王莽一方，则应该说“建立新朝”。在封建社会中，改朝换代是一个重要却又敏感的话题。在本书第一章提到的“马肝之喻”中，已经对革命的合法性问题进行了讨论。由于古代社会的专制结构，这个问题如同马肝一样，很难得到深入的讨论。于是，绝大多数时间内，古人采取的是一种倒填结果的方式，说白了就是“成王败寇”。除了朱熹提出过理想化的“王霸义利”之辨外，绝大多数时候都是以王朝统治的成效、享国的长短来判定其政治合法性。王莽建立的新朝不过 15 年而亡，因此其地位与同样短命的秦、隋一样，被称为非正统的“闰位”，自然历史地位十分低下。

不过，古人可以这样简单地一刀切，作为今人还这样盲目照搬就显得太过迂腐。其实，在王莽生活的时代，代汉自立并不是什么翻天覆地的大事，支持王莽称帝者是绝大多数。这种情况的产生有诸多原因：

其一，这一时期的政治、经济已经极度糜烂，穷极思变，不论贵族抑或平民，都期待着对社会矛盾的清理。成帝、哀帝皆荒淫而缺乏干才，其身旁又多是佞臣、幸臣，终于将朝政越搅越坏，失去人心。政治上贪腐无度、急征暴敛，先是剥削民脂民膏，然后是大搞土地兼并，一般人民的生活已经极为艰苦，连苟且偷生都是奢求。同时，这些年间天灾频仍，农村经济几乎宣告崩溃。在这些年里，只有王莽曾多次上疏要求限制地方豪族势力，节俭度日。他还多次用自己的私人财产来补贴穷人。自然，绝大多数人都会认为王莽是力挽狂澜的最佳选择。

其二，西汉的政治思想中，还并没有所谓“万世一统”的观念。相反，流行的是“尧舜禅让”的故事。从昭帝、宣帝以来，知识界就普遍认为，汉代气数将尽，当朝帝王应当在上天灾异的指引下，赶紧将国家禅让给新的圣人。既然帝位是可以换主人的，那么王莽称帝不但不是什么“大逆不道”，相反，还是可以拿到台面上说的问题。

其三，如前所述，王莽的品德在当时得到了舆论的一致好评，对于他代汉称帝，事实上并不能提出什么有道理的反对意见。因此，除了刘氏家族的人愤愤不平外，社会主流对王莽的代汉都是乐见的。当然，出于“忠”的观念，一部分官员、儒生拒绝向新朝效忠，但这并不是当时的主流势力。

王莽在这样的情况下，代汉称帝，于公元9年建立新朝。与其他朝代间的更替相比，王莽固然不能说事事都光明磊落（如据说汉平帝就是他毒死的），但总体看来，由于朝野并没有什么强力的反对派，因此更替政权的成本当是中国历史上最小的。由是观之，倘若王莽能够长保国祚，其历史地位当是中国帝王中的第一人，比之传说中的尧舜禹汤，当也不遑多让。

与其说王莽因为“得位不正”而导致迅速失败，不如说是因为迅速失败才得到“得位不正”的评价。由于王莽的迅速失败，“新朝正统”的观念还没有深入人心，于是按照“成王败寇”的法则，王莽只能是失败的“寇”。

基于此，自然就引发了最后一个也是最重要的问题：既然王莽即位时如此众望所归，那么何以仅仅享国15年而速亡?

——其原因在于王莽改制缺乏客观依据，导致彻底失败。

可以这样说：在当时的背景下，王莽改制是一场九死一生的救国之战。王莽有着献身的觉悟与精神力，却没有办法赢取这场战争。古之儒家出于理想，往往认为“治天下以道，未闻以法也”，高估精神力量，低估斗争策略。王莽正是这种见解的最好反讽——王莽的失败，正是因为其有“道”而无“法”，结果，由于王莽的失败，其“道”也不被儒家所承认。反倒是近代以来的史家，普遍认为王莽改制的积极因子不容忽视，给他加以“圣人”“社会主义者”“理想主义者”之类的美谥。

王莽有大量或有趣或有益的举措：他曾主持过一次医学解剖实验。天凤三年（公元 16 年），造反的王孙庆被俘获，王莽命“太医、尚方与巧屠共刳剥之，量度五臧，以竹筳导脉，知所终始，云可以治病。”这种活体解剖被古人简单地目为残暴表现，但其文本恰恰指出了其中尚存一定的科学意味。很可能，是王莽出于对科学的好奇，而采纳了太医的意见。中医是否存在“科学”的因素？以阴阳五行比附经脉是否纯出方士臆想？从这一件事中，或可略存端倪。王莽大概是一位相信“科技兴国”的君主，天凤五年（公元 18 年），他亲自接见了一位能工巧匠，其人用大鸟的翅膀做成一种飞行器，带在人身上，可以让人飞行数百步之远。这一发明是否是古人对飞机的探索？或可对此有所遐想。此外新朝始建国元年（公元 9 年），王莽征集学者百余人，对历代度量衡制度进行了详细的考证，并对度量衡进行改革（其内容见于《汉书·律历志》），从专业水平看，其成就堪称巨大。这一改革的成就，还幸运地有着出土实物的佐证：

新莽嘉量

台北“故宫博物院”藏有“新莽铜嘉量”，据说是对《周礼·考工记》中记载的相关器物的复原。该器以斛量为主体，圈足为斗量，左耳为升，右耳上为合，下为龠量，在背面分别刻上龠、合、升、斗、量的尺寸与容积。上面尚刻有八十一字的诏书——秦汉时代，度量衡的地位几乎与法律相等，其权威地位由帝诏加持。

国家博物馆藏有“新莽铜卡尺”，被认为是世界上最早的卡尺，比西方的游标卡尺早千年以上。仅此一事，便足看出王莽在科学史上的地位。

游标卡尺

王莽对传统学术也颇为重视。王莽痴迷于儒学，年轻时就兼学群经。元始三年（公元 3 年），他奏立学官，“郡国曰学，县、道、邑、侯国曰校。校、学置经师一人。乡曰庠，聚曰序。序、庠置《孝经》师一人”，使儒家的教育体系化、制度化。两年后，他还曾征求天下懂得逸经、古史、天文、历算、乐律、小学等的学者，足见其对古典学术的钦慕与发扬。因此，当时的大儒刘歆、扬雄、桓谭等都赞美王莽之政。刘歆以西汉宗室身份支持王莽代汉，为王莽典定礼仪，并高扬古文经学的地位，对后世有较大影响。王莽对司马迁也有极高评价，他“求封迁后，为史通子”，对史学也有自己的认识。

这些内容或可认为是“理想主义”的一面，但理想主义却不能当饭吃，还是要评价其改制的具体政治、经济措施。概而言之，王莽改制的基本经济措施主要有这么几项：

其一，没收商人地主的土地，禁止兼并与人口买卖。王莽要求用“王田”政策来改变土地的所有制。也就是说，要将全部土地收归国有，然后平均分配给农民。倘若得以实施，这当然是打击豪强的锋利武器。

其二，实行“五均六筦”的计划经济。“五均”是设置专门机构平准物价，防止商人囤货居奇，同时也负责向农民发放小额的低息或无息贷款，以打击豪强的高利贷。“六筦”是将盐、酒、铁、铜等用品实施国家专卖。通过剥夺民间大资本工商业的利润，来填补国库的空虚。

其三，改革货币，废止五铢钱，推行各种低成色的钱币，大抵是想用一些不值钱的龟贝、皮革，兑换、吸收民间豪强的金钱

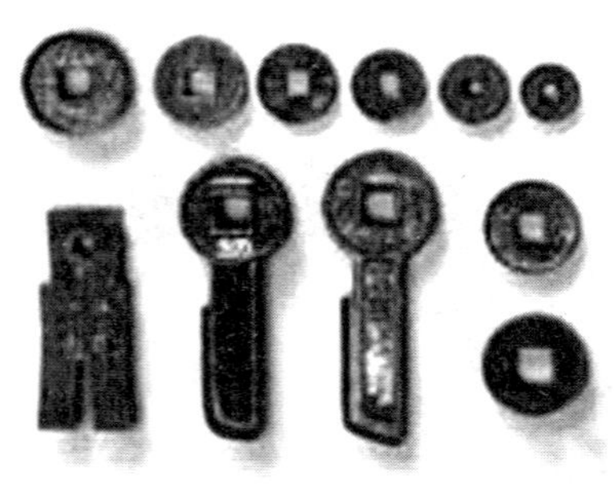
王莽时期的各种货币

货币。这一措施出发点或许良好，但是负面影响却最大。王莽听信“复古道便”之说，发行了许多虚值的大面额货币，给盗铸者提供了巨大的利润空间。大量的假币进入市场，扰乱了经济秩序，造成了经济的崩坏。同时，王莽确定的钱币制度过于复杂，又朝令夕改，令人难以记忆也无法使用，这成为其政治生涯的最大败笔。这种政策其实在武帝时期已经失败过一次，王莽重蹈覆辙，实在无法理解。

总体来看，作为对中国近现代史有基本知识的读者，相信对这样的政策非常眼熟：以上政策与1949年以后的土地改革、“三大改造”，何其相似乃尔！当然，指导王莽的并不是“马克思主义普遍真理”，而是儒家的“天下为公”“三代之治”的思想。但是

从表现形式上来看，说二者存在颇多共同点也不为过。值得一提的是，近代社会主义思想的进入，开始也是与儒家学者的提倡密切相关。包括廖平、熊十力在内的儒家学者，认为儒家“六经”与社会主义、共产主义相通，这种比附并非阿世之行，而是“天下大同”“均天下”与共产主义理想的近似使然。而王莽则在近二千年前无意揭示出了这一点，虽然他打的旗号是“复古”。

不过，无需太多深思就能明白：中国共产党领导的社会主义改造、革命，在已经远较公元10年为发达的20世纪付诸实施，在几次革命战争的基础上，借助了广大人民群众的力量，经过了无数险滩，克服了无穷阻力，方才达到改革的终点。足见这种改革的难度之大，对时代的要求之高。在两千年以前的王莽时期，想要达成这种理想无疑是不可能做到的。在豪强地主横行霸道的年代，王莽赤手空拳地向这种阶级结构发动斗争，即使再有能力，也必将失败。可以说，王莽的失败，归根到底在于他的理想太超

前于时代，因此在当时社会没有实施的条件。虽然历史不能假设，但如果王莽晚生1900余年，降生为清末民国的当权派的话，他或许能别有一番大成就。

与近代的无产阶级革命不同，王莽实际上并不能发动起当时的底层人民，而支持王莽的地主豪强无疑是不会同意这种改革的。也因此，王莽的改革大部分也只能停留在纸面上，产生重大实际作用者其实很少。

实质性的改革多不能实施，而剩下的就是“正名”的纸面文章。王莽按照《周礼》的记载，给官职、刑法、封国等等重新命名。这种改名并没有实际意义，引发的只是麻烦而已。更有甚者，他下令把“匈奴单于”“高句丽”改名成带有侮辱性的“降奴服于”“下句丽”，这种强硬而粗暴的政策，引发了周边民族的不满，酿成了边境的长期战争，进一步消耗了国力。可以说，如此“必也正名乎”的举措，不但没有让其统治名正言顺，相反却有百害而无一利，成为其失败的原因之一。

周　礼

这样的措施恰好又加剧了政治的恶化。这一时期，除了原有的社会矛盾愈演愈烈外，自然灾害也更加严重。一方面，人口正处于大爆炸的上升期，但却苦于资源不足，生活困难者极多；另一方面，旱灾、水灾频仍，导致“人相食”的惨剧常常发生。在这样的背景下，首先是饥民啸聚山林，到处抢夺官方的粮食。不过，最开始这些饥民并没有“揭竿而起”的意图，他们只是想要生存下来，并没有推翻王莽统治的想法。但王莽既不能解决经济危机，又不能完成“剿匪”，饥民的行军就如滚雪球一样越来越大。在这样的大背景下，南阳豪族刘玄、刘縯、刘秀投机性地起兵，借饥民的力量达成恢复汉朝的政治目的，终于彻底摧毁了新朝政权。

王莽的统治正是这样，他并没有完全失尽人心。但是，由于社会经济的急剧恶化，人口大爆炸带来的灾害无法解决，就必然以战争的方式宣泄出来。这样的剧本在中国历史上重演过多次，而王莽所经历的不过是其中之一。内战中人口的大量死亡，无形中消减了人口危机，幸存者便又在废墟上建立起新的文明。而王莽及他的新朝，就在这场战争中烟消云散了。

除了外在的因素，王莽自己能力的局限性更是灾难的催化剂。他所依靠的并不是能臣干吏，而只是人为制造出来的“正名”与“祥瑞”，这种东西当然是无法拯救国家的。

董仲舒以后，借着“迷信”的灾异以批评政治者甚多。但是，如果以现代人理性的眼光看，其实灾异只不过是个幌子，如何解释灾异，是受政治意图支配的。美国汉学家毕汉斯就曾提出，即使是西汉时期，人们也是这样看待灾异的。如果地方官赞同中央政策，则多报祥瑞，否则则多报灾异。地方选择性地上报，中央选择性地接收，这样的灾异或祥瑞，其实不过是手中的扑克牌，可以根据自己的兴趣随意决定如何出牌。但王莽则恰恰相反，他对于祥瑞的狂热到了难以理解的程度。或许不如说，并非王莽在操控祥瑞来达成政治目的，而是他的决策完全受到祥瑞的控制。不管多么荒诞无稽，但只要声称是“祥瑞”，王莽就近乎无条件地相信。

王莽做“假皇帝”的时候，时人纷纷号称发现了符命，说王莽是众望所归的皇帝。其中有一个叫哀章的人做了两检符匮，上面写了“王莽为真天子”，并且写了十一个辅政大臣，官职也已经署好。其中八个是王莽的大臣，剩下三个，哀章写了自己的名字，又编造了两个名字。这个铜匮（王莽称“金匮”）成为压倒汉帝国的最后一根稻草，王莽收到之后，终于决定代汉称帝，并根据铜匮分封大臣。其中两个名字是哀章伪造的，王莽便下令到处搜求同名者，通过相面法进行筛选，最终的胜出者直接被封为公爵。对此，学者或怀疑是王莽与哀章大唱双簧，授意哀章伪造献进，正是王莽伪诈的表现。但是，如此就无法理解为什么要虚构两个不存在的名字，这种双簧戏做得实在太笨。一个能用“伪诈”欺骗全国舆论的人，居然会被如此低级的骗术所惑，并且一直被骗到身死国破，实在不可理喻。因此，笔者倾向于认为，或许是王莽实在过于迷信，因此凡是符瑞所说，都能很容易地令他相信。甚而，王莽被人认为“虚伪”的代汉过程，大多数时候还是真诚的。所谓“虚伪”，只是他的过度迷信与低下的判断力使然——当然这种低下一定程度上也是历史局限性的产物。到了后来，全国人都认清了“祥瑞”的真面目，只有王莽一个人还沉沉未醒。当时的长安有谚语说：“欲求封，过张伯松；力战斗，不如巧为奏。”王莽就在迷信之中沉沦，他将谏止符瑞的大臣都定罪，从此，王莽的身旁布满了伪造祥瑞的投机者，而原本支持他的人则开始敬而远之。王莽的失败已是可以预料的了。

在符瑞的安慰下，王莽坚信自己永远是正义的一方。即使是到了长安城失陷的前夕，王莽还依旧镇定自若。

> 时莽绀袀服，带玺韨，持虞帝匕首。天文郎桉栻于前，日时加某，莽旋席随斗柄而坐，曰：“天生德于予，汉兵其如予何！”

在如此的险情下，仪式照样进行。王莽以孔子“天生德于予，桓魋其如予何”的话自比，依然泰然自若。鲁哀公三年（公元前492年），当孔子路过宋国时，宋司马桓魋想要加害孔子，孔子说出了这句话，自负有高贵的德行，可得上天的保佑，不会令桓魋的加害得逞。王莽的这次仿效，后人多以为是丑态毕露的表现，其实这正是真实的王莽——具有高度道德自信的圣徒。

然而，基于“成王败寇”的传统思想与“尊汉”的政治抉择，班固在传文中不得不以批判王莽虚伪、变诈为主要内容，也就是力图将这位“汉贼”塑造为卑鄙小人。在《汉书·叙传》中，班固这样总结王莽的一生：

> 咨尔贼臣，篡汉滔天，行骄夏癸，虐烈商辛。伪稽黄、虞，缪称典文，众怨神怒，恶复诛臻。百王之极，究其奸昏。

这样的恶评可以说是无所不用其极的。

但是，作为一位忠于事实的史家，班固同样没有掩盖王莽正面的那些内容。王莽所行的政策，时人对王莽的称赞之辞，班固基本上都忠实地记录了下来。可以看出，作为古人的班固，在如何认识王莽的两面性上，处于相当迷茫的状态。《王莽传》赞中，表现出正反两面的无法融合：

> 王莽始起外戚，折节力行，以要名誉，宗族称孝，师友归仁。及其居位辅政，成、哀之际，勤劳国家，直道而行，动见称述。岂所谓“在家必闻，在国必闻”，“色取仁而行违”者邪？莽既不仁而有佞邪之材，又乘四父历世之权，遭汉中微，国统三绝，而太后寿考为之宗主，故得肆其奸慝，以成篡盗之祸。

简单说来，班固无法否认王莽正义的一面，便以“虚伪”二字一笔抹杀。“莽晏然自以黄、虞复出”“秦燔《诗》《书》，莽诵《六艺》”——王莽明明与前代毁灭文化的昏暴之君不同，但何以他也失败了呢？班固无法解释，只得归诸天命：

> 同归殊途，俱用灭亡，皆炕龙绝气，非命之运，紫色声，余分闰位，圣王之驱除云尔！

其言凿凿，但不过是空洞的口号而已。在东汉政府所要求的“政治正确”面前，相信班固同样也是大惑而且挣扎的。因此，持儒家传统思想者也痛责班固所述并未“是非分明”，实是在助纣为虐。不过，这种对班固的批评，以今之眼光看，或正是见出了班固史识的高明一面。

《光明之子与黑暗之子》

美国哲学家莱因霍尔德·尼布尔在《光明之子与黑暗之子》中提出，代表正义的“光明之子”虽然有美好的理想，但是却缺乏实践的能力，于是其成果往往被代表邪恶的“黑暗之子”所篡夺。祥瑞与灾异，光明与黑暗，后者是如何吞噬掉前者的，在《王莽传》中，细心的读者是可以从中悟出答案的。

第五章
文质彬彬：《汉书》表志的学术底蕴

所谓“史传文学”，一般主要指“纪传体史书”的纪、传。在传记中，对人物事迹的记叙描写饶富趣味，因此最易赢取读者的偏爱。但历史并不等同于历史故事，也更不等同于文学，还应当包括对某些特定问题、现象发展状况的专业研究与深度阐释。也就是说，历史典籍根本上还是史书，因此更应该关注其历史价值。

对此，表、志就承担了任务。这些一般读者看起来甚为枯燥的文本，却成为历史学家最重视的内容，在其基础上延伸出诸多专门史研究的学术专著来。出于个人爱好而阅读历史典籍的读者，往往认为这些内容不如传记生动活泼，因此不加关注。社会上一般通俗性的导读书籍与篇章选本，也多对这些内容弃而不顾。因此，即使是对历史史实耳熟能详的“资深发烧友”，面对表、志的文字也多感陌生乃至头疼。于是，愈觉陌生而愈不敢于进入，愈不敢于进入而愈觉陌生，读此类文章以汲取营养者也就越来越少，最终仅局限于从事相关研究的少数人当中。而这些研究的成果多因缺乏普及性，也不易为一般的爱好者上手阅读。

与通常导读类书籍仅重传记不同，本书尝试用一章的篇幅简要介绍《汉书》表、志的文本内容及内在信息，希望能够帮助读者进入这一庞大的资料宝库。——相信，一旦进入这一领域，读者可以发现，这类文字不但没有想象中的难读，反而有传记中不具备的趣味。

第一节 体制的创造：《汉书》“志”体略说

《史记》《汉书》的优劣多有争论，但《汉书》的“十志”超越《史记》的“八书”，则几乎没有争议。从“八书”到“十志”，不仅仅是篇目的增多，同时还标志着研究领域的扩大与研究程度的加深。在内容上，《汉书》一定程度上仍沿袭了《史记》，但总体而言，其记叙的内容与论说的深度都较《史记》为优——汉武帝以后的大量相关材料，正是由于班固的记载而得以保全，而《史记》并未提及的汉前内容，班固也做了补充。

关于《史记》《汉书》书志立目的不同，不妨作一表以为直观的比对：

<table>
<tr><th>《史记》“八书”</th><th>《汉书》“十志”</th></tr>
<tr><td>《礼书》第一</td><td rowspan="2">《礼乐志》第二</td></tr>
<tr><td>《乐书》第二</td></tr>
<tr><td>《律书》第三①</td><td>《律历志》第一</td></tr>
<tr><td>《历书》第四</td><td rowspan="2">《天文志》第六</td></tr>
<tr><td>《天官书》第五</td></tr>
<tr><td>《封禅书》第六</td><td>《郊祀志》第五</td></tr>
<tr><td>《河渠书》第七</td><td>《沟洫志》第九</td></tr>
<tr><td>《平准书》第八</td><td>《食货志》第四</td></tr>
<tr><td rowspan="4">无</td><td>《刑法志》第三</td></tr>
<tr><td>《五行志》第七</td></tr>
<tr><td>《地理志》第八</td></tr>
<tr><td>《艺文志》第十</td></tr>
</table>

① 一说认为，今本《史记·律书》，实际是从《史记·历书》中拆出。因此，《史记·历书》与《汉书·律历志》仅有命名不同，内容则一致。而“八书”中的第三篇，实际当为《兵书》。

这里，可以通过对比的方法，探寻《史记》《汉书》在立目上的得失。

首先说合并的内容：

《礼书》《乐书》被合成《礼乐志》。礼、乐向来并称，是儒家传统政治哲学的核心内容。“礼所以经国家，定社稷，利人民；乐所以移风易俗，荡人之邪，存人之正性。”① 礼乐互相配合，礼以节制人情，乐以抒发情感，两者加以有机配合，可以教化百姓，培养无过无不及的君子人格。因此，古人认为，礼乐的兴衰，就折射出国家政治的兴衰。但是，与上古的礼乐教化不同，汉代宫廷所制的礼多不足道，所兴的乐是娱乐性的“郑卫之音”，并非儒家教化的“雅颂”。因此，不论《礼书》《乐书》还是《礼乐志》，都是以空谈为主。《汉书》将两篇合为一篇，除简省篇目外，盖出于对恢复礼乐传统的悬想——礼、乐虽是二事，但却共同构成了当朝的政治文化。从影响来看，后世的纪传史除《新唐书》《元史》立“礼乐志”一目外，绝大多数都将礼、乐分开来叙述，对此也可以看出，礼、乐的分野——礼的制度或许犹有可观者，但“乐教”制度却已然消亡。

《律书》《历书》被合成《律历志》。律指乐律，历指历法，两者看似关系不甚大，但却是古人并称的两件大事。“律居阴而治阳，历居阳而治阴”，两者都运用数学计算以“合符节，通道德”，互相配合，成为治理的辅助。因此，律、历为一篇是有其合理性的。

从这两处看，班固的合并似乎更近于儒家经典的叙述。但是，在实际的写作中，礼与乐、律与历的关系并不如经典论述所构想的那样紧密，不易融为一体，因此后世史家对此有不同的看法，或沿用司马迁的命名，或使用班固的命名，并不一致。内容言之，由于今本《史记》的《礼书》《乐书》、《律书》三篇一般认为是

---

① 《吕氏春秋·孟夏纪》高诱注。

后人补作，非司马迁原本，因此与班固《汉书》对应的篇章比较意义也就不大。仅从当下的篇目看，其学术水平远不及《汉书》。

《天官书》改名为《天文志》。“天官”“天文”意思相同，司马迁使用“天官”命名，或是为了与司马谈“学天官于唐都”的经历相切合。而班固则改为更为流行的“天文”，或许与《艺文志》中“天文”的分类不无关系。后世除了部分史书以“天象志”（《魏书》）“司天考”（《新五代史》）命名外，也基本沿用了班固的命名。内容上说，具体的占算方法，司马迁与班固所记便有不同，可以从中看出汉代星象学的演化。

《封禅书》改名为《郊祀志》。“封禅”一般特指在泰山的祭祀——这是秦皇汉武用来夸饰政绩的最高大典，《封禅书》专写的也正是汉武一朝的封禅活动。而“郊祀”包含的范围则更广，凡所谓“郊外的祭祀”都可算在研究的范围之内，也就是可以包括国家主导的全部祭祀行为。毕竟，如秦皇汉武一样的封禅行为，总体来说只是少数特例，但每年的祭祀则是所有君王都不能错过的重大典礼——两者的政治意义也并不完全等同。班固的改名是具有深意的。

《河渠书》改名为《沟洫志》。以“河渠”命名，其主要原因是汉代黄河决口频仍，治理河流与修建人工渠道，以救援水灾是当时的主要问题。而“沟洫”则是指农业灌溉，在包含治水害、开河渠而外，又可包括更多的生产方面。不过，后世史家主要采用的仍是司马迁的命名法，《宋史》以下诸史均以“河渠”名篇——这与文章中所探讨的内容没有突破有重要的关系。

《平准书》改名为《食货志》。“平准”是武帝时期重要的经济政策，故而“止记武帝事”的司马迁以“平准”命名，以标举其地位，自然切题。《汉书》改名为“食货志”。“食谓农殖嘉谷可食之物，货谓布帛可衣，及金刀龟贝，所以分财布利通有无者也”——即以农业之“食”与副业、货币之“货”共同构成经济史，由断代的“平准”事件拓展为三代以来的食货制度，堪称洽通。后世史书几乎无一例外地采取“食货”命名，其原因在于每个朝代的经济都主要由“食货”组成，但却并非都具有“平准”制度。

这四篇的命名和改名可以看出共同点：司马迁是选取武帝时期的时代特征以命篇，“天官”“封禅”“河渠”“平准”都是特殊的具体事件。而班固的改名，则是将这些具体事件用抽象的词语概括出来，使之可以涵盖古今上下的全部内容。从这个角度看，作为通史的《史记》写法不免于“断”，而作为断代史的《汉书》则具有“通”的视野。因此，看似简单的改名，实际上引发了文本性质的转变，其正面价值不可估量。这种“通”的视野，无疑是班固更加高明之处。

在《汉书》有而《史记》无的四篇志中，本章将以单节的篇幅介绍《地理志》《艺文志》两篇，而《刑法志》《五行志》虽然地位同样重要，但限于篇幅，只在这里略作简单的介绍：

铸刑鼎

《刑法志》是第一篇专门研究刑法制度沿革的专论，其时间范围起于上古，下到东汉，可称打通古今。在本篇中，班固对法律的起源、司法制度的沿革、历史上重要法律事件都做了相当全面的叙述与评析，其中不少记录都颇具史料价值，可称一部简明的中国法律史。此外，对于刑法与军事的关系，班固也有所探讨。

应该特别提出的是，贯穿《汉书·刑法志》全篇的思想是提倡德法互补，减轻刑罚。班固依照上古“尚德不尚刑”的观点，提出以德为本、以刑为用的法律观念。作为一种威慑手段，刑罚在抑制犯罪、维持秩序上有其不可或缺的作用。汉高祖时期只有“约法三章”，虽然简省但却过于疏略，因此需要萧何“作律九章”，以确定社会的基本规范。但是，如果法律不能保证公平，或太过苛刻，则反而为人民增添无穷负担，成为衰世乱政的起源。秦朝大行酷刑苛法，于是“奸邪并生，赭衣塞路，囹圄成市，天下愁怨，溃而叛之”，正是最好的反面教材。

基于这样的鉴戒，班固提倡仁道治国，减轻刑罚，凡是“行宽仁之厚”“刑罚用希”的时代，都得到班固的高度赞许。在汉代历史上，最为合乎班固理想的帝王是汉文帝，这一时期“风流笃厚，禁网疏阔……刑罚大省，至于断狱四百，有刑错之风”——全国重罪者不过四百人，这样的社会正是班固所欣赏的。对于刑罚严苛的时代，班固多加以痛切的批评，行文尖锐而能直指核心，极具批判力量。

如其论武帝时期：

> 奸猾巧法，转相比况，禁罔浸密。律、令凡三百五十九章，大辟四百九条，千八百八十二事，死罪决事比万三千四百七十二事。文书盈于几阁，典者不能遍睹。是以郡国承用者驳，或罪同而论异。奸吏因缘为市，所欲活则傅生议，所欲陷则予死比，议者咸冤伤之。

短短百余字间，武帝时期刑罚之严苛与不公尽在目前，足见班固非凡的历史眼光与叙述功力。

对于班固称许的文帝时期，他也客观地对其缺点做了批评。对文帝废除肉刑等刑罚改革，班固指出“外有轻刑之名，内实杀人”，批评这一举措看似使得刑罚减轻，但受刑而死的犯人却大大增多，客观上反而加重了刑罚力度。——将文帝的主观用心与改革的实际效果分别看待，其见解颇为冷静客观。又如，文帝时期还发生过一次新垣平夷三族案。方士新垣平因为伪造祥瑞，有欺诈之罪，却被按照谋反处理，遭到诛三族的灭门之祸，显然刑罚过重。班固也毫不留情地批判这件事是“过刑谬论如此甚也”，与孔子的德治理想相去甚远。通过列举这一类的事件，对于号称

“与民休息”的文景之治，可以让读者得出更多元的理解角度。

通过所举的例子，可以看出汉初法律的基本情况——虽以轻刑为目标，但绝大多数时候还是沿袭秦代制度，实行重刑统治。班固对这种情况作了客观的记述与批评，并进而表达了对东汉刑法发展目标的期许。因此，《刑法志》除了具有揭示秦汉法律体系的史料意义外，更具有“以史为鉴”的意义。班固提出的以德治国思想，在古代传统中无疑属于较为进步的。

《汉书》之后，《晋书》《隋书》《旧唐书》《宋史》《元史》《明史》等也都设置了《刑法志》，对法律体系的研究一直是历史学者关注的核心问题之一，但论述之严谨精密，盖无出班固之右者。

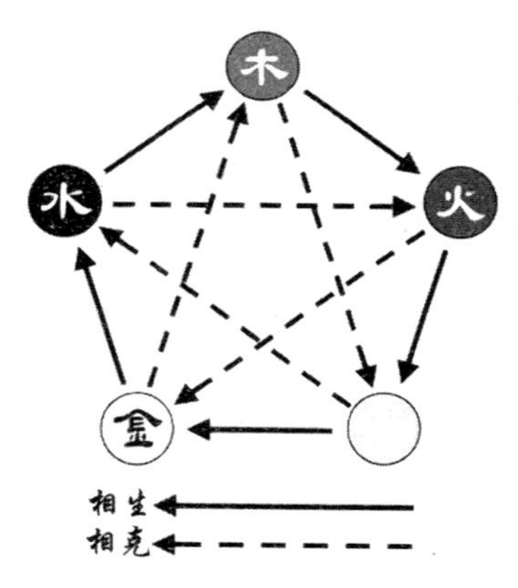

五行生克图

另一篇《五行志》在历史上的争议素来较大，原因是记载的内容被认为属于“怪力乱神”的“迷信”范畴。自董仲舒以后，阴阳五行学说完成了体系化，以灾异解说政治成为一时潮流。到西汉晚期，灾异学说已成为当时的主流思潮，其影响直到新朝与东汉，被后世称为“经学的神学化”时期。《汉书·艺文志·数术略》下有“五行类”，收录三十一家、六百五十二卷的著作。在小序中，虽然对这些作品有着“小数家”的批评，但对于真正的五行家，有着“推其极则无不至”的高度赞扬，并将其附入“六艺略”中，足见其地位崇高。

《五行志》正是记录这一特定时期文化思潮与政治现象的产物，其主要内容来源于《春秋》三传、京房《易》学与《洪范五行传》，其解说主要来源于董仲舒、京房、刘向刘歆父子几家，也有部分是由班固自行解说，可以说西汉中期以后的显学尽在于斯。

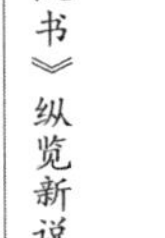

因此，以今之眼光看属于“迷信”的内容，在班固及其同时期学者的眼中则属于科学的范畴，而班固也是力求公正地将其记录下来。对于同一灾异的不同解读，他也尽可能都做了采录，忠实地反映了当时的思想情况。同时著录诸家的说法，正是史家妙笔：客观地反映出了当时思想史的状态，而将评判的权力转交给后世的考据专家，故而，如果研究汉代乃至传统中国的政治思想与世界观，《汉书·五行志》就是一篇不可或缺的重要文献。遗憾的是，目前学术界对此问题的解读还尚未臻深入，甚至对词句的理解、文例的总结都多存疏漏，因此一般的泛泛而观者，苦于其篇幅的冗长与内容的艰涩，便容易以武断的态度判定其一无是处。无疑，这种态度并不能算客观。

仅从目前的研究来看，《五行志》的史料价值就已得到中外学者的高度重视，其中保存的大量科学方面的资料已被整理利用，成为研究中国科技史的重要材料。比如“日出黄，有黑气大如钱，居月中央”的记载，是世界第一次有关太阳黑子的记录。此外，《五行志》中对于水灾、旱灾、沙尘暴、地震、霜冻等异常天气，对于鼠患、蝗灾、鱼死、畸形等生物现象，对于龙凤、神仙、嘉禾、金玉、醴泉、宝鼎等祥瑞现象也都有详细的记录。这些内容对研究中国气候史、生态史是重要的第一手资料。大量的自然灾害，会对国家经济有巨大伤害，引发人民的恐惧心理，政府的相关政策也会受到影响。因此，《五行志》中将灾异与政治比附的思考，也自有一定的道理（虽然并不合于今天理解的“科学”）。

作为影响而言，《五行志》的后世遗产同样丰富。六朝志怪小说、明清演义小说、民间宗教信仰，乃至儒家世界观、政治礼教等诸多方面，无不受到“阴阳五行”观念的滋养——以今人眼光看，其中有的算是尚有不少学术价值的“客观唯心主义”内容，有的则是纯粹的迷信与幻想。但不管怎么说，这类思想在中国古代乃至现代确实留下了深深的烙印，“幻想”一定程度上也成为某种思想上的“现实”。对此类“幻想”，班固并非出于迷信而坚信

窦娥死后，天降大雪，以昭其冤

不疑，而是存有借“天命”以规训君王“人事”的政治理想，这一见解也绝不能被视为妄诞。汉代人有着“杀不辜则国赤地”的观念，其内容详见于《五行志》中。参之后世“天谴”相关的学术论述，与《窦娥冤》一类的文学创作，可以明显地看出渊源来。

故而，若想解读中国政治与社会文化，《五行志》堪称重要文献。遗憾的是，当下学界由于偏见，对《五行志》的标点、注释、解读还存不少问题。同时需要指出的是，五行“出于律历之术而分为一”，自然当与《律历志》并读。

总体言之，《汉书》“十志”完成了对《史记》“八书”的全面超越，可以说，“十志”在立目多寡、时间跨度、内容广度、史料价值等方面都胜过“八书”，其立目与体例都成为后世纪传史效法的典范。“十志”正是班固深厚史学功力的集中体现。

第二节　区域空间中的文化性格：《地理志》初探

说到历史，人们第一反应想到的往往便是时间。从上古数到现代的“上下五千年”，是人们对历史的一般认识。不论在考试还是闲谈中，记诵历史的年代、时段乃至公元年月日，都仿佛是历史学家或爱好者的必备技能。不错，历史作为“过去的事实”这一定义，标志着时间是史学的最重要维度。但是，仅有时间却不足以反映历史的全貌。我们所生活的茫茫宇宙，其实是由“往古来今”的“宙”和“四方上下”的“宇”共同组成，既有时间，又有空间。与“看不见摸不着”的时间相比，“看得见摸得着”的空间也同样起到相当重要的作用，而这一维度却往往被读书者所忽视。

其实，由于空间不同而导致的文化差别，并非新鲜的话题。在广袤的中国领土上，不同地区间自然生态、政治结构、经济发展、文化性格、审美偏好的地域差异，确实极为巨大。因此，如同形形色色的方言一样，区域间存在文化差异才是常态。在中国的学术史或文学史上，“楚骚”“江西诗派”“桐城派”“京派”“海派”“齐学”“洛学”“浙东学派”一类的术语层出不穷，用地域籍贯与地区风貌的相似性来总结历史的规律，是一种看似粗略却独具眼光的地理环境决定论。

所谓“风俗”，正是由“风”（地理环境）而引发“俗”（生活习惯）的展现。其中，“风”又可以分为受地理环境影响的“土风”（一般较稳定）与受时代风潮影响的“时风”（一般多变化）。一纵一横，两者共同构成了文化的面貌。西方18世纪以来的“人文地理学”研究，即“研究人类集团和地理环境的关系的科学”①，这种范式标志了空间研究的合理性。而这种方式的中国祖先，则可推班固的《汉书·地理志》一篇，这是“第一部以疆域政区为主体的地理著作”，以人文地理为写作重心，因此同时具有文学、哲学、历史学的多方面价值，成为后世史书《地理志》无法超越的高峰。同时，其影响波及后世的“方志”一体，成为地方史撰写的不祧之祖。

《地理志》大致可以分三部分。

第一部分是记录上古的地理状况。首先抄录了《尚书·禹贡》的全文。《禹贡》约始成于西周，写定于战国时期，内容是追想大禹时期的国家地理情况。按照大禹治水的路线，根据名山大川构成的自然界划，《禹贡》将全国分为九州，将各地的土壤、草木、矿产、田亩赋税、手工业品、特产、交通等方面都做了大体准确

① （法）阿尔贝·德芒戎．人文地理学问题［M］葛以德，译。北京商务印书馆，1993：7.

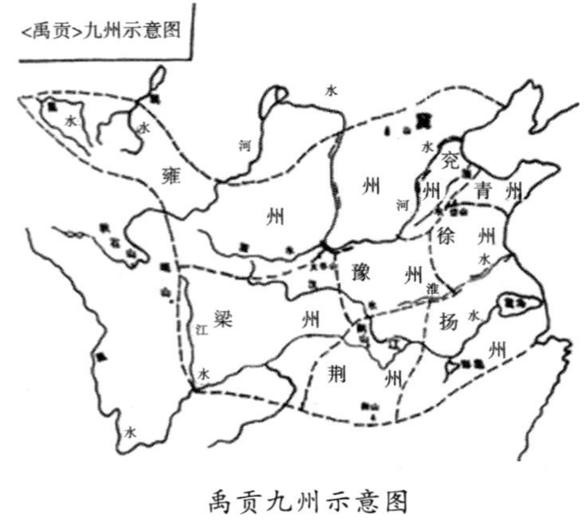

禹贡九州示意图

的描述，已经具备科学价值——九州区划既是自然地理区划，又是经济地理区划。同时，《禹贡》还在九州的基础上构拟了理想化的五服制度，是“普天之下，莫非王土”思想背景下的产物，体现了封建背景下人们对“国家的核心区与边缘区的理想关系”的想象。此下，班固又选择性地抄录了《周礼·夏官·职方氏》的记载。职方氏是掌管地图，“辨其邦国、都鄙、四夷、八蛮、七闽、九貉、五戎、六狄之人民，与其财用九谷、六畜之数要，周知其利害，乃辨九州之国，使同贯利”的官员。《职方氏》记载了九州（这里的九州与《禹贡》九州的内容略有不同）的地理方位，以及其名山、湖泽、河流、矿产、男女比例、畜牧业及农业的基本状况。两篇文章缀连起来，代表着当时人们对于千年以前夏朝、周朝疆域的认识①，班固又加以论述，就将夏、商、周三代的地理情况讲述出来了。以现代眼光看，《禹贡》《职方氏》的记载虽然力求客观，但限于当时的社会条件，主观设想的内容也非常多。不过，由于人们对这种设想高度重视，到了秦灭六国，统一中华之后，这种设想有了可操作性，也就很快变为了现实：作为监察区的汉代十三州部，正是综合《禹贡》《职方氏》两种设计而成。

第二部分则是对秦汉政区地理的介绍，资料来源是汉平帝元始二年（公元 2 年）的地理测算与人口普查，记录的内容是“汉

① 需要指出的是，《禹贡》《职方氏》均是后起的文章，并不能真正反映夏禹或西周的地理情况。但是，在班固生活的时代，限于各种条件，人们认为这就是上古地理的原始面貌。对此，不宜用近代以来“古史辨”的眼光将其一概抹杀，而应着重注意其叙述的逻辑演进。

极盛矣”的地理状况。其统计结果如是说：

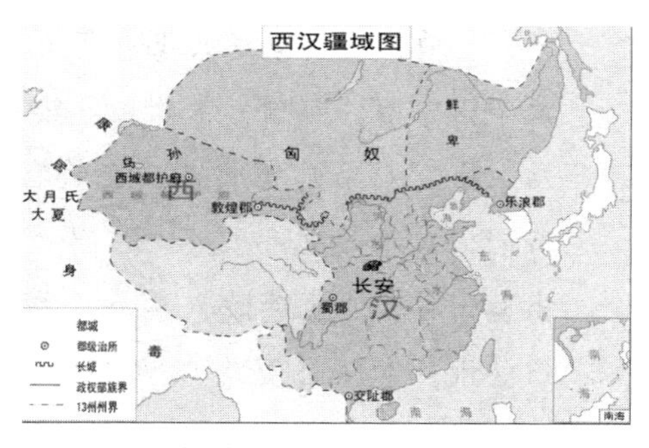

西汉地图

凡郡国一百三，县邑千三百一十四，道三十二，侯国二百四十一。地东西九千三百二里，南北万三千三百六十八里。提封田一万万四千五百一十三万六千四百五顷，其一万万二百五十二万八千八百八十九顷，邑居道路，山川林泽，群不可垦，其三千二百二十九万九百四十七顷，可垦不可垦，定垦田八百二十七万五百三十六顷。民户千二百二十三万三千六十二，口五千九百五十九万四千九百七十八。

根据官方资料，班固对于每个郡的户口数字、管辖各县、区域沿革、山泽方位、水道源流、历史古迹、矿产资源都做了记叙，在此基础上得出了上面的总数字。虽然这只是元始二年一次统计的数据，但是在两千年前，能够在广阔的中国大地上，完成如此大规模的数据统计，就已经可以证明当时国家机器的强大。不妨移录京兆尹的情况，以见当时西汉帝国首都的面貌：

京兆尹，故秦内史，高帝元年属塞国，二年更为渭南郡，九年罢，复为内史。武帝建元六年分为右内史，太初元年更为京兆尹。元始二年，户十九万五千七百二，口六十八万二千四百六十八。县十二：长安，高帝五年置。惠帝元年初城，六年成。户八万八百，口二十四万六千二百。王莽曰常安。新丰，骊山在南，故骊戎国。秦曰骊邑。高祖七年置。船司空，莽曰船利。蓝田，山出美玉，有虎候山祠，秦孝公置也。

华阴，故阴晋，秦惠文王五年更名宁秦，高帝八年更名华阴。太华山在南，有祠，豫州山。集灵宫，武帝起。莽曰华坛也。郑，周宣王弟郑桓公邑。有铁官。湖，有周天子祠二所。故曰胡，武帝建元年更名湖。下邽，南陵，文帝七年置。沂水出蓝田谷，北至霸陵入霸水。霸水亦出蓝田谷，北入渭。古曰兹水，秦穆公更名以章霸功，视子孙。奉明，宣帝置也。霸陵，故芷阳，文帝更名。莽曰水章也。杜陵。故杜伯国，宣帝更名。有周右将军杜主祠四所。莽曰饶安也。

短短三百字间（正文不过五十多字），京兆尹的户数、人口、区划沿革，下属十二县的地名沿革（置县时间、改名时间）、名山（骊山、太华山等）、水道（沂水、灞水等）、历史建筑（虎候山祠、集灵宫、杜主祠等）、矿产（美玉、铁官等）皆有所著录，足见当时统计的详密。

这一部分的材料，由于提供了精确到个位数的定量，具有计算的可行性，而最为当代史家尤其是计量史学所推崇。

第三部分是辑录刘向《域分》与朱赣《风俗》的相关内容，将两篇文章汇总成为一篇全国区域地理总论。将全国分为几个较大的区域，对其地理情况、人民风俗、审美取向、文学创作等方面都有较全面的介绍，同时也注意时间变迁与空间形态的密切关联。此下，本节会较多地引述、讨论这一部分的内容。

总体上可以说，构成《汉书·地理志》的这三部分，主要是将班固生活的“当代中国”划分成若干区域，对其不同地方特色加以介绍。同时，也完成了从上古到当下的历史地理学叙述，完成了时间与空间的良好配合。内容上包含政治区划、自然资源、文化风格等方面，极为丰富而精到，不仅是古代的顶级著作，在现代也极具价值。

为便于读者进一步体会，兹举数例解说，以为阅读津梁：

首先不妨谈谈“齐鲁之地”。春秋战国时期的齐、鲁两国，以山东半岛为主要疆域，因此后来成为山东的别名。不过，其统辖的范围不完全等同于今天的山东省，还包括今天江苏、河北等省的若干地区①。在相当长的一段历史时期内，齐鲁之地都是“关东”的核心地区，对于作为首都的“关中”三辅地区提供了巨大的经济支持。而文化上，齐鲁文化作为儒学重地，上古以来就是中国文化的标志性代表。不论是“形而下”抑或“形而上”，齐鲁都是古代中国不可忽视的重要地区。

依照班固的看法，属于“齐地”的汉代郡、国有：

郡名	郡治	面积（平方公里）②	人口（户数/人数）
齐郡	临淄（今山东寿光南）	6147	154826/554444
东莱郡	掖（今山东掖县）	10782	103292/502963
琅琊郡	东武（今山东诸城）	23625	228960/1079100
高密国	高密（今山东高密）	1269	40531/192536
胶东国	即墨（今山东平度东南）	7425	72200/323331
泰山郡	奉高（今山东泰安东）	18000	172086/726640
城阳国	莒（今山东莒县）	3375	56642/205784
千乘郡	千乘（今山东高青东）	5481	116727/490720
济南郡	东平陵（今山东章丘西北）	7923	140761/642884
平原郡	平原（今山东平原）	1595	154387/664543
勃海郡③	浮阳（今河北沧州）	22725	256377/905119
合计（不含勃海郡）		85622	1240412/5382945

属于鲁国的郡、国情况则如下：

① 同时需要指出的是，“齐鲁”统治范围虽大于今天的山东省，但根据班固的观点，包括济阴郡（治所在今山东定陶）、东国（治所为今山东东平）等在内的汉郡、国，地理上隶属于今天的山东省，而文化上却并不归属齐鲁文化，因此本文中将不会加以讨论。

② 面积的数据来源于劳干《两汉郡国面积之估计及口数增减之推测》一文的估算。

③ 根据班固的说法，勃海郡仅高乐、高城、重合、阳信四县属于齐地。由于四郡无单独的数据，故统计将整个勃海郡去除在外。

郡名	郡治	面积（平方公里）	人口（户数/人数）
东海郡	郯（今山东郯城北）	22500	358414/1559357
北海郡	营陵（今山东昌乐东南）	7830	127000/593159
临淮郡	徐（今江苏泗洪东南）	42372	268283/1237764
泗水国	淩（今江苏泗阳西北）	3375	25025/119114
鲁国	鲁（今山东曲阜）	5400	118045/607381
合计		81477	896767/4116775

上述15个郡、国，面积虽仅占不足17万平方公里（这一数字略大于今天山东省的面积），约占全国的百分之二，但人口却接近1000万，接近当时全国人口的六分之一，这个人口密度可称相当惊人。其中，琅琊郡、东海郡、临淮郡人口都超过100万人，甚至超过了首都地区。而人口密度也极大，平均每平方公里的人口一般在60—90人左右，即以今天的定义来看，亦属于人口中等区（每平方公里20—100人），近乎马来西亚、希腊、埃及等国家。这个数字虽非当时最多，但若作为区域总体看来，在汉帝国可称领先。人口的稠密，其主要原因在于齐鲁地区（尤其是齐地）经济的发达，而经济的发达很大程度上受惠于地理优势：

根据《地理志》的记载，设有工官者，全国共10郡，齐鲁地区有济南郡、泰山郡两处。《后汉书·郡国志》说："凡郡县有工多者，置工官，主工税物。"也就是说，置有工官的郡国，就是国内工业发达的地方。盐官，全国有35处，属于齐鲁地区的有12处，其中东莱郡5处，琅琊郡3处，北海郡2处，渤海、千乘郡各1处。铁官全国有46处，齐鲁地区有12处，其中济南郡、东海郡2处；千乘郡、齐郡、东莱郡、琅琊郡、胶东国、东平国、城阳国、鲁国各1处。盐铁是汉代国家经济收入的命脉，而齐地作为沿海地区，在盐的方面有得天独厚的优势，早在春秋时期就以"通商工之业，便鱼盐之利"闻名。山东地区又有丰厚的铁矿资源，淄河两岸有许多"朱崖式"的铁矿。在此基础上，早在战国时期，齐国的冶铁就已开展起来，临淄故城发现了6处冶铁作坊遗址，其中最大一处面积约占40多万平方米，则其炼铁的发达程度可想而知。而冶铁作为手工业生产的基础，其在汉帝国中的经济地位由此可知。

此外，齐地也是盛产缣帛等丝织品的地方。“齐三服官作工各数千人”[1]，生产规模甚大。“三服官”是为皇帝做衣服的职官名，可见齐地（尤其是临淄）是当时全国丝织业的核心地区。鲁地同样也在女工、织造方面有其传统。顺带一提，虽属于“梁文化”，却归属今山东地区的任城也同样是重要的丝织业生产地区，根据《流沙坠简》所载出土文献的记载，任城生产的缣在边地出售，足可推测其产量之高、流播之广。

由于生产力的发达，齐地的商业也格外活跃。临淄是“海、岱之间一都会也，其中具五民云”。五民，即五方各地之人，他们纷纷来到大都市临淄（据说其常住人口长期超过一百万）从事各种行业，不乏“吹竽鼓瑟，击筑弹琴，斗鸡走犬，六博蹴鞠者”[2]，这些不事生产的“闲人”，也只有在“财富中心”才能生存下来。鲁地虽然相对落后一些，其“俭啬爱财”的民俗与齐地的“其俗弥侈”不甚一样，但“趋商贾”的倾向则是相同的。“俭”与“奢”同样并非对立：反映的只是商业发展水平的不同而已。

孔子像

总体而言，这种优越的经济状态对于文化的发展无疑是有利的——如果经济落后，人们自然没有余裕从事“务虚”的文化事业与学术活动。而在齐鲁地区的历史上，也有深厚的文化传统，受到先王齐太公、鲁伯禽与先师孔子的影响，当地学者对经学最有

① 《汉书·贡禹传》。

② 《战国策·齐策一》。

研究。文学创作也是齐鲁士子的长项：据统计，两汉时期，山东地区的文学家数量极多，著名者29人，在全国范围内仅次于陕西、河南两地①；学术上，则有104位可考知的著名学者，一地可当全国之数，较之其他地区占有绝对优势②。而作为不利的影响，则是在“全民逐利”的背景下，学者对“利”的重视程度超过了传统道德所提倡的“义”。这种“务实”的功利心当然并不利于学术的独立。

齐、鲁两地的学风、民俗，都受到了经济这把双刃剑的影响，但具体来看，又有所区别。因此，即使是今天人们认为同在一省之内、文化有极高相似性的“齐鲁”，在《汉书·地理志》中也被分为齐、鲁两部分，被解剖为两种文化——一种以临淄为中心（齐），另一种以曲阜为中心（鲁）。在我们“齐鲁文化”的宏观视野下，二者在同与异之间做到了有趣的互动，这种互动既是历史的，也是现实的。说是历史的，原因在于齐、鲁在历史上本是两个不同的诸侯国，其文化传统并不相同，但却由于地域的临近，存在相互影响的成分；说是现实的，原因在于尽管秦汉以后，齐、鲁文化趋于融合，但仍因经济发展与行政区划的不同，而表现出趋异的面貌。

民俗上，孔子对齐、鲁两国的评价是：“齐一变至于鲁，鲁一变至于道。”（《论语·雍也》）朱熹注释曰：“孔子之时，齐俗急功利，喜夸诈，乃霸政之余习。鲁则重礼教，崇信义，犹有先王之遗风焉。”孔子心目中的最高政治理想是“道”，鲁国的政治下“道”一等，而齐国的政治又下鲁国一等。这里的差距，并非国力的差距，而是礼仪文明的差距。齐国实行的是“霸道”、强国政治，鲁国则仍存有周公时期“王道”的遗产，因此孔子以超功利

① 此处的统计依照曾大兴《文学地理学研究》的结论，其数据来源是谭正璧所编辑之《中国文学家大辞典》（上海书店1981年版）。

② 此处统计数据依照刘跃进《秦汉区域文化的划分及其意义》，载《秦汉文学论丛》。

的眼光，认为鲁国还是要高于齐国。不过，当时社会的主流已经是“功利”了。

稷下学宫遗址

齐地聚集了五方之人，其学术也受到多方面的影响。战国时期齐国在临淄建立了稷下学宫，广泛召集当时的学者来讲学、论辩，聚集“数百千人”之多。儒（荀子）、道（田骈、慎到）、法（申不害）、阴阳（邹衍）、纵横（淳于髡）、名（尹文子）等各家的重要学者都曾先后在稷下学宫任职，对齐国学术起到了重要的推动作用。在稷下学术的影响下，各派的学术思想都有了极大的进展，并走向取消门户之见的融通，这正是与齐人“多辩知”[1] 的风俗一致的。因此，齐地很少产生纯守某一家数的学者，而是注重将儒、道、阴阳等家综合起来，其积极意义是破除了门户之见，注重学术的“通”而非“断”，极多创造。其消极意义则是往往不顾学理、逻辑，而随便加以已意，只要能够辩论取胜就不管其他，有时甚至掺入大量迷信、怪异的说法，符瑞、谶纬之说就是由齐地萌芽而蔓延到全国的一种观念——这种学风由于未加控制，负面后果是导致“方士”势力高涨，对秦汉的政治、学术都起到了不良影响。其“文饰”“阿谀苟合”“怪迂”“诈伪”的总体面貌，在王莽代汉时期彻底达到了“集大成”。随着王莽的迅速败亡，以方术为代表的齐学也就走向了衰落。

当然，齐学也自有其独到高明的地方：

体现在经学上，齐地经学以追求“奇”的学术见长。以董仲舒、后仓、京房等为代表的《公羊》学家、“齐《诗》”学家、

① 《汉书·邹阳传》。

《易》学家，擅长运用阴阳、灾异、谶纬等方式解读经典、批评政治，并善于结合《周易》的占卜加以言说，其思想很大程度上受到夸诞幻想的阴阳家影响。齐地的学者更能将上述阴阳家、道德家、儒家的思想贯通起来，提出了一种吸取各家之长的理论体系，成为西汉官方所支持的意识形态。齐、鲁同为经学重镇，但相较而言，鲁学更为“纯粹”，而齐学则更加“恢弘”。

戰國策卷第二

東周

惠公

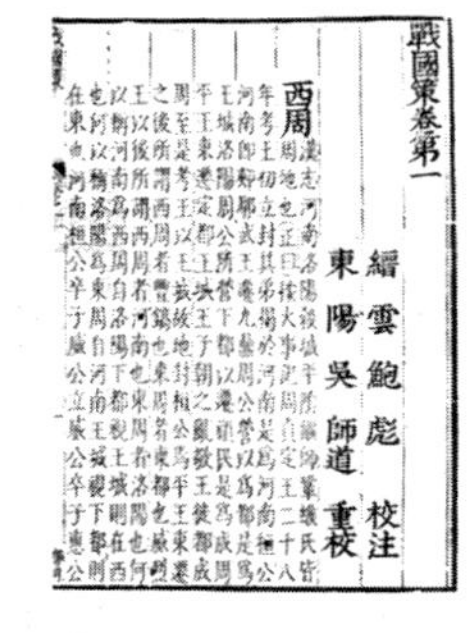

戰國策卷第一

西周

縉雲鮑彪校注

東陽吳師道重校

《战国策》

体现在文学上，则带有纵横家议论捭阖、争强好胜的特点。有人甚至怀疑，讲述纵横家故事的《战国策》绝大部分出自临淄人主父偃之手。其中最具代表性的作家当为东方朔。平原（今山东德州）人东方朔被当时人看作“滑稽”人物，以戏谑、讽刺、隐语著名。他的文章风格有纵横家气，又诙谐幽默，引人发笑，且善于创新，在文学史上地位颇高。由于他的滑稽风格，“后世好事者因取奇言怪语附着之朔”，后世与东方朔相关的奇闻异事，与伪托他名的小说、文章都有很多。其他出自齐人之手的名篇还有终军的《白麟奇木对》，严安（原名庄安）的《上武帝书言世务》等。

正基于此，早在战国时期，人们就普遍把齐人看作“荒诞不经者”的代名词。《庄子·逍遥游》提及有一部“志怪”的书名叫《齐谐》，大体即是齐人所写的奇闻异事集。而孟子则充满“地域歧视”地批评没有文化的荒唐言论是“齐东野人之语也”，与“南蛮鴃舌之言”同属于骂人的话。

而鲁地则不然。鲁地的学术主要孳乳于孔子，注重遵守传统礼仪道德的秩序，学术研究也重“典章文献”的注释而非阐释。比起任意发挥的《齐诗》《公羊传》，作为鲁学的《鲁诗》《谷梁传》《左传》无疑更为客观，注重对经典文本原意的解释，而很少随意发挥。于是，比起齐人的显贵，早期鲁学往往“皆纯谨，笃守师说，不能驰骋见奇，趋时求合，故当见抑矣”[①]。由于没有汲汲于权力利禄（叔孙通除外），开始在政治上多不占太高地位。在当时，归属于“齐学”的著名学者如后苍、翼奉、萧望之、匡衡等，其籍贯都属于鲁地，或可折射出齐、鲁经学兴衰与联系的一些方面。

不过，随着武帝以后儒学的兴起，深得孔子真传的鲁学经生也开始得到官方的重视，以东海地区为主的鲁地学者“多至卿相”，政治地位逐步提高。包括魏相（？—公元前 59 年）、丙吉（？—公元前 55 年）、于定国（？—公元前 40 年）、薛宣（？—公元前 7 年?）、孔光（公元前 65 年—公元前 5 年）、马宫（？—公元 11 年?）在内的鲁地人都成为丞相，其比例也颇为可观。尤其是专治《鲁诗》的韦氏世家，更是学术、政治两方面的大赢家。早在汉初，韦孟（？—公元前 154 年）就是当时知名的《鲁诗》学者，同时也是创作了《讽谏诗》《在邹诗》的文学家。此后，《鲁诗》成为韦氏的家学，历代传习不辍。其中的佼佼者韦贤（约公元前 148 年—公元前 67 年）、韦玄成（？—公元前 36 年）先后担任丞相一职，其家族历代也多有名吏、大儒出现，政治影响贯穿整个西汉，标志着鲁学的日益兴盛。但是，客观地讲，鲁学彻底在学术上压倒齐学，则要到东汉以后“古文经学”的兴起了。

需要补充指出的是，这里的“齐学”“鲁学”并非“齐人之学”“鲁人之学”，而是“齐风之学”“鲁风之学”，代表的是一种学风，而非单纯的地理位置集合。齐人而从事鲁学，或鲁人而从事齐学者，也占据相当的数量。齐人而从事鲁学者，知名的有鲁国相乙瑛，《尚书》学家欧阳生、倪宽等。鲁人而从事齐学者，除了上文提及的几位外，还有《公羊》学家褚大、《礼》学家孟卿等。齐、鲁在地缘上的接近，使得齐、鲁学术的交流与联系也尤

① 钱穆《两汉经学今古文平议·两汉博士家法考》。

为紧密。当然，非齐、鲁地区，而究心于齐、鲁之学者数量更为可观，包括晁错、董仲舒在内的思想名家都可划入此列，读者开卷可见，这里就不一一列举了。

过去，对于汉代的核心区，常用的方法是以函谷关为界，划分中国为“关中”“关西”“关东”；或以其附近的崤山为界，划分为“山东”“山西”。这种方法的本质是将秦文化与中原六国文化对立起来，看似有历史依据却不免粗糙。而班固在《地理志》中的解读，则是以战国时期的诸侯国作为基准，尤其深入剖析了“山东”地区的不同文化特色，应该说是更为严密的。通过统计就可以发现，不论在政治、经济上，还是在学术、文学上，所谓“山东”地区，其主要的中坚力量正是齐、鲁两地。这一点在学术上体现得更为明显，甚至可以说，汉代的官方学术，其核心就是发起于齐、鲁的学术。另外值得一提的是，西汉王朝的掘墓人王莽，平日所表现出来的礼仪规范、个人修养等，颇近乎《地理志》中所谈鲁文化的特色；而他又自称是齐国田氏的后裔，雅好作为“齐学”的今文经学，笃信发源于齐地方士的谶纬、符瑞之说。这是否可以作为汉代齐鲁文化发展的一个缩影？读者若结合本书之前的论述，加以细心玩味，或亦能有所感发。

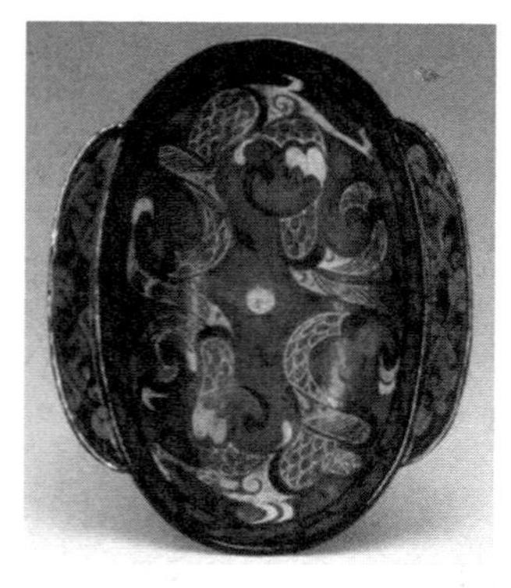

战国时期楚漆耳杯

如果说齐、鲁是“中华文化的核心区”，那么同样属于核心文化地域的，至少还应该包括三辅、楚、巴蜀、三晋等地。这些地区的发达程度固然有高下之别，但其共同特点则是，早在西周时期就已成为中国领土，在数百年的文化发展中，已经有了相当深厚的文化积淀；而各地区之间也多有联系，虽然学术风格与社会习俗都有所不同，但却是作为一个文化共同体而存在。相比之下，一些边境地区就属于“边缘地带”。由于这些地带往往是少数民族乃至敌对民族的聚居地，当地人不仅对汉文化缺乏了解，自己的文化也不太发达，因此往往被蔑称为“蛮夷”。用传统的眼光看，这些地方既然“落后”，那么其地位就毫无疑问应当低于“发达”地区。但是，发达和落后也只不过是同一时间背景下相对的历史概念，一时的优劣并不足以成为长久的定论。楚地长期以来被北方的中原人蔑称为“南蛮鴃舌”，应该是属于边缘落后地区了吧，但是，战国时期的楚文化却留下了大量的顶级成果：屈原的文学、庄子的思想、儒家的经学，乃至绘画、漆器、镜子等手工艺品。政治经济的发展，使楚地产生了不输于甚至远高于中原地区的伟大成就，这些成就也成为中华文明高峰的构成部分。这个时候，楚文化就得到了“汉文化圈”的认同，而成为其中的核心成员。

葛兆光著《想象异域》

随着时光的不断流转，中国文明由原本局限于相当于现在几个省份的“核心区”，逐渐展拓为一个拥有庞大疆土的帝国，并通过文化的力量不断向外同化、扩张。这个时候，所谓“中国的边界”“汉文化的定义”都在不断变化、演进。对于中国的古人来说，唯一不变的只有一点：“中国”是世界文明的中心，地理空间越远离这一中心，其地理环境也就越荒芜，于是导致生活在那里的人们缺乏“文明”。而随着中国疆土的不断

葛兆光著《宅兹中国》

展拓，人们看到的世界越来越大，原本以为已经是边界的地区，比之更为遥远的荒芜地带，又可以算作“相对的中心”，于是，文明就这样不断地普及开来。这种观念代表了中国人的“天下观”，在他们真正接触到欧陆的其他文明之前，这种看法从来没有受到过挑战。然而，以现代眼光来看属于偏见的“中国中心论”，在古代其实是难以反驳的真理。一定程度上说，这一历史情况导致当下中国在“民族国家”背景下无所适从：一体化的世界如何“想象异域”“宅兹中国”？

《汉书·地理志》中对边疆地区的记载，或许可以为我们提供一些线索。首先，作为与东亚世界连接的桥梁，东北地区当然不容忽视。

在《地理志》中，中国北部、东北边境的地区被划为“燕地”。燕地的原生文化相对落后，但其南部位于今天的河北省，与赵地、齐地接壤，因此吸取了不少先进文化。“燕赵之地”出现了《韩诗》等学术著作，更因多侠士而闻名；“燕齐之地”则多有神仙思想、方士活动，出海求仙成为一时风潮。

再向北，就是今天辽宁省的辖区，包括汉代的渔阳郡、右北平郡、辽西郡、辽东郡；靠西的上谷郡、代郡、雁门郡进入山西、内蒙古等省和自治区。战国时期，燕国在这些地区的北部都建筑了长城，标志着这已经是“中国”与“夷狄”分野的边境线。到秦代，随着北部疆域的扩大，秦人又在更北修筑了新的长城。这些地区，“地广民希，数被胡寇”是最重要的特点。其人口较多的右北平、辽西两郡，面积都接近 4 万平方公里，人口却只有 35 万左右——大体同样人口的胶东国，面积尚不足其五分之一。齐鲁山东之地，与燕国北方边境的差别，由此可知。

不过，尽管已经走到了秦长城，但还依然没有触及更远的东北边境。武帝元封三四年间设立的“朝鲜四郡”，所辖的 15 万平方公里的土地，才真正是西汉帝国统治的边界。[①] 在汉武帝的军队到达之前，统治该地区的是“卫氏朝鲜”，据说是商遗民箕子率部下建立的。箕子为“殷之三仁”之一，他不满商纣王的无道，进谏不果，佯狂为奴。周武王灭商之后，箕子不愿意做周朝的子民，便率领五千余人东行至朝鲜，“教其民以礼义、田蚕、织作”，建立起移民国家“箕氏朝鲜”。汉初，卫满借助叛逃入匈奴的燕王卢绾与匈奴的兵力，推翻了箕氏朝鲜，建立卫氏朝鲜。卫氏朝鲜在外交上倒向匈奴一方，随着其实力的不断增强，逐渐成为汉的边患。汉武帝元封二年、三年（公元前 109 年、公元前 108 年）时，卫氏朝鲜被西汉吞并，改设为乐浪、玄菟、真番、临屯四郡，到昭帝始元五年（公元前 82 年），四郡合并为玄菟、乐浪两郡。

箕子像

玄菟郡，初定治所于沃沮（今朝鲜咸兴），昭帝时改定高句骊（今辽宁新宾）为治所，管辖今天的辽宁、吉林、朝鲜地区，人口有 22 万多。乐浪郡，治所在朝鲜（即今朝鲜首都平壤），人口 40 万。从疆域来看，今天的朝鲜，在西汉时期基本属中国的管辖范围。更远处，“乐浪海中有倭人，分为百余国，以岁时来献见云”，正是对日本的记载，很可惜，这方面的资料还是太少了。

在当时，“卫氏朝鲜”既属于长城之外的“域外”，又属于与“汉文化”不接轨的“蛮夷”，当地土著居民被认为是“皆朝鲜、濊貉、句骊蛮夷”，在军事战略上是“匈奴左臂”。但是，作为中国人的后代，从血缘、文化的关系上说，这一地区又是中国文化的次生地区，深受中国影响。随着武帝的征伐，这里也从汉代的

① 辽东郡所管辖的部分地区，今天也已归属朝鲜所有。

“外臣”变成了汉的郡县，可以说被纳入了中国版图——毫无疑问，这里会引发出细心读者“自古以来就是中国领土”的遐想。对此敏感而又复杂的政治现实问题，本书限于篇幅，兹不详论，笔者推荐读者去阅读葛兆光先生的《宅兹中国：重建有关“中国”的历史论述》等书，相信能够对这“中国的边界”等问题有更深入的思考。在所谓“夷人夏则夏，夏人夷则夷”的传统文化背景下，疆域问题与文化问题或需要分开讨论。

班固的时代当然不会考虑到领土的问题，那时的统治，或可理解为以文化的切合度与统治的难易度为核心——汉元帝始元五年罢弃了最南方的儋耳、珠崖等郡，便是最好的例子。《地理志》中讨论了朝鲜地区的文化：

> 乐浪朝鲜民犯禁八条：相杀以当时偿杀；相伤以谷偿；相盗者男没入为其家奴，女子为婢，欲自赎者，人五十万。虽免为民，俗犹羞之，嫁取无所仇，是以其民终不相盗，无门户之闭，妇人贞信不淫辟。其田民饮食以笾豆，都邑颇放效吏及内郡贾人，往往以杯器食。郡初取吏于辽东，吏见民无闭臧，及贾人往者，夜则为盗，俗稍益薄。今于犯禁浸多，至六十余条。可贵哉，仁贤之化也！然东夷天性柔顺，异于三方之外，故孔子悼道不行，设浮于海，欲居九夷，有以也夫！

朝鲜地区的法律最初仅八条，极为简约（从负面来说就是粗略），而社会秩序可以保持稳定，其原因在于“俗犹羞之”，道德一定程度上代替了法律的作用。因此，虽然是“四夷”，“其民终不相盗，无门户之闭，妇人贞信不淫辟”，这种风俗正合乎儒家传统的理想。班固认为，正是这样的“柔顺”风俗，才引发出孔子“道不行，乘桴浮于海”，欲到“海外”施展抱负的感叹。然而，随着辽东的官员、商人乃至游民、避难者进入朝鲜，有人看到有机可乘，便从事违法活动。后来，法律增加到60余条，其原因并非官方想要推动法律制度的进步，而是“犯禁浸多”，为了惩戒罪犯而不得不然。“先进于礼乐”的中原人进入了“夷狄”之地，反而“俗稍益薄”。其内在原因或许在于，去往朝鲜者多燕地人，而燕地由于地缘靠近边境，受到“夷狄”的威胁与影响，不易管理；而其人口构成又多内地来避难之人，这些人往往是政治中的失败者乃至罪犯，自然对风俗有负面的影响。一旦剽悍之人进入柔顺之地，自然会成为社会的不稳定因素。而从燕地进入辽东、朝鲜者，往往更甚，因此所谓“中原文明”的进入，反而成了朝鲜地区的负面因素。参之后世的历史演进，不免令人猜想的是：何者才是真正的合乎“中华文化”的民间表达？

类似的例子还有：

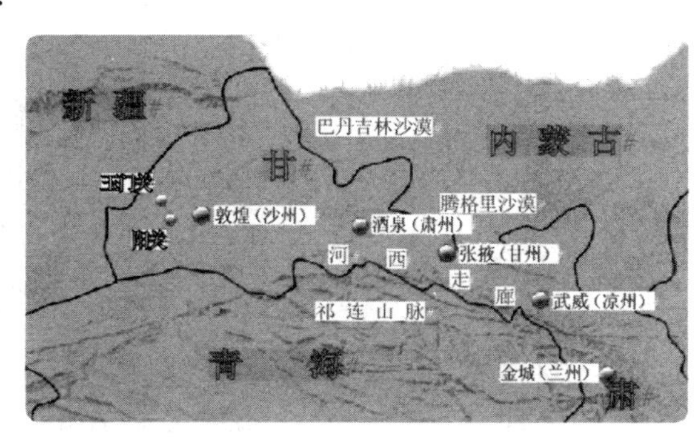

河西四郡地图

在西北地区，武帝太初元年（公元前104年）以来，朝廷在酒泉、武威、张掖、敦煌建立了“河西四郡”，隔断了匈奴与西羌的联络渠道，成为中国与西方经济贸易的重要交通枢纽。西汉末年，这一地区成为中原人逃避战乱的不二选择，包括班固父亲班彪在内的诸多文人学者，纷纷进入西北甘肃地区，对这一地区文化传统的延续起到了良好的促进作用。

在中国南部的粤地，西汉时期包括今天的广东、广西两省，以及越南的领土。从文化上看，此地是夏禹的后代所建，长年也是中国人所统治。但是，其文明则是“文身断发”，近乎野蛮；民风则“利交易，剽杀人”。这一地区同样最初单独建国，在武帝时被平灭，改为郡的建制。与朝鲜地区近似，进入这一地区的中原人多是谋利的商贾与“多侵凌”本地人的“吏卒中国人”。但不同的是，此地民风远较东北为剽悍，当地人多次起兵反抗，竟致中央政府放弃了这片地区……

以上不同的文化性格足以表示，所谓“边疆”—“中原”的想象，必须在具体的地理、社会环境中方能成立，那种大而化之无所不包的总括，往往经不住细节的考验。

第三节　从图书目录到学术史：《艺文志》解读

《艺文志》的设立是《汉书》的另一大创举。

所谓“艺文”，“艺”指经学“六艺”，文指诗赋“文章”，进而引申成为六艺群书的概称。“艺文志”则是一部介绍图书典籍的目录。

老子像

在上古时期，学术由官方所垄断，记载学术内容的图书自然也由专门的政府机构管理。根据《周礼》的记载，大史、小史、内史、外史等都是负责掌管文献的官员，传说中道家的创始人老子曾经当过“守藏室之史”，也就是周代的“国家图书馆”馆长。图书的收藏、流通，是学术得以发展的重要条件。

与秦的“焚书坑儒”不同，西汉政府特别重视图书的保存。公元前206年，刘邦率军刚刚进入咸阳时，萧何就注意保存了秦代官藏的律令、地图等书籍档案，这些文献资料对刘邦的军事活动、制度建设等都起到了巨大作用。此后历代汉帝都注意“大收篇籍，广开献书之路”，征集了大量藏书。到武帝元朔五年（公元前124年）时，“建藏书之策，置写书之官，下及诸子传说，皆充秘府”，国家藏书的数量大大增加了。“天下遗文古事靡不毕集太史公”[①]，成为司马谈、司马迁父子撰写《史记》的参考资料。

到成帝河平三年（公元前26年），西汉政府组织了一次规模更大的图书整理活动。首先是派谒者陈农到全国各地区征集罕见书籍，然后是组织著名学者整理、校订藏书，编写提要与目录。

这一次校书活动前后共耗费了20多年时间，是我国第一次大规模的图书整理活动，其学术意义不可限量。前期，光禄大夫刘向作为校书的领导者，除负责校订经传、诸子、诗赋类的书籍外，还负责统筹、写定每部书的提要。此外主事者有步兵校尉任宏（校兵书）、太史令尹咸（校术数类书）、侍医李柱国（校方技类书），都是根据个人的学术长项来分工。参与校书的学者还有班斿（即班固的伯祖）、杜参、房凤、王龚、严望[②]、刘伋、富参、某叙[③]等人。经过20年的努力，官方的藏书基本都得到了校订、缮写、编目，刘向所主持编成的20卷《别录》是兼具文献整理与学术思想的一部大书，在中国文献学史上有开山的地位。

约在汉成帝绥和元年（公元前8年），刘向病逝，其子刘歆接替了他的工作，用近三年的时间完成了《七略》7卷。《七略》是在《别录》书录、分类的基础上完成的，可以说是《别录》的简明版。根据校书的分工，《七略》分为六艺、诸子、诗赋、兵书、术数、方技6大类，38小类（因此《论衡·对作

刘向像

① 《史记·太史公自序》。

② 据刘向《山海经书录》署名为“臣望”。此处定为严望，是根据王承略《刘向校书同僚学行考论》的推论。

③ 《邓析子书录》署名为“臣叙”，其姓氏等详细情况不可考。

篇》称此书为“六略”），并以一篇《辑略》作为目录的总纲，是对此前学术史的概括。班固的《汉书·艺文志》就是在节选刘歆《七略》的基础上，又参考了东汉时期的官方藏书而写成的。由于《别录》《七略》除少数篇目有佚文可寻外，余下的皆失传，《汉书·艺文志》就成为后人了解西汉学术的根本津梁，得到了学者“不通《汉艺文志》，不可以读天下书。《艺文志》者，学问之眉目，著述之门户也”这样的称许。

不过，对于一般的读者来说，《艺文志》想来同样有难读无聊之感：不过就是大量书目的堆砌，其价值到底何在？接下来，笔者将尝试用通俗的语言做一番解读。

首先，《艺文志》中保存的分类极有意义，可以看出当时学者对“知识体系”的构建——这种构建当然与今天不同。

字母序号	类目名称	字母序号	类目名称	字母序号	类目名称
A	马克思主义、列宁主义、毛泽东思想、邓小平理论	I	文学	S	农业科学
B	哲学、宗教	J	艺术	T	工业技术
C	社会科学总论	K	历史、地理	V	航空、航天
D	政治、法律	N	自然科学总论	V	航空、航天
E	军事	O	数理科学和化学	X	环境科学、安全科学
F	经济	P	天文学、地球科学	Z	综合性图书
G	文化、科学、教育、体育	Q	生物科学		
H	语言、文学	R	医药、卫生		

中国图书馆分类法

常去图书馆的学者会对“中图法”（中国图书馆分类法）比较熟悉；爱读古书的读者或许对“经史子集”“四库全书”的分类方

式也有所了解。不过，《艺文志》的分类方式却不同：

六艺略：下辖《易经》、《尚书》、《诗经》、《礼》、《乐》、《春秋》、《论语》、《孝经》、小学，共9小类，收录著作103种，3123篇。

诸子略：下辖儒家、道家、阴阳家、法家、名家、墨家、纵横家、杂家、农家、小说家，共10小类，收录著作189种，4324篇。

诗赋略：下辖屈原赋、陆贾赋、孙卿赋、杂赋、歌诗，共5小类，收录著作106种，1318篇。

兵书略：下辖兵权谋、兵形势、兵阴阳、兵技巧，共4小类，收录著作53种，790篇，另有图43卷。

数术略：下辖天文、历谱、五行、蓍龟、杂占、形法，共6小类，收录著作190种，2528卷。

方技略：下辖医经、经方、房中、神仙，共4小类，收录著作36种，868卷。

总共，《艺文志》收录了6大类、38小类，共596种、12269卷的著作。与后世藏书家动辄“8万卷”“10万卷”的数量相比，这并非一个天文数字。但是，考虑到当时书籍总量远较后世为少，以及书籍流通的困难（纸张尚未普及，只能用笨重的竹简或昂贵的缣帛抄书）来看，这个数字可以说是当时集结官方力量的大成之作。需要说明的是，这一数据并不代表汉代中央藏书的全貌，而只代表经过刘向等人校订、认为可缮写上奏给皇帝的古书定本，实际的藏书篇卷数量当数倍于此。

《艺文志》的内容包括官方档案（六艺）、百家文集（诸子）、文学作品（诗赋）、军事典籍（兵书）、科学占算（术数）、医学著作（方技），这些著述构成了古人的学术体系。

对于史学爱好者或许是一个打击——《艺文志》并没有为史

书单独立类，而是附在“六艺略”的“春秋类”之中。之所以不能单独立类，是因为书的内容太少，实在不成气候。《艺文志》中著录的史著不过11部[①]：

《国语》21篇，左丘明著。

《新国语》54篇。刘向分《国语》。

《世本》15篇。古史官记黄帝以来讫春秋时诸侯大夫。

《战国策》33篇。记春秋后。

《奏事》20篇。秦时大臣奏事，及刻石名山文也。

《楚汉春秋》9篇。陆贾所记。

《太史公》130篇。10篇有录无书。

冯商所续《太史公》7篇。

《太古以来年纪》2篇。

《汉著记》190卷。

《汉大年纪》5篇。

还有数部被后世目为“史书”的著作，散见于其他各类中，此处不一一列出。从我们列出的这一类来看，由于数量过少，而且其中多不过是历史编年材料，非有意识的著作，自然没有什么学术地位。

《春秋》《尚书》同属历史类著作，但《尚书》主要是官方档案，而《春秋》则是孔子有意识的修史著作，因此后世史学著作皆以《春秋》为不祧之祖，这一点在《艺文志》的分类中也体现了出来。如第三章所论，《史记》一直以《春秋》作为效法的目标，其形式是史学的，而精神则更近乎子学。类似的，《楚汉春秋》以“春秋”为名，或许也是同一性质的著作。嗣后，随着史

---

① 《战国策》作为“史书”实存可疑之处，其说别见本丛书之《纵横捭阖：〈战国策〉纵览新说》。

学著作的数量不断增多，史学理论不断发展完善，史学才得到专门的地位。魏晋以后，逐渐与经学、子学、文学平起平坐，形成今天我们熟悉的“经、史、子、集”四部分类。

可以说，这一时期的学术，以“六艺”地位最高，但以“诸子”数量最多（以后世的眼光看，兵书、数术、方技三略的内容也同样属于“子部”文献）。在这里，我们选择数家略作简介，以为尝鼎一脔：

首先不妨略提“诸子略”中的道家，《艺文志》收书 37 家，993 篇。所谓“道家”等“九家”派别，本来是汉人后设名称，有的学者认为不过是一种文献分类法，盖非先秦学派原貌。但由于这种分类方法深入人心，以汉人学术观念回溯性地应用于先秦文献，也并非无据——前提是基于批判性的观念，客观看待类目的优长与牵强。

这些书可以分为以下几组。

第一组，道家的“祖先”，其内容大体依托上古圣贤，以表达道家思想，书虽然写成于后世，但文辞应有可观处：

《伊尹》51 篇。汤相。

《太公》237 篇。吕望为周师尚父，本有道者。或有近世又以为太公术者所增加也。《谋》81 篇，《言》71 篇，《兵》85 篇。

《辛甲》29 篇。纣臣，75 谏而去，周封之。

《鬻子》22 篇。名熊，为周师，自文王以下问焉，周封为楚祖。

《管子》86 篇。名夷吾，相齐桓公，九合诸侯，不以兵车也。有《列传》。

第二组，《老子》及其注解：

《老子邻氏经传》4 篇。姓李，名耳，邻氏传其学。

《老子傅氏经说》37 篇。述老子学。

《老子徐氏经说》6 篇。字少季，临淮人，传《老子》。

刘向《说老子》4 篇。

第三组，托名黄帝的道家典籍：

《黄帝四经》4 篇。

《黄帝铭》6 篇。

《黄帝君臣》10 篇。起六国也，与《老子》相似也。

《杂黄帝》58 篇。六国时贤者所作。

《力牧》22 篇。六国时所作，托之力牧。力牧，黄帝相。

第四组，起于后世的其他道家典籍：

《文子》9 篇。老子弟子，与孔子并时，而称周平王问，似依托者也。

《蜎子》13 篇。名渊，楚人，老子弟子。

《关尹子》9 篇。名喜，为关吏，老子过关，喜去吏而从之。

《庄子》52 篇。名周，宋人。

《列子》8 篇。名圄寇，先庄子，庄子称之。

《老成子》18 篇。

《长卢子》9 篇。楚人。

《王狄子》1 篇。

《公子牟》4 篇。魏之公子也。先庄子，庄子称之。

《田子》25 篇。名骈，齐人，游稷下，号天口骈。

《老莱子》16 篇。楚人，与孔子同时。

《黔娄子》4 篇。齐隐士，守道不诎，威王下之。

《宫孙子》2篇。

《鹖冠子》1篇。楚人，居深山，以鹖为冠。

《周训》14篇。

《孙子》16篇。六国时。

《捷子》2篇。齐人，武帝时说。

《曹羽》2篇。楚人，武帝时说于齐王。

《郎中婴齐》12篇。武帝时。

《臣君子》2篇。蜀人。

《郑长者》1篇。六国时。先韩子，韩子称之。

《楚子》3篇。

《道家言》2篇。近世，不知作者。

其中，老子、黄帝之书数量最多（各四种）。可知道家又被称为“黄老之学”并非无据。黄帝（当然是战国人托名的）、老子正是当时道家的核心——此正是与后世“老庄之学”的不同点。若用“老庄之学”的眼光来看秦汉的道家（其实全名为道德家），自然会有扞格难通之感。

于是，在此基础上，一种观点喧嚣日上：道家的本源就是政治哲学，“黄老”是道家的本质，而“老庄”则是后来的“修正派”、后起之学。其说固有道理，却也陷入了非此即彼的错误——如果悉心阅读《艺文志》列的书目，便知其不然。除庄子外，注文中明确说明是隐士的有黔娄子（《五柳先生传》中“黔娄之妻有曰”的内容相信读者会有印象）、鹖冠子二人。此外根据其他文献记载，属于隐士的还有关尹子（见《吕氏春秋·不二篇》及《七略别录》佚文）、列子（同前）、庄子、老莱子（见刘向《列女传》）诸人。从存留下来的文字及其生平看，都是淡泊世俗，注重精神超脱的一派，与“老庄之学”一脉相承。足见“黄老之学”与“老庄之学”大抵都在战国时期兴起，虽有兴盛与沉寂的不同，但却难说谁是“原教旨”，谁是“相似法”——这一见解恰好可得到《艺文志》的佐证：早期“道家”其实是黄老的“道德家”与老庄的“道家”的杂糅产物。

另外，不妨再谈一谈小说家。首先需要说明的是，所谓“小说”绝非今天“虚构叙事文学”的含义，而是与“大达”对应的贬义评价。所谓“小说家”，就是说其内容不合道术，琐屑而缺乏学术价值——换句话说，所有价值低下的内容，不论属于哪种流派，都算“小说”。《艺文志》收小说家书15部，1380篇，可粗略分成两类：

近似史著者4种：

> 《周考》76篇。考周事也。
>
> 《青史子》57篇。古史官记事也。
>
> 《天乙》3篇。天乙谓汤，其言非殷时，皆依托也。
>
> 《臣寿周纪》7篇。项国圉人，宣帝时。

其内容除《青史子》尚存几条佚文外，今皆不存，只能根据《艺文志》的记载倒推其性质。一般学术界认为，这4种书是明显出于后人伪托（记录周代史的《臣寿周纪》则明确标明作者是汉宣帝时人）的记载上古制度、史事的著作。如果只是依托，但其内容可据、有益，则有与《史记》等书并列入“春秋家”的资格。这里的几部显然是其中被淘汰的那些，既是依托的“伪史”，自然不足为据。换言之，其内容是编造的“故事”。《艺文志》道家著录《周训》14篇，刘向《别录》批评此为“人间小书，其言俗薄”。其文本内容见于北大所藏西汉简，据学者考证其中已有不少依托润饰的内容。如此，则“小说家”著录的文献，其“依托”的比重更大、内容更不可信则可以想见。这类“故事”作为“史学”是不及格的。

近似诸子论文者11种：

《伊尹说》27 篇。其语浅薄，似依托也。

《鬻子说》19 篇。后世所加。

《师旷》6 篇。见《春秋》，其言浅薄，本与此同，似因托之。

《务成子》11 篇。称尧问，非古语。

《宋子》18 篇。孙卿道宋子，其言黄、老意。

《黄帝说》40 篇。迂诞依托。

《封禅方说》18 篇。武帝时。

《待诏臣安成未央术》1 篇。

《待诏臣饶心术》25 篇。武帝时。

《百家》139 卷。

《虞初周说》943 篇。河南人，武帝时以方士侍郎号黄车使者。

这几部主要是“说”的内容，有的是作者自己的“说”（如安成、饶的两部），有的是后人托名前人的“说”。说的是什么内容呢？可能是单纯的议论（如《论语》或出土的郭店简《语丛》等），但更可能是借助虚造的“故事”以讲说道理，其内容盖近似于《庄子》中的诸多寓言故事。这些内容被贬为“小说家”，其主要原因是故事的思想性太为浅薄，而未必与故事的趣味程度等有什么相关性。甚而，这些故事的所谓“迂诞”，从另一面看未尝不是想象力丰富、文采飞扬的表现。

在文学尤其是叙事文学并未独立成门类的汉代，谈不上“小说”的学术地位。但是，正是这些故事，构成了后世“小说”的基础。换言之，思想上的“舛驳”恰好无意间成就了文学性的“纯粹”。《艺文志》中所批评、不屑的那些“小说”内容，恰好开出了一番新的境界。

北京大学藏有西汉竹简《赵正书》，其内容是秦始皇弥留之际到秦灭亡这一段时间内，秦始皇、胡亥、李斯、赵高、子婴的言

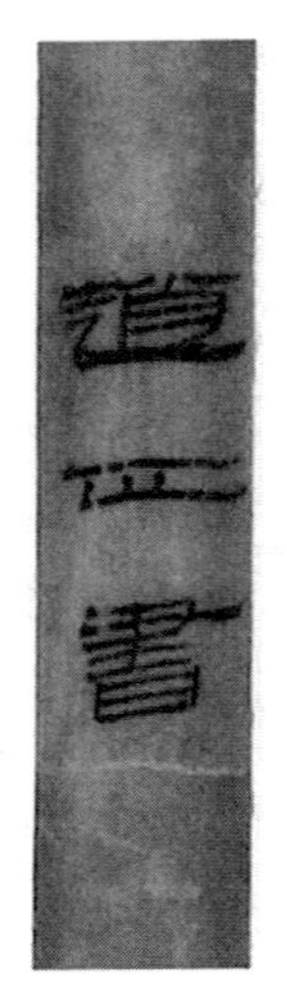
赵正书

论与活动。其中否定了《史记·秦始皇本纪》所记载的“沙丘之谋”，称秦始皇是正常病逝，而非胡亥篡位。此外，对秦二世胡亥的所作所为，及赵高等人的结局，都有着不同于传世文献的记载。此类内容是否可信？孙家洲先生在《兔子山遗址出土〈秦二世元年文书〉与〈史记〉纪事抵牾释解》①一文中认为，鉴于《赵正书》的“小说家言”性质，不可遽然用其说否定司马迁《史记》。如其言，则此类“小说”的史料价值则可知。北大汉简中另一篇韵文《妄稽》，成书于西汉，讲述了士人周春与其妻子妄稽、小妾虞士的故事，着力批判了妄稽嫉妒、丑恶的一面，具备鉴戒意义。其文亦被部分学者认为属于小说家言。②

兵法、数术、方技的内容，由于有若干出土文献为佐证，在当世的研究可说蔚为大观。兹举“兵阴阳”一类略作介绍：

所谓“兵阴阳”，简单说来，是用阴阳五行思想作为理论依据，以占卜等数术方法判定吉凶，指导战争的策略与方案。按《艺文志》的分类，属于“兵书略”。但是，“阴阳”又与“诸子略”中的“阴阳家”相关，其内容“假鬼神而为助”，则近乎“数术略”③。《艺文志》著录16家，249篇，图10卷。需要注意的是，与通常正经正史仅有文字不同，这里“有图”以辅助说明。

《艺文志》著录的诸书皆无传本④，仅《地典》有残帙出土于

① 文载《湖南大学学报》，2015年第2期。

② 参何晋《北大汉简〈妄稽〉简述》，《文物》，2011年6月。

③ 以后世学术分类观之，“数术”实际就是“阴阳”中以实践为主的那一部分。

④ 所谓“传本”“传世文献”，指的是其内容在社会上流传。社会上早已流失，经考古发掘而重见天日的出土文献，不在“传本”行列之中。

银雀山汉墓，其内容为黄帝与地典关于用兵的问答，主要讨论地形问题。地典，为传说中黄帝的大臣，执掌地理。在本篇中，地典向黄帝汇报了“地有六高六下”的地形分类，并讲说了布阵向背的禁忌为“六月不可逆水南向，二月不可逆溪南向”[1] 等。此外属同一性质，但却不见于《艺文志》（也就是未被官方图书馆所收藏）的还有《盖庐》，1983 年出土于湖北张家山汉墓。盖庐即春秋时吴王阖闾，本书为他与大臣伍子胥（申胥）的问答记录。其中，伍子胥回复阖闾说“丙午、丁未可以西向战，壬子、癸亥可以南向战，庚申、辛酉可以东向战，戊辰、己巳可以北向战，是谓日有八胜”。这一类的内容是择日、择时来确定战争的时机，以达到趋吉避凶的效果。又如其言曰：“彼兴之以金，吾击之以火；彼兴以火，吾击之以水；彼兴以水，吾击之以土；彼兴之以土，吾击之以木；彼兴以木，吾击之以金。”这种五行生克的思想，相信对中国古典稍有了解者都不会陌生。

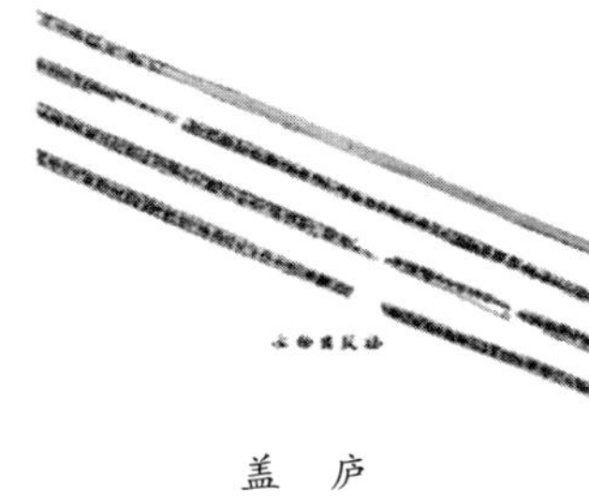

盖　庐

这一类书籍以今天的眼光来看，或许不过是“封建迷信”而已，但这却是当时民间思想的第一手材料，如能深入读之，亦可发现其中的学术趣味。

《艺文志》言，“阴阳者，……推刑德”，“刑德”是黄老学术的政治哲学命题。《艺文志》数术略“五行类”著录《刑德》7 卷，虽未传世，但却在马王堆汉墓中一下子出土了 3 篇，且有图、有表，颇具学术价值。其内容有关行军方面，看来与“兵阴阳”也自有因缘。出土文献中蔚为大宗的“日书”“选择文献”等，其

① 考虑到读者阅读的方便，此处引文将原文古字径改为通行字。读者如对古文字学有学术兴趣，可直接阅读原简相关的释文。

内容虽因各种缘由，不被《艺文志》所著录，但在与兵阴阳书籍的对读方面，恰可起到互相发明的作用。

即不言这些“不登大雅之堂”的民间文献，仅从经子要籍来看，与“兵阴阳”相关者亦复不少。作为理论指导的“阴阳家”姑且略过；作为军事思想圣典的《孙子兵法》（《艺文志》著录为《吴孙子兵法》）谈及战争“五事”为道、天、地、将、法，其中正含阴阳——“天”指阴阳、寒暑等天象，“地”指地形、五行等地理。其他传世或出土的兵学典籍，一般也多带有类似的思想特色。如《周礼·夏小正》《管子·五行》《吕氏春秋·十二纪》《礼记·月令》等文献，其内容包含阴阳五行思想，亦对军事的问题有所涉猎，可称“兵阴阳”的理论依据。

上面择要对《艺文志》中的几家做了介绍，希望读者能够从看似漫无头绪且枯燥的书目中，找到阅读的乐趣。其乐趣的来源在于广博的知识储备：如对涉及的相关文献有初步的了解，则《艺文志》可成为读书治学的攻坚利器。

其次，《艺文志》的“序”更具有重要的学术史价值。刘向校书时，每写定一部，都“条其篇目，撮其旨意”，写作一篇“书录”，记录该书的篇目、作者生平、内容价值、校雠过程等诸多情况，并上奏给皇帝阅读。刘向病逝后，刘歆继续从事校书工作。在完成全部校雠之后，刘歆“总群书而奏其《七略》”，对群书加以分类，并写下了具有总结性质的“序”。其中的《辑略》可称一部简明精到的学术史著作。这些序文被班固打散，分为“大序”（每“略”之序）和“小序”（每“类”之序），并略作修订，收入到《艺文志》中。这种方法虽然破坏了刘歆《辑略》的原貌，却有着更强的针对性，为后世目录著作沿用。本书选大序、小序各一篇，略作讲说，以示读者。

“六艺略”的大序如下：

六艺之文，《乐》以和神，仁之表也；《诗》以正言，义之用也；《礼》以明体，明者著见，故无训也；《书》以广听，知之术也；《春秋》以断事，信之符也。五者，盖五常之道，相须而备，而《易》为之原。故曰："《易》不可见，则乾坤或几乎息矣"，言与天地为终始也。至于五学，世有变改，犹五行之更用事焉。古之学者耕且养，三年而通一艺，存其大体，玩经文而已，是故用日少而畜德多，三十而五经立也。后世经传既已乖离，博学者又不思多闻阙疑之义，而务碎义逃难，便辞巧说，破坏形体；说五字之文，至于二三万言。后进弥以驰逐，故幼童而守一艺，白首而后能言；安其所习，毁所不见，终以自蔽。此学者之大患也。序六艺为九种。

这一段话文字不多，但却立意精准，言简意赅。其中分为两层意思：

第一层，探讨"六艺"的效用与地位。序文取六艺中的《乐》《诗》《礼》《书》《春秋》与"五常"中的仁、义、礼、智、信相匹配。同时，又取五常以类比五行——仁为木，义为金，礼为火，智为水，信为土——认为代表了相生相克的道理，缺一不可。在五常的基础上，又追寻出《易》为其源头。序文认为，易道与天地宇宙为终始，最为重要，如果没有《易》，天地也就如同停息了一样。这一观点将《易》推到至尊的地位，高于群经。

第二层，探讨研究六艺的方法。序文标举出"古之学者"与"今之学者"的区别。古之学者注重将六艺之学与日常生活相结合，长于实践，而不汲汲于繁琐的研究。日常研习，以耕养为主，对经文只重视大意，抵制琐碎，因此三年就能通习一艺。如果"十有五而志于学"的话，那么通习六艺也就在30岁左右。后世学者则为学乖离，囿于所谓"家法"，视野狭隘，解说繁冗。所谓狭隘者，其说固守一家一艺，不能博采众长，形成体系，只能盲人摸象；所谓繁冗者，"说五字之文，至于二三万言"，解说中有大量废话，令人终生昏昏。序文认为，当下的学风是"学者之大患”，应当恢复古之学风。

在二百余字的大序中，序文将六艺的神圣地位、研究方法都揭示了出来，尤其是针对性地批评了西汉的学风，提纲挈领，见解独到。不过，对于具体每一类的情况，仅读此序还不能完全了解，还需要对小序再进行阅读。我们选取被《艺文志》最为推崇的《易》类小序加以解读：

> 《易》曰：“宓戏氏仰观象于天，俯观法于地，观鸟兽之文，与地之宜，近取诸身，远取诸物，于是始作八卦，以通神明之德，以类万物之情。”至于殷、周之际，纣在上位，逆天暴物，文王以诸侯顺命而行道，天人之占可得而效，于是重《易》六爻，作上下篇。孔氏为之《彖》《象》《系辞》《文言》《序卦》之属十篇。故曰：“《易》道深矣，人更三圣，世历三古。”及秦燔书，而《易》为筮卜之事，传者不绝。汉兴，田何传之。讫于宣、元，有施、孟、梁丘、京氏列于学官，而民间有费、高二家之说，刘向以中古文《易经》校施、孟、梁丘经，或脱去“无咎”“悔亡”，唯费氏经与古文同。

这一段小序主要讲述的是《易》的产生与流传。

《易》一书的产生过程，序文认为可以分为三个阶段，即所谓的“人更三圣，世历三古”。第一个阶段，伏羲（宓戏氏）观察自然现象，体察阴阳之道，抽象成阴阳符号，并通过重叠的方式作八卦。第二个阶段，周文王被商纣王囚禁在羑里（今河南安阳附近）数年，重叠八卦，形成六十四卦，并写作爻辞，成为《易经》。第三个阶段，孔子研究《易》，写下《彖》上下篇、《象》上下篇、《系辞》上下篇、《文言》、《说卦》、《序卦》、《杂卦》，共十篇，为《易传》。由于《传》起到羽翼《经》的作用，因此又称作“十翼”。需要指出的是，这一看法虽为古代通说，但却不乏疑问。今天的学术研究已证明孔子作“十翼”并不可靠，《易传》成书远在孔子身后，只是后人附会于孔子。同样，此前伏羲、文王的工作也大抵为后人附会，是建立经学权威的常见手段，不足成为信史，阅读时应当注意。

而其后叙述的《易》的流传过程，则相对较为精确。秦代有焚书令，但并未殃及方士卜筮之书。由于《易》能够用来占卜，具有巫术性质，是先秦术士常用的书籍，因此也得以免灾，流传不绝。到汉宣帝、元帝年间，施、孟、梁丘、京氏四家得到官方承认，被立为学官（在武帝时期尚有杨何立为博士，序文没有提及），而民间则有费、高两家自行传授，未得到官方认可。上述各家的情况大抵见于《汉书·儒林传》，读者自可参阅。在校书过程中，刘向以“国家图书馆”藏的古文《易经》为底本，对上述各家传授的《易》经文作了汇校，发现只有费氏所传《易》与底本完全相同，而官藏的施、孟、梁丘经则有脱漏，这一结论对于校勘学的研究极具意义。

《艺文志》的大小序文，篇幅不长，但却能原原本本地对学术史有所阐释，读者如花费一点时间，将其通读一遍，则可对当时学术面貌有较为全面的了解。清代学者金榜“不读《汉书·艺文志》，不可以读天下书。《艺文志》者，学问之眉目，著述之门户也”的评价至为精当。

第四节　品评人物：《古今人表》举例

《汉书》的八表，在班固生前并未完成（或完成后丢失），今天我们所见的内容是其妹班昭所补作。但是，从其水准之高来看，班昭大体应该是依据班固底本，而略加了编辑工作，这也可以看作是班固的成果（事实上后人大体也作如是观）。

八表的设立、内容，主要是受到《史记》各表的影响，与其有着明显的接续关系。如《异姓诸侯王年表》，是综合《史记》中

《秦楚之际月表》的后半与《汉兴以来诸侯王表》的前半，并补入武帝以后而成。此外《诸侯王表》《王子侯表》《高惠高后文功臣表》《景武昭宣元成功臣表》《外戚恩泽侯表》《百官公卿表》各篇内容虽不同，但大体思路是一贯的，即记政治上的重要人物。

上述七篇，皆以西汉政治人物作为主要的记述对象，具有重要的史料价值。唯第八篇《古今人表》在体例、思想上全然不同，引发人们无穷的遐想与讨论。褒之者，推许“后有作者，继此而表之，虽百世可知也”①；贬之者，批评其为“附生疣赘，不知剪截”②，可见议论纷纭。

总体而言，批评者的重心不外乎二：

其一，《汉书》以断代为史，而《古今人表》只品评汉以前的历史人物，有“古”无“今”，名实不符，且更不当收录“汉”书中。对此，辩护者多认为，本篇因班固的下狱而散亡，西汉的内容亡佚，所以“有古无今”。亦有一部分人认为，“古”为“上古”传说时代，“今”为“近代”，到秦为止，因此“古今”不必提到西汉。而只表前人，不表西汉人物的原因是，对西汉人物的评价尽在《汉书》中，不必再写。对此，学界纷无定说，争论不已，本书姑两存之，任由读者选择。

其二，《古今人表》分人为九等，这种品评方式并不适当。在具体操作中，又多有粗率不当之处，违背圣人之旨。辩护者认为，这种品评方式在当时已经流行很久，班固沿用，并无不妥。至于品评的错误，“人非圣贤”，自然难免；况且本篇中“舛驳”的地方，其主要原因并非班固妄加议论，而在于后世“屡经传写，紊脱尤多”，这样的情况自然不能完全归罪于班固。

乍看上去，双方皆说得头头是道。那么，对于《古今人表》，我们应该如何看待？且先读其文字内容，再下结论。

---

① 钱大昕《廿二史考异》。

② 《史通·表历》。

“有人的地方就有江湖”，在社会生活中，评价他人堪称人的一种本能——出于主观态度，每个人都会自觉不自觉地对他人进行各种各样的评价。如果遇到的人够多，人们往往乐于将相近类型的人加以归类、比较，并列出排名。这种本能被思想家们上升到“显善昭恶，劝诫后人”的高度，就变成了一种合乎理性的工作。班固将这一传统上溯至孔子。据《史记·伯夷列传》载，“孔子序列古之仁圣贤人”，大概是将古人的圣贤程度按照降序进行简单的排名，可惜文献不足，今天不能考知其详。

《论语》中多次出现孔子用“上”“中”“下”的抽象词语品评人物的语句：

> 生而知之者，上也；学而知之者，次也；因而学之，又其次也；困而不学，民斯为下矣。——《季氏》第十六
>
> 中人以上，可以语上也。——《雍也》第六
>
> 唯上智与下愚不移。——《阳货》第十九

所谓“上”，是指天生至善、上智的圣贤；而“下”则是至恶、下愚的大坏人。“中”则是天赋一般的普通人，其命运取决于所受的教育和自身的努力。如果努力做善事，就可成为善人；如果不自好去作恶，就会成为坏人。

到了汉代，这种风气日趋繁盛，“上”“中”“下”三等已经不能满足评价者的需要，“九品”随之诞生。

所谓九品，即“上”“中”“下”三等中，每等中再以上、中、下分三等，形成上上（圣人）、上中（仁人）、上下（智人）、中上、中中、中下、下上、下中、下下（愚人）九等。《汉书》传文中有“蔡为人在下中”①、“下人乃关内侯”② 一类的记载，可以

① 《汉书·李广苏建传》。

② 《汉书·外戚传》。

略窥汉人运用此类品评方式的端倪。至于集大成，则备见于《古今人表》一篇中。

《古今人表》以上述的九品作为评级标准，将上古传说直到秦代的人物都纳入到评价体系中，共录一千九百余人，其数字可说颇为庞大。其中，不少人不见于其他典籍，唯赖本《表》而得以保全其名，黄侃考得四十七人①，但其中考据间有小误，实际数字当略低于此。但是，绝大多数人在史籍中的记载都相对匮乏，今天的读者不能尽知其具体情况，于是《古今人表》又成为历史考据的重要材料。譬如，老子的年代问题，历来是一桩学术疑案——到底是老子先于孔子抑或孔子先于老子？老子、老莱子、太史儋是否同一个人？类似问题，至今仍没有得到很好的解决。对此，《古今人表》提供了蛛丝马迹：老子在“中上等”中，排在孟懿子、南宫敬叔、郯子之后，在南荣畴、公伯寮等人之前——这一时代大抵略后于孔子。太史儋同样排在“中上等”，位于孙膑、田忌之后，商鞅、申子之前。这一材料可以给老子的年代研究以更多思考。

说完“古今人”，仍需略提一句“九品评议”。这种评议传统到魏晋时，形成了著名的“九品中正制”，这种存在了四百年的选举制度，成为官员选拔的主要形式，对其历史影响，学界有着相当多的论述，读者可查阅相关资料。限于篇幅，我们主要讨论《古今人表》品评的内容，换言之，即班固对历史人物的总体看法。

读《古今人表》，主要有两种读法。

一种读法是由等级出发，按照上上、上中、上下……下下的顺序阅读，看每一等级在各个朝代都有哪些人物。九品之中，可把“中中”当作分界线，大致划分：以上的上上、上中、上下、

---

① 黄侃遗著《读汉书、后汉书札记》，载《文史》第一辑，中华书局1962年版。

中上四等，为评价较高者；以下的中下、下上、下中、下下四等，则为评价较低者。“中中”一等，褒贬不明确，姑且算作中性。

“上上等”的圣人，《古今人表》列的不多，共 14 人，分别是：伏羲、炎帝、黄帝、少昊、颛顼、帝喾、尧、舜、禹、汤、周文王、周武王、周公、孔子。其中主要是上古传说中的帝王，是儒家眼中圣贤君王的最高典范。并非君王的，只有周公、孔子二人。周公制礼作乐，是西周礼乐文明的缔造者，同时也是大政治家；孔子整理六经，是儒家学派的创始人，文化的集大成者。“周孔之道”是当时儒门思想的代表，以两人为“上上”，标志着对文化地位的高度重视。自孔子以后，不论帝王还是思想家，都再无“上上”等者，足见班固批评春秋以来“霸道政治”的历史观——而这也是儒家的历史观。

“上中等”的仁人，数量则较“圣人”为多。传说中的帝王，除了前面列出的几位外，都被列入仁人行列。此后，夏、商的贤君如公刘、太甲、盘庚、武丁，名臣如伊尹、微子、箕子、伯夷、叔齐等也大抵入围。周宣王以后，“仁人”数量极度降低，君王更是一个都没有入选。入选的名臣数量不多，只有管仲、宁武子、子产、鲁仲连、蔺相如、屈原等少数几人，大体都是受到《论语》等儒家经典高度赞扬者。此外儒家的代表人物也成功入选，左丘明、颜渊、闵子骞、子思、孟子、荀子等儒门后学也被归入“仁人”一类。

“上下等”的智人，数量则远超过前面两类。上古传说中造字的黄帝史仓颉，及舜、禹时期的几位贤臣入选这一类中。此下，事迹较前列“仁人”低一等的君王、名臣、将相等也纷纷入选。孔子弟子宰我、子贡、冉有、子路、子游、子夏、曾子等十余人也列入这一等中。

此下，第四等到第六等的“中人”，数量为表中最多，多是在历史上评价偏正面的人物，其中君王、将相、士人、学者，大抵都在此列。其中，秦楚之际的秦始皇、李斯、项梁、子婴、项羽、陈胜、吴广等都列入第六等，而高渐离列入第四等，燕太子丹、荆轲等列入第五等，可见班固的态度。

第七到第九等的，多是误国之君、兵败之将、不良之臣等。最下的第九等“下愚”，列入了传说中叛逆的九黎、共工、三苗等，以及亡国昏君夏桀[①]、商纣及促成其失败的佞臣恶来、飞廉等。“下愚”者的数量亦甚多，大体是将历代亡国君王及其奸臣全部纳入，以体现出一般的“下等”之不同。

通过这种读法，可以看出《古今人表》的分类绝非按照政治特权的等次排位，而是按照品格与功业论定其等级的上下。孔子并无显赫职务，却因其文化贡献，而被列为“上圣”，其弟子多被评为“仁人”“智人”。而君王、大臣若不能对政治起到良好作用，则大体被列入下等。最下等的“下愚”更全是误国的昏君佞臣。这种不以外在身份的贵贱定人高低的做法，应该说是可取的——只要是优秀的人，不论什么身份，都可以成为“上等”；反之，即使权势倾国，也将被史家如椽之笔定为“下等”，这种历史态度是公正不阿的。

第二种读法是按人物的类别来读。这种读法并不容易，首先要将《古今人表》中的人物大体分出类别，然后再根据类别，看其中的规律。这样做的前提是对于表中历史人物的情况较为了解。对该表人物研究最为透彻的当推今人王利器的《汉书古今人表疏证》，全书注释共53万言，篇幅已经超过《史记》的正文，足见功力。在此基础上，我们可以极为容易地找到表中人物的相关记载，展开更深入的研究。[②]

首先说帝王类。《古今人表》列入周王三十八人，其中除前面

① 今本表文，夏桀在第八等。钱大昕据《古今人表》的叙文，认为桀、纣当并列为第九等，今从其说。

② 在写作过程中，本节部分参考了王绪福的《汉书古今人表研究——以西周以来所列人物为例》的统计数据，特此说明。王文为山东大学儒学高等研究院的硕士论文，2012年。

提及的文王、武王、宣王及康王（排第三等）外，后世周王的评价皆不高。周昭王、周厉王、周幽王等在历史上以昏君著名的，皆被列入“下愚”类。周平王、周悼王、周敬王名声虽然并不如前面三王那么差，也同样被班固的峻笔判为“下愚”。其他周王，除了周穆王列第四等“中上”稍好外，大体都在第七、第八等，属于“下等”。以周天子地位之尊，却被贬低成“下等”的人，足见班固笔下的批判性。周定王以“兄终弟及”的方式登基，打破了周代“父死子继”的继承方式，被班固认为得位不正。于是，定王以下 15 代周王，最高也只列为“下上”，以表对定王颠覆传统伦理的批判。

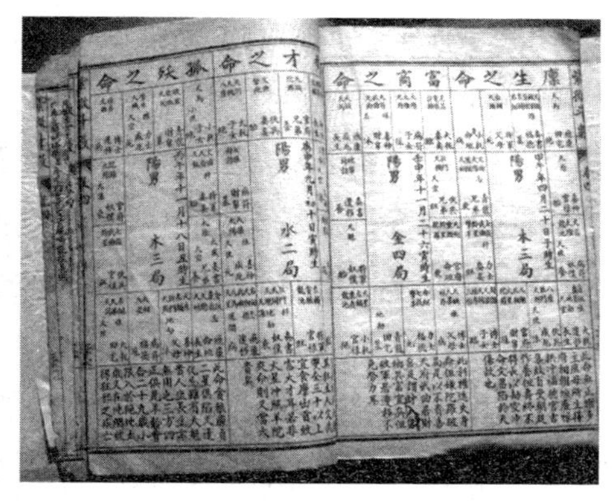

民国石印本《紫微斗数》

一般的诸侯王，地位高者也不甚多，基本无人进入“上等”系列，主要集中于中下、下上、下中几等，获得的评价同样较低。仅举其中较著名者为例：周文王之长子伯邑考，在商朝做人质，被商纣王所杀，做成肉羹。在神魔小说《封神演义》及民间占星的“紫微斗数”中，将伯邑考当作紫微星的代表，评价极高。但班固只把他列为第五等中中。春秋诸侯中，秦穆公、晋文公、楚庄王、越王勾践为第四等中上，相对较高；而齐桓公列为第五等、宋襄公列第六等，则同样令人感受到不太尊敬的意思。看来，班固接受的是《孟子》“仲尼之徒无道桓文之事者”的见解，而与《论语·公冶长》“晋文公谲而不正，齐桓公正而不谲”相左。至于亡国的吴王夫差，更被贬低为第九等“下愚”。而战国诸侯王，除了魏文侯（第四等）、燕昭王（第四等）等少数几位以礼贤下士闻名的君主外，获得的评价同样不高。按照儒家的思想，从周公制礼作乐到春秋战国纷争，标志着历史的一大倒退，因此对这一时期的诸侯王评价较低也就不难理解。

而相比之下，班固对臣子的评价就温和且宽容得多。春秋时期，齐桓公列第五等，其手下的名臣管仲为第二等仁人，鲍叔牙为第三等智人；秦穆公列第四等，其臣百里奚为第三等；晋文公为第四等，其臣狐偃、赵衰、介子推等皆列第三等。战国时期同样如此，魏文侯为第四等，段干木、田子方等皆第三等；秦孝文王、庄襄王为第五等，始皇帝为第六等，但其名将王翦列第三等，蒙恬、白起等人排第四等，较当时的君王为高。如果细读《古今人表》一遍，可以发现春秋战国时期，君王的等次往往低于其手下的大臣。客观而言，这种评价往往并不客观——最明显的如白起，他虽为名将，但屠杀降卒太过，不该得到这么高的评价。班固在《汉书·刑法志》中亦曾批评说：

> 若秦因四世之胜，据河山之阻，任用白起、王翦豺狼之徒，奋其爪牙，禽猎六国，以并天下。穷武极诈，士民不附，卒隶之徒，还为敌仇，猋起云合，果共轧之、急城杀人盈城，争地杀人满野。孙、吴、商、白之徒，皆身诛戮于前，而国灭亡于后。报应之势，各以类至，其道然矣。

从《刑法志》这段引文看，班固对所谓“四大名将”及秦朝的评价是很低的，但在《古今人表》中，评价则相对较高。这种差距或许是为了抬高臣子而有意为之：班固一定程度上继承了《史记》“贬天子，退诸侯，讨大夫”的思想遗产，通过对“士”的标举来进行对诸侯王的压制。这种评价很可能代表了当时普遍的思潮，是当时学者利用儒家话语对抗皇权的隐性方式之一。今人多认为司马迁《史记》合于现代所谓的“唯物史观”，而班固则是“反动的封建阶级”，其说首先是有忽略历史背景、乱扣帽子之谬，其次亦可由《古今人表》的内容所攻破。

《古今人表》中也对诸子百家的学者有所评判。孔门后学多列入第二、第三等，已见前文的介绍；其他各家的地位多不及儒家，大体在第三、第四等左右。如第四等有道家的老子、太史儋，墨家的墨子、禽滑厘、随巢子、胡非子，法家的商鞅、申不害、韩非子，名家的尹文子等。第五等有道家的田骈，墨家的田球子、我子，阴阳家的邹衍，杂家的尸子等。这些评价皆不算低，但同为“九流十家”，其地位远低于儒家，这一现象也被后人所诟病。比较有代表性的如公伯寮。公伯寮据说曾师从孔子，但他在季氏面前毁谤子路，出卖孔子，其人品格卑劣。班固竟将公伯寮列为第四等，与老子、墨子等同级，显然极不合适。

对于刺客的记述，也透露出许多有趣的信息。《汉书·游侠传》对汉代游侠的评价总体皆甚低，与《史记》的见解多有针锋相对之处。但是，对于先秦的刺客，《古今人表》的评价则偏向正面，与《史记·刺客列传》有某种相似性。如，豫让、聂政列为中上，荆轲列为中中。他们虽然以报答主公恩情，得到社会的普遍赞叹，但客观而言，并非代表了“历史进步性”的那一类人(甚至还相反)。班固仍给予他们较高的评价，大抵是对其个人品德的肯定。更值得关注的是鲁仲连，他的事迹不甚多，但却被班固列为第二等“上中”，与“亚圣”孟子等人平起平坐。考虑到孔子之后《古今人表》再无“上上”等人，这一评价可说已推崇至极，无可复加。

对于历史上表现不多的人物，《古今人表》也并未将他们遗忘。如《论语》中出现的长沮、荷蓧丈人、楚狂接舆等，皆列入第四等；与屈原对话的渔父，与屈原一起被班固列入第二等。这些人在历史上只有只言片语的记载，他们甘于做无政治表现的隐士，我们知道他们事迹的一鳞半爪，很大程度上也是出于偶然。对于这样的人，班固给予了高度赞扬，正是中国史学精神所寄。钱穆《中国历史研究法》云：

《易经》上亦说：“天地闭、贤人隐”，隐了自然没有所表现。中国文化之伟大，正在天地闭时，贤人懂得隐。正在天地闭时，隐处仍还有贤人。因此，天地不会常闭，贤人不会常隐。这些人乃在隐处旋乾转坤，天地给他们转变了，但别人还是看不见，只当是他无所表现。

钱穆像

钱穆先生之说甚为精当，班氏《古今人表》，或亦有斯意欤？当读《古今人表》的“非著名人物”时，愿读者亦能作如是观。

第六章
文史二重：《汉书》的后世影响

《汉书》成书以后，立刻得到了学界的高度评价。历代以来，对《汉书》的研究与注解蔚为大观。诚然，不论从数量还是从质量上来看，“汉书学”并不能与“史记学”相提并论，但其丰厚的成果同样是中国史学史上的宝贵遗产。

第一节　悠长的史韵：从《汉书》到《后汉书》

在《汉书》成为东汉政府高度称许的史学典范之后，史学家们逐渐沿着班固提供的路线继续前行。

东汉建安三年（公元 198 年），末世君王汉献帝苦于《汉书》的“文繁难省”，命当时大儒荀悦（公元 148 年—209 年）效仿《左传》，用编年史的体裁改写《汉书》。谈到荀悦，一般读者或较为陌生；但若提到荀悦的堂弟荀彧，相信三国史的爱好者会对著名的产生了“荀氏八龙”的“颍川荀氏”有所了解吧。荀悦经过 3 年（一说五六年）的努力，写成《汉纪》30 卷，约 20 万字。这一事件的性质大抵与战国末年删节《春秋》、东汉初年删节《史记》类似，是通过删节前著的方法编写一部“历史简明读本”，帮助君王增加历史知识，并获取历史鉴戒。这类删节本类似于今天的普及读物，在史料上基本无甚新意。但是，在当时的“钞本时

兩漢紀

上冊

漢紀

《两汉纪》

代”背景下，大部头的巨著正需要这些节选本，以增加传播的方便程度，并帮助读者迅速入门。将纪传体改写为编年体，也正是符合这个要求的。

荀悦是当时的政论家、史学家，其为人“才智经论，足为嘉史”。他的政论著作《申鉴》五篇，被认定是可比贾谊、刘向的经典著作。汉纪将《汉书》中的核心内容都保存了下来，并对诸多历史事件发出了精要的批评，文章又写得极漂亮，因此影响极大。宋代王铚《两汉纪后序》褒扬此书说：

> 于朝廷纪纲，礼乐刑政，治乱成败，忠邪是非之际，指陈论著，每致意焉。故其词纵横放肆，反复辩达，明白条畅，既启告当代，而垂训无穷。

对其政治历史思想、文学成就都给了相当正面的评价。唐代刘知几在《史通》中高度评价本书，认为若论体例，可与班固《汉书》“角力争先”。

如果说《汉纪》有什么不足之处的话，那就是史料上基本全依《汉书》，很少增补、修订。但是，这恰恰又成为《汉纪》的优长。原来，《汉书》在流传过程中，由于后代抄写者的疏忽，出现了许多讹误、脱漏现象。这些现象在《汉纪》中多未出现。也就是说，《汉纪》保存了《汉书》文字记事的原貌。《四库全书总目》指出：

> 其中若壶关三老茂，《汉书》无姓，悦书云姓令狐。朱云请上方剑，《汉书》作“斩马”，悦书乃作“断马”。证以唐张渭诗“愿得上方断马剑，斩取朱门公子头”句，知《汉书》

字误。资考证者亦不一。近时顾炎武《日知录》乃惟取其宣帝赐陈遂玺书一条，及元康三年封海昏侯诏一条，能改正《汉书》三四字。

此外的例子还有很多。或许可以这样理解：《汉纪》是《汉书》的“学生”，其史学地位低于《汉书》。但是，《汉纪》也有自己独特的优长，并进而反哺了《汉书》。

在《汉书》成书流传三百余年后，出现了另一部史学巨著，即南朝宋范晔（公元398年—445年）的《后汉书》。《后汉书》在内容上接续《汉书》，在史学史上也与《汉书》齐名。

范晔，字蔚宗，南阳顺阳（今河南淅川）人。其家族历代仕宦簪缨，是两晋时期著名的士人世家、学术家族。范晔的高祖父范晷是顺阳范氏可考的远祖，同时也是发扬光大其家族的重要角色。范晷曾先后任冯翊太守、凉州刺史、雍州刺史等地方官，元康年间加封为左将军（公元291年—299年）。他为政颇得民望，“百姓爱悦之”，事迹见于《晋书·良吏传》。范晔的曾祖父范汪“博学多通，善谈名理”，淡泊名利，亦为一时名士。

范晔像

范晔的祖父范宁（公元339年—401年）名气更大，是著名的经学大师。他作的《春秋谷梁传集解》12卷，是今存最早的对《谷梁传》的注解之作，同时也是质量最高的之一。此书“其义精审，为世所重”，后经唐代杨士勋作疏增为20卷，成为官方认定的“十三经注疏”之一，为历代士人的必读书。范宁崇尚儒学纲常，提倡礼治，深恶当时的玄学思潮，曾撰有《王弼何晏论》，对当时玄学的代表人物王弼、何晏进行了严厉的批评。在他任豫章太守期间，“大设庠序……远近至者千余人，资给众费，一出私禄。并取郡四姓子弟，皆充学生，课读五经”，用私家财产为国家培养了大量儒学人才，足见他对儒学的热爱与用心。

范晔的父亲范泰（公元355年—428年）同样在学术上有所建树。他“博览篇籍，好为文章”，著有《古今善言》24篇及《文集》19卷。范泰生于东晋、宋的易代之际，深受宋武帝刘裕与宋文帝刘义隆的礼遇，长年担任国子祭酒一职，死后被追赠为车骑将军、宣侯。从政治地位上说，范泰可以代表顺阳范氏家族的顶峰。而他的性格则与父亲范宁大不相同。他在思想上虽然信奉儒家，但为人则不拘小节，有名士之风，晚年更是虔心信奉佛教。

纵观顺阳范氏家族的情况，可以看出这是一个以学术传家的政治大家族。在这一家族背景的影响下，范晔的学术深受家族长辈的熏陶。他“少好学，博涉经史，善为文章，能隶书，晓音律”，博学多闻，学术方面在青年时期已初露头角。

从性格来看，范晔与其父亲范泰也有相近之处，而范晔的我行我素、恃才傲物则较其父远有过之。早年，他投奔彭城王刘义康，官运顺遂。但在宋文帝元嘉九年（公元432年）刘义康母亲病逝时，范晔在出葬前夕与好友饮酒大醉，“听挽歌为乐”，由尚书吏部郎被贬为宣城太守。七年后，范晔的母亲病逝，范晔奔丧时“携妓妾自随”，在当时人的眼光中，不但不孝，而且有“生活作风问题”，颇遭世俗鄙夷，说他“素无行检”是极为恰当的。政治才能上说，范晔也堪称平庸。元嘉七年（公元430年），范晔跟随名将檀道济参与北伐，负责通过水道运输辎重，但他“惮行，辞以脚疾”，足见缺乏建功立业的气魄。从他的政治生涯看，范晔也并没有什么值得称道的政绩，他的升迁，主要是由于宋文帝对他文采的看重，并忍让了他的性格缺陷。

不过，对于欣赏他的宋文帝，范晔却并不买账。宋文帝听说范晔善弹琵琶，想听其演奏，多次暗示，范晔却“伪若不晓，终不肯为上弹”。文帝无奈，说“我欲歌，卿且弹”，范晔才奉旨奏曲，文帝刚刚唱完一曲，范晔就停止演奏，不肯多弹。揄扬者认为这是范晔不附流俗的表现，但从另一面看，这种行为缺乏礼貌，也正是他桀骜狂妄之处。

面对当朝君王尚且如此，范晔对同僚大臣的轻蔑可想而知。他曾撰有《和香方》，谈论各种香料的特性与功效，暗中却借香料讽刺当时的达官贵人。《宋书·范晔传》① 指出：

> 此序所言，悉以比类朝士："麝本多忌"，比庾炳之；"零藿虚燥"，比何尚之；"詹唐粘湿"，比沈演之；"枣膏昏钝"，比羊玄保；"甲煎浅俗"，比徐湛之；"甘松、苏合"，比慧琳道人；"沈实易和"，以自比也。

范晔表达的中心思想是，只有自己最为优秀，而其他达官贵人都是卑鄙奸佞之徒，不足与日月争辉。这种说法自然会得罪满朝群臣。

在这样的大背景下，范晔参加了拥立刘义康的谋反。刘义康是宋武帝刘裕之子，文帝刘义隆之弟。他小时候就深得父亲宋武帝刘裕信赖，督领军事，磨砺了自己的才能。到文帝时，由于文帝刘义隆长年卧病，刘义康成为实际的掌权者。《宋书·武二王传》称许他为人：

> 自强不息，无有懈倦……聪识过人，常所暂遇，终生不忘，稠人广席，每标所忆以示聪明，人物益以此推服之。爱惜官爵，未尝以阶级私人，凡朝士有才用者，皆引入己府，

① 清代王鸣盛、李慈铭等学者认为《宋书·范晔传》是沈约故意丑化范晔的产物，不足为据，故本书仍以《宋书·范晔传》为本介绍范晔的生平。其理由详见刘重来《沈约〈宋书·范晔传〉考辨》（《文献》1995 年第 3 期）及瞿林东《范晔"谋反"新说——兼论沈约对范晔的评价》（《安徽史学》2006 年第 1 期）等文。

无施及忤旨，即度为台官。自下乐为竭力，不敢欺负。太祖有虚劳疾，寝顿积年，每意有所想，便觉心中痛裂，属纩者相系。义康医药，尽心卫奉，汤药饮食，非口所尝不进；或连夕不寐，弥日不解衣；内外众事，皆专决施行。

总体而言，刘义康是颇有才干的一位政治家。但今人认为他属于当时的“进步势力”，则未免虚美。刘义康为人处世有不少缺点，对其命运影响尤大的是“不学无术”，忽略君臣的界限关系，其权力太过膨胀，无人能够制衡，引发了文帝的疑忌。元嘉十七年（公元440年），文帝发难贬刘义康职，并诛杀其亲信，引发朝野震动。刘义康的故旧孔熙先为报刘义康当年救命之恩，联络范晔等人，暗中组织政变。范晔当年虽被刘义康贬职，但此番刘义康主动致意示好，加上孔熙先与范晔有私人交情，以三寸不烂之舌极力劝说，竟将范晔说动，参加到谋反活动中来。

元嘉二十二年（公元445年）九月，众人欲在武帐冈谋反，却因密谋不周而宣告破产。两个月后，参加谋反的徐湛之向文帝告密，孔熙先、范晔等人皆被逮捕入狱。范晔虽非主谋，但因职位最高，被当作主谋处死，其家族也多受株连被杀。①

对于谋反之事，宋文帝曾当面指斥范晔说：“以卿粗有文翰，故相任擢，名爵期怀，于例非少。亦知卿意难厌满，正是无理怨望，驱扇朋党而已，云何乃有异谋?”文帝的批评一针见血，范晔确实是为人桀骜不驯，志大才疏，他的悲剧命运，很大程度上是咎由自取。

在政治上，范晔可以说是一个完全失败的反面人物，但这并不能否定他在学术上的成就。在范晔被刘义康贬为宣城太守时，

---

① 对于官方给范晔所定的“谋逆”罪名，学界尚有争议。但此类争议主要是用现代眼光看待“谋逆”所致，范晔部分地参与到谋反活动中来，在当时政治环境下，足以被定为“谋逆”者。

他眼看仕途不顺，就转而潜心撰述《后汉书》，这一著作成为他生命价值的最高体现。

后汉书

当时，写作东汉史可称一时显学，出现了“一代之记，至数十家”① 的盛况，其中不乏《东观汉记》（143卷）、谢承《后汉书》（130卷）、薛莹《后汉纪》（100卷）、司马彪《续汉书》（83卷）、华峤《汉后书》（97卷）、袁山松《后汉书》（100卷）等大部头著作，体例上也是纪传、编年、传记各体皆备，可称丰富。范晔正是在这样的学术基础上展开了《后汉书》的写作，到他的《后汉书》90卷流传于世后，各家后汉史书皆相形见绌，归于散亡，至今只有一鳞半爪可供辑佚，全书不可得见，其间虽不乏政治因素的影响，但总体言之，足见范晔的史才实在是高于众家之上的。

说史才，首先要说《后汉书》文章之美，这应该是《后汉书》得以超越众家的首要原因。

魏晋南北朝时期，骈文盛行。骈文的句式多以四字、六字为主，讲求对仗、平仄，善于铺张典故，渲染色彩。从艺术上来说，骈文的藻饰颇为华美，在形式上有着高出其他文体的美感；但是从内容上看，这种文体不适于叙事，容易让读者感到云山雾罩，不知所云。在当时文学思潮的影响下，各种文体都受到骈体的影响，形式主义之风大盛。范晔对此则颇有不满。他临终前的《狱中与诸甥侄书》中对此有所批判，而这种批判也构成了《后汉书》的基础。

其言曰：

---

① 《隋书·经籍志》。

常耻作文士。文患其事尽于形，情急于藻，义牵其旨，韵移其意。虽时有能者，大较多不免此累，政可类工巧图缋，竟无得也。常谓情志所托，故当以意为主，以文传意。以意为主，则其旨必见；以文传意，则其词不流。然后抽其芬芳，振其金石耳。此中情性旨趣，千条百品，屈曲有成理。自谓颇识其数，尝为人言，多不能赏，意或异故也。

范晔批评了“文士”写文章的不足之处：“事尽于形”，即叙事内容为文章形式所拘束，不能写完；“情急于藻”，感情受制于辞藻，不能平稳宽舒；“义牵其旨”，文章的中心思想被文章的结构所控制，为了结构而改变自己的中心思想；“韵移其意”，为了押韵而改换文意，颠倒行文次序。这四句切中当时文风的大弱点。作为针对，范晔指出当以内容为主，是“第一义”；在此基础上才谈得上文采。

他进而言之：

性别宫商，识清浊，斯自然也。观古今文人，多不全了此处，纵有会此者，不必从根本中来。言之皆有实证，非为空谈。……本未关史书，政恒觉其不可解耳。既造《后汉》，转得统绪，详观古今著述及评论，殆少可意者。班氏最有高名，既任情无例，不可甲乙辨。后赞于理近无所得，唯志可推耳。博赡不可及之，整理未必愧也。吾杂传论，皆有精意深旨，既有裁味，故约其词句。至于《循吏》以下及《六夷》诸序论，笔势纵放，实天下之奇作。其中合者，往往不减《过秦》篇。尝共比方班氏所作，非但不愧之而已。欲遍作诸志，前汉所有者悉令备。虽事不必多，且使见文得尽。又欲因事就卷内发论，以正一代得失，意复未果。赞自是吾文之杰思，殆无一字空设，奇变不穷，同合异体，乃自不知所以称之。此书行，故应有赏音者。纪、传例为举其大略耳，诸细意甚多。自古体大而思精，未有此也。恐世人不能尽之，多贵古贱今，所以称情狂言耳。

从此可以看出，范晔对自己的《后汉书》颇为自信，认为自己的写作水平并不弱于班固。这种“影响的焦虑”恰好标志着，班固正是范晔心目中的顶尖史家，因此与班固的比较才能确立起自己的自信。其《后汉书·皇后纪》明言“以缵西京《外戚》”，血脉联系至为明显。《后汉书》的文风虽与《史记》近似，但这是一时文学风气使然；论所受影响，范晔主要还是受到班固《汉书》的滋养。客观而言，其说并非妄自尊大，范晔的文章水平确实极为高明，这也是《后汉书》得以比肩《汉书》的根本原因。其中，水平最高、影响最大者当推《范滂传》。

范滂（公元 137 年—169 年），为东汉后期的大名士。当时宦官当政，大行“党锢之祸”，迫害反对佞臣的清流士人。范滂作为当时的士人领袖，成为宦官痛恨的首要对象。桓帝延熹九年（公元 166 年），他第一次被捕。狱吏将要用酷刑审问被捕的士人，范滂看到与他同时被捕的人多疾病缠身，便请求首先受刑。在审问中，范滂慨然应答说：

范滂像

古之循善，自求多福；今之循善，身陷大戮。身死之日，愿埋滂于首阳山侧，上不负皇天，下不愧夷、齐。

负责审讯的王甫感动不已，知道范滂等人实际是受人陷害，取消了众人的刑具。范滂等人终于被无罪释放，他返回乡里时，当地士大夫都去迎接他，光车子就有几千辆，人更是不计其数。

汉灵帝建宁二年（公元169年），名士一派再度失势，宦官们再度下令逮捕士人，当时的士人领袖李膺被捕受刑而死，杜密自杀。范滂同样是宦官的眼中钉，成为通缉的对象。《后汉书·范滂传》载：

> 督邮吴导至县，抱诏书，闭传舍，伏床而泣。滂闻之，曰："必为我也！"即自诣狱。县令郭揖大惊，出解印绶，引与俱亡。曰："天下大矣，子何为在此？"滂曰："滂死则祸塞，何敢以罪累君，又令老母流离乎！"其母就与之诀，滂白母曰："仲博孝敬，足以供养，滂从龙舒君归黄泉，存亡各得其所。惟大人割不可忍之恩，勿增感戚。"母曰："汝今得与李杜齐名，死亦何恨！既有令名，复求寿考，可兼得乎？"滂跪受教，再拜而辞。顾谓其子曰："吾欲使汝为恶，则恶不可为。使汝为善，则我不为恶。"行路闻之，莫不流涕，时年三十三。

这一段叙述字数虽不多，但人物形象却形神毕现，行文慷慨，令人感动不已。范滂主动投死的豪迈气概，范母鼓励范滂舍生赴死的深明大义，郭揖、吴导等人不忍捉拿范滂的正直，都在短短二百字间表现出来。

范滂最后跟他儿子说的话，更令人感慨万千："欲使汝为恶，则恶不可为。使汝为善，则我不为恶。"——我若让你当坏人，坏人其实是不能当的；我若让你当好人，我平生没做过坏事，却落得如此下场。一句话中，当时世道的黑暗，恰在正义之士的无奈与辛酸中表现得淋漓尽致。

这一篇文章字数不多，但因范晔写来用情真挚，叙事富有条理，可称千古绝唱。北宋庆历五年（公元1045年），10岁的少年苏轼正听母亲程氏讲述《范滂传》。苏轼问母亲："我以后若做范滂这样的人，您愿意吗？"程氏毫不犹豫地回答说："你若能做范滂，我难道不能做范滂的母亲吗?”——在这样的教育之下，诞生了有“不可夺者峣然之节”的苏轼。追溯其中因缘，《范滂传》肯定对苏轼产生过重要影响。

苏轼如此，其门生黄庭坚亦然。黄庭坚暮年谪居宜州，当地通判余若著向他索字，黄庭坚毫不犹豫，一口气用行书默写下千余字的《范滂传》，而且一字不差。这一幅字笔力雄健，“字径数寸，笔势飘动，超出翰墨径庭”，在书法史上评价极高，堪称黄庭坚的代表作。朱熹《晦庵题跋》认为：“自不当以工拙论，但追想一时忠贤流落，为可叹耳。”与其说黄庭坚的书法高明，不如说他受到《范滂传》的影响，将一腔不平之气发之于纸上，从而留下了这一书法史上的杰作。

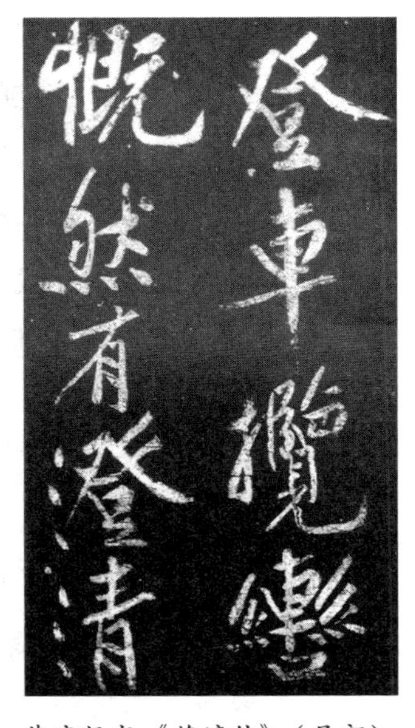

黄庭坚书《范滂传》（局部）

在传记中，范晔还刻画了诸多成功的形象。如清流“党人”李膺、张俭、陈蕃、郭林宗等，文士如蔡邕、张衡、赵壹、祢衡等，权臣如梁冀、张让、董卓等，名媛如乐羊子妻、蔡文姬等，在《后汉书》中都有生动的描写，其事迹成为后人吟咏取材的对象。范晔广泛引用绰号、俗语、谣谚等活泼的民间材料，表现出鲜明的时代特点，给人以充满乐趣的阅读体验。

范晔的论赞[①]文章更是《后汉书》文学成就的顶峰。他自负“赞自是吾文之杰思，殆无一字空设，奇变不穷，同合异体，乃自不知所以称之”。萧统的《文选》选录其论赞五篇，为《皇后纪

① 《后汉书》的“论赞”，与其他纪传体史书不尽相同，实际包括“序”“论”“赞”三种文体。为行文叙述的方便起见，概称之为“论赞”。

论》《二十八将论》《宦者列传论》《逸民列传论》《光武帝纪赞》，足见《后汉书》的论赞合乎“事出于沉思，义归乎翰藻”的标准。如其《逸民列传》序云：

《易》称“《遁》之时义大矣哉”。又曰：“不事王侯，高尚其事。”是以尧称则天，不屈颍阳之高；武尽美矣，终全孤竹之洁。自兹以降，风流弥繁，长往之轨未殊，而感致之数匪一。或隐居以求其志，或回避以全其道，或静己以镇其躁，或去危以图其安，或垢俗以动其概，或疵物以激其清。然观其甘心畎亩之中，憔悴江海之上，岂必亲鱼鸟、乐林草哉！亦云性分所至而已。故蒙耻之宾，屡黜不去其国；蹈海之节，千乘莫移其情。适使矫易去就，则不能相为矣。彼虽硁硁有类沽名者，然而蝉蜕嚣埃之中，自致寰区之外，异夫饰智巧以逐浮利者乎！荀卿有言曰，“志意修则骄富贵，道义重则轻王公”也。汉室中微，王莽篡位，士之蕴藉义愤甚矣。是时裂冠毁冕，相携持而去之者，盖不可胜数。杨雄[1]曰：“鸿飞冥冥，弋者何篡焉。”言其违患之远也。光武侧席幽人，求之若不及，旌帛蒲车之所征贲，相望于岩中矣。若薛方、逢萌，聘而不肯至；严光、周党、王霸，至而不能屈。群方咸遂，志士怀仁，斯固所谓“举逸民天下归心”者乎！肃宗亦礼郑均而征高凤，以成其节。自后帝德稍衰，邪孽当朝，处子耿介，羞与卿相等列，至乃抗愤而不顾，多失其中行焉。盖录其绝尘不反，同夫作者，列之此篇。

序文大量引用儒家经典论述，对隐士逸民的品行做了极高的评价。其文风骈散相间，一气贯注，在音韵的顿挫、辞藻的排比之外，又有精切的议论。单拿出这一段序来，也可称其为文、史

① 古时杨、杨通用，杨雄亦杨姓也。

皆备的名篇，足见范晔的深度史识与飞扬文采。

不过，这类文字用在历史著作中，或也存在部分缺陷。钱穆先生指出，范晔对当时文风的四条批评，却同样也是“事尽于形，情急于藻，义牵其旨，韵移其意”的体现。可见，范晔受到时代的局限，并没有完全摆脱当时文风的影响，更重视论赞的骈骊，而相对轻视传记文学——是以，范晔“向后不能比韩愈、柳宗元；向前不能比司马迁、班固”[①]，其《后汉书》终不被看作顶级的文章。

除文学的优美之外，范晔在史学上也自有创见。在类传的设置上，清人赵翼认为《后汉书》基本仿照《汉书》体例。[②] 其中范晔增设了《党锢列传》《方术列传》《宦者列传》《文苑列传》《独行列传》《逸民列传》《列女列传》，都属创制。其中的党锢、独行、逸民、列女诸传，皆注意表彰正直不群之士，对于沽名钓誉的伪君子也有所批判，可以说对东汉士大夫的时代精神有着正确的把握。《宦者列传》也把握了当时宦官专政的政治情状。《文苑列传》则影响最大，后世纪传体史书多沿用之，许多文学家的生平事迹赖此得以保存。此外，《后汉书》改以往的“外戚列传”，增设“皇后纪”，借以反映东汉女主垂帘听政的情况。对此，有的学者认为合乎史家变通之旨，有的则认为是义例不纯的表现，目前尚有一定争议。

后世普遍认为，《后汉书》在史学成就上远不及司马迁、班固。这一方面缘于范晔本身学问确有缺陷，另一方面则在于他的死于非命，使得《后汉书》实际上只是一部半成品。其最大的遗憾是没有写作表、志[③]。南朝梁时的史家刘昭将司马彪《续汉书》的八篇志分为30卷，补在《后汉书》后，并加注解，构成了今天

① 钱穆《中国史学名著》，137页。

② 《廿二史札记·后汉书编次订正》。

③ 李贤《后汉书·皇后纪》“注”则认为范晔曾完成“十志”，但最终遗失。这一说法证据尚不充分，只能存疑。

《后汉书》的面貌。但是，其史料的选择、篇目的设计都存在不少缺陷，因此难称完美。在纪、传的史料选择与文章叙事上，后人也找出了大量的不足之处，这是不应讳言的。

倘若天假以年，范晔能够从容地完成《后汉书》，或许其历史地位仍将进一步提高吧。但即使仅留下了如此残帙，《后汉书》依然是可与《史记》《汉书》并提的经典巨著，这就足以证明其水平之高了。至晚在唐代，《后汉书》已取代《东观汉记》，与《史记》《汉书》并称为“三史”，成为科举考试的内容，“五经三史”成为士人的必读书。到了清代以后，《三国志》借着《三国演义》等小说的东风，名声渐起，与“三史”合称为“四史”，但无论史学还是文学方面的成就都略显不足。

刘咸炘在《治史绪论》中曾论及司马迁、班固、范晔三者的关系，言简意赅，兹录如下：

> 太史学本道家，值景、武政急之际，故颇主刚，贬乡愿而赞狂狷，西汉末之柔弊，彼见之矣。班氏学本儒家，当章、和政缓之际，故颇主柔，提中行以贬狂狷，东汉末之刚弊，彼见之矣。二人有本学，善观变，知流弊，所以为良史。范蔚宗学已不深，其书失圆神之本体，然尚有宗旨，彼当人柔之际，故颇主刚，赞狂狷，六代士风卑懦，无节义，其所目睹也。三家宗旨相矫而实相成，班讥马进奸雄，范讥班贱节义，即是此意。

读者如能善味此言，相信便能运用历史连续的观点，观察这几部杰出的史学著作，所会当有独到之处。

当然，若想详细说明《后汉书》的颠末优劣，则非本书的任务了——目前最为流行的注本为唐高宗太子李贤所注，重于训诂，价值极高。本节只是略作介绍，以便读者尝鼎一脔。

第二节　凝练生姿：小议《汉书》的文学影响

《汉书》自问世以后，就被加入了士人的基本书单当中，成为古人最低限度应通读了解的典籍之一。

《汉书》的文学影响，主要体现在两个方面：其一，是《汉书》本身文章结构与遣词造句的文学影响；其二，是《汉书》所载内容的文学影响。本节且对这两方面略作分说。

先说《汉书》文章本身的影响。《汉书》的文学评价，略低于《史记》，但仍是后世史家、文人所学习、模仿的范本。作为一部史著，自然不能不提其在历史写作方面的影响。

唐代以前，《史记》的历史地位、文学评价、流传程度都远不及《汉书》，因此东汉至唐的史著自然主要受到《汉书》的影响——以“书”为名，标志着《汉书》为代表的断代史学大盛，而通史则不免小绌。二十四史当中，除了评价不甚高的《南史》《北史》为通史，其他的皆为断代史，足见史家的因便取法。在体例如类传、志等的设立上，由于《汉书》较《史记》为详密，因此影响更大，此问题前文已多次提出，亦不必重复再谈。

钱基博《古籍举要》指出：

> 若以文章衡廿四史，可分两派：如陈寿《三国志》，姚思廉《梁书》《陈书》，李延寿《南》《北史》，宋祁《新唐书》，欧阳修《新修五代史》，托克托《宋史》《辽史》《金史》，宋濂《元史》，张廷玉《明史》，斯皆推本《史记》，文学史公者也。余如范晔《后汉书》，房乔《晋书》，沈约《宋书》，萧子显《南齐书》，魏收《魏书》，李百药《北齐书》，令狐德棻《周书》，魏征《隋书》，刘昫《旧唐书》，薛居正《旧五代史》，斯皆追踪汉书，文隶班固者也。前者辞体解散，于疏纵中见雄快；后者体裁绮密，于偶整中见凝练。此固《史》

《汉》文章之别，亦廿四史文章之两大派也。

其说分《史记》《汉书》两大类言之，概说后世史学文章的大致风貌，诚为有识；但强分甲乙，则不免过分穿凿。且不论“梁书”“陈书”等以“书”为断代之体等史学领域的影响，即单从文章来看，也并无只推本某一家的道理。仅依常识来看，就不能说某部书全部都“雄快”而不“凝练”，某部书全部都“绮密”而不“疏纵”。即《史记》《汉书》两书本身，也是各种优长都自具备，只是侧重不同而已。恰如本书反复强调的那样，《史记》《汉书》合力构成中国史学的大传统，共同成为后世效法的范例。至于追踪效法，史家的行文或更多地受到其生活时代文风的影响，而非《史记》《汉书》的影响，这一问题更毋庸详辩而可知也。

不过，在文学史上，《汉书》有实实在在的影响，而且还颇为深远。首先，《汉书》作为东汉初年的代表性著作，成为当时文风的引领者。

《汉书》受到辞赋骈俪对偶之风的影响，行文贵用典、尚整齐，虽为散文，但与一般散文的面貌不尽相同，有学者名之为“史的赋化”。故《汉书》的文章风格被认为是后世骈体文的鼻祖之一。如曾国藩《送周荇农南归序》云：

班固则毗于用偶……蔡邕、范蔚宗以下，如潘、陆、沈、任等比者，皆师班氏者也。

曾国藩

曾国藩虽是桐城派古文家，但其文学理论力图打通骈散，自成面目，对骈体文的发展史也有深入研究。潘、陆、沈、任，指六朝时期著名的文学家潘岳（公元247年—300年）、陆机（公元261年—303年）、沈约（公元441年—513年）、任昉（公元460年—508年）四人，皆为当时行文长于藻饰的名家。“潘江陆海”“沈诗任笔”各具风骚，而曾国藩将他们的渊源共同推本于班固，则班氏的影响可以想见。

此外，张之洞也提出了“语其高，则证经义，多古典、古言、古字。通史法，诸史义例，皆本马、班。语其卑，则古来辞章，无论骈散，凡雅词丽藻，大半皆出其中，文章之美，无待于言”[①]的类似观点。

不过，另外需要指明的是，《汉书》具有如此的地位，除《汉书》本身的文学极为优美外，与《汉书》全文收录了大量汉人文章也有关系。

首先是收录了大量实用文：诏令、奏议多被班固收入，而这些文字正是构成传统“集部”的重要篇幅。在本书的第三节中，已略提及其史学价值，其实这类文体也同样具有文学价值。南宋刘须溪（公元1231年—1297年）在《班马异同评》中指出：“《汉书》精神全在收拾诸诏……在《春秋》《国策》之后，别为辞令之祖。”姚鼐《古文辞类纂》收录《汉书》中奏议38篇、诏令34篇，足见其富。曾国藩《经史百家杂钞》亦收录《汉书》诏令20篇、奏议33篇。由此可见，这类文字正是“古文家”效法的重要文章范本。

此外，《汉书》还全文收录了大量文学名篇。辞赋、文章如司马相如的《子虚赋》《上林赋》《大人赋》《哀秦二世赋》，东方朔的《答客难》，司马迁的《报任安书》，杨恽的《报孙会宗书》，刘向的《高祖颂》，刘歆的《移太常博士书》，扬雄的《反离骚》《甘泉赋》《羽猎赋》《赵充国颂》等。诗歌如唐山夫人《安世房中歌》、司马相如《郊祀歌》、杨恽《歌诗》、刘细君《悲愁歌》、

---

① 张之洞《輶轩语·语学第二》。

韦孟《讽谏诗》等，均为汉代文学史上的名篇，对后代作家皆有极大影响。鉴于上述诸人的文章别集多亡佚不存，可以猜测的是：倘若没有《汉书》的全文著录，这些文学精华或许将淹没于历史的长河中，而不复有被今人所阅读的机会——这无疑是中华文学的巨大损失。由是观之，对于汉代文学史的贡献，“军功章”上或许当有一半归功于《汉书》。

《汉书》同时还效法《尚书》文风，以用字之精到、造句之简练驰名，因此同样成为古文家所学习的对象。曾国藩在同治元年五月十四日的家书中如此教育儿子曾纪泽：

> 余观汉人词章，未有不精于小学训诂者，如相如、子云、孟坚，于小学皆专著一书，《文选》于此三人之文著录最多。余于古文，志在效法此三人，并司马迁、韩愈五家。以此五家之文，精于小学训诂，不妄下一字也。

这里将班固的排名列于司马迁、韩愈之前，其见解颇具特色。曾氏对《汉书》的推许，主要源于班固对小学训诂的精通——只有精通古语古字，才能写出近似于古人风貌的文章。他所编选的《经史百家杂钞》，亦收录了《汉书》的《霍光传》《李广苏建传》《赵尹韩张两王传》《萧望之传》《地理志》诸篇。

《汉书》中产生的成语、典故，亦属其文学成就与影响的重要表现之一。根据潘定武《〈汉书〉文学论稿》所作的统计，其中活跃至今的成语约有50条，包含牛衣对泣（《王章传》）、先斩后奏（《申屠嘉传》）、闭门思过（《韩延寿传》）、芒刺在背（《霍光传》）、非驴非马（《龟兹传》）、哗众取宠（《韦贤传》）等。为人熟知的典故有300条左右，包括春秋决狱（《五行志》）、苏武牧羊（《苏武传》）、南山种豆（《杨恽传》）、斩楼兰（《傅介子传》）、断袖（《佞幸传》）等。——所谓“活跃至今”“为人熟知”，显然代表《汉书》在文学史上的贡献远不止此。

成语、典故亦是《汉书》文章凝练的表现，恰适于文学创作。

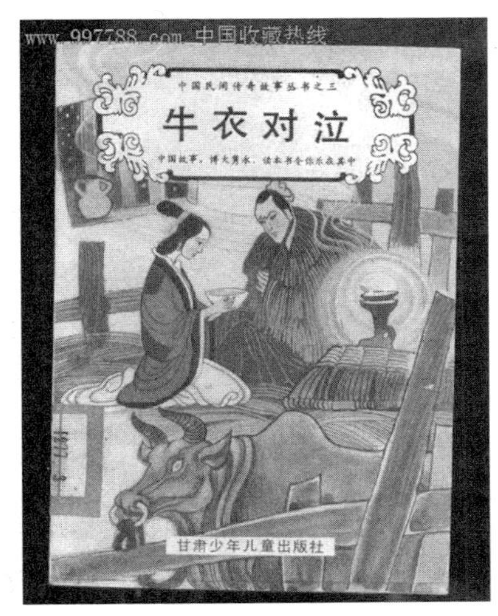

牛衣对泣

“牛衣对泣”出自《汉书·王章传》。王章是在长安求学的诸生，类似于今天的“北漂”。他家里贫困，与妻子过着艰苦的生活。一次王章生病，家里连被子都没有，只能睡在牛衣之中——牛衣是用草织成的给牛保暖的草苫 。他自己感到性命不久，就向妻子诀别。妻子怒斥他说：“你看京城显贵，有谁的能力比你强？如今得病，你不自强发愤，反而哭泣，真是太没有出息了！”王章在妻子的激励下终于病愈，成为西汉后期的名臣，以敢于仗义执言闻名。“牛衣对泣”这一典故此后成为贫贱夫妻乃至一切贫困者的代名词，在后世诗词中被广泛使用。如唐人刘禹锡《谪居悼往二首》中有“牛衣独自眠，谁哀仲卿泣”之语，是他被贬长沙之后的抑郁感怀。白居易则有“牛衣寒贱貂蝉贵。貂蝉与牛衣，高下虽有殊。高者未必贤，下者未必愚”（《涧底松》）之句，以表达对世道不公，“世胄蹑高位，英俊沉下僚”的批判。温庭筠《和友人题壁》有“自欲一鸣惊鹤寝，不应孤愤学牛衣”，则鼓励友人应继续努力，莫要牢骚太盛。这里的“牛衣”单指贫贱生活，并不涉及“牛衣对泣”中的夫妻感情。但作为“牛衣”的代表人物王章，事实上仍是诗人在运用“牛衣”一词时所想到的人物。

此外，最为人所熟知的还有近代历史学家陈寅恪所撰的一副对联：

涕泣对牛衣，卌载都成肠断史；

陈寅恪像

废残难豹隐，九泉稍待眼枯人。

1969年，居于广东中山大学的陈寅恪（公元1890年—1969年）一家因受冲击，被迫迁入一所四面透风的平房。当时陈寅恪年已八旬，双目早盲，右足亦膑；其妻唐筼（公元1898年—1969年）有多年的心脏病，又因保护丈夫而屡遭殴打，心力衰竭，奄奄一息。两位老人年事已高，又遭到无情对待，在这无尽的凄苦之中，陈寅恪撰写了上述这副对联，预挽妻子唐筼。其大意为：四十年偕老相守，如今都成"肠断史"，只能"牛衣对泣"而已；人已废残，必难善终，唐筼死后，我不久亦将泪水流干而追随于地下。此联写完后一个多月，两位老人便先后去世，"我现在譬如在死囚牢中"可谓成谶。"未尝侮食自矜，曲学阿世"的悲剧命运，又为"牛衣对泣"的旧典延展出了"今典"的意蕴。

"斩楼兰"一词见于《汉书·傅介子传》。楼兰是西域的小国，实力不强，但地理位置重要，被武帝征服。昭帝时期，楼兰联合匈奴，杀汉使者，成为中国外患。傅介子（？—公元前65年）主动向大将军霍光请缨出马，出使楼兰，在宴席上刺杀楼兰王，诛杀匈奴使臣，不费一兵一卒就控制住楼兰，这一立功绝域的功绩成为后世武将向往的目标。班超早年"投笔从戎"时，就发出了"大丈夫无它志略，犹当效傅介子、张骞立功异域，以取封侯"的豪言，走上了征伐异域的建功立业之路。这一故事亦成为诗人吟咏的对象，唐代大诗仙李白便有《塞下曲》一首曰：

五月天山雪，无花只有寒。
笛中闻折柳，春色未曾看。
晓战随金鼓，宵眠抱玉鞍。

楼兰古城

愿将腰下剑，直为斩楼兰。

全篇表现了诗人的从戎理想，借描写边塞的艰苦环境，突出了对从军者英雄气概的赞颂。边境天山寒气逼人，军中金鼓战事紧张，中原虽已入春，战士却仍身处苦寒之地，不论醒、卧，都不能有丝毫的松懈。所有这一切的苦难，尽在于“愿将腰下剑，直为斩楼兰”的卓绝精神，给人以豪迈之感，堪称五律中之佳作。此外，李白尚有“挥刃斩楼兰，弯弓射贤王”（《出自蓟北门行》）、“双双掉鞭行，游猎向楼兰”（《幽州胡马客歌》）等语，亦皆用楼兰一典，以言说自己的理想。

以楼兰代指绝域，以“斩楼兰”的意象表达建功立业之决心的豪迈名篇还有很多：

自然来月窟，何用刺楼兰。（张九龄《送赵都护赴安西》）

黄沙百战穿金甲，不破楼兰终不还。（王昌龄《从军行七首其四》）

明敕星驰封宝剑，辞君一夜取楼兰。（王昌龄《从军行七首其六》）

要斩楼兰三尺剑，遗恨琵琶旧语。（张元干《贺新郎·寄李伯纪丞相》）

《汉书》成语、典故在诗文中的运用可谓不计其数，兹举一二例略作叙述如上。

另一方面，大量成语、典故的流行，也代表着《汉书》所记载的人物事迹，正成为后世文学创作的故事素材——除诗词而外，其他文体也多有采撷。

本书第四章介绍了李陵、苏武的主要人生历程，后人对他们事迹的重写，正是一大热门。近代，在敦煌发现了一篇《李陵变文》残卷。变文是唐五代时期的一种说唱文学，韵散相间，源于佛教，后也有大量历史故事、民间传说加入。《李陵变文》的总体思想是对李陵持同情态度，注重发掘他痛苦与冤屈的一面——这一感情恰与中晚唐的李陵歌咏相合：如司空图便有“不是史迁书与说，谁知孤负李陵心”；僧人贯休有“因嗟李陵苦，只得没蕃名”之诗。《李陵变文》反复渲染李陵征战的英勇、兵败的无奈，为李陵的投降辩护，并以“汉家天子辜陵德”作为中心观点，在思想与文学上皆具一定价值。不过，这一见解宋代以后便很少出现，取而代之的则是以忠孝大节斥责李陵的投降。京剧中有一出名戏《李陵碑》（又名《苏武庙》《托兆碰碑》等），内容为宋辽战争时期，杨继业父子为解太宗赵光义之围，竭力奋战，身困两狼山。在此危急之际，宋元帅潘仁美公报私仇，拒不救援，反杀死求援的杨七郎。杨继业不见救兵，命杨六郎突围归去。杨继业退入苏武庙中，终于走投无路，却见此处有李陵碑碣，怒而碰死在碑下。这一故事虽不符合历史本

李陵碑遗址

来面目，但其渊源可追溯至元杂剧，又由明代小说《杨家府世代忠勇通俗演义》进一步鼓吹，终于被京剧所吸收。剧中“苏武庙”与“李陵碑”的对举，虽为文学家的虚构，但其中的情感态度则是时人观念的反映。明代画家陈洪绶创作有两幅《苏李泣别图》，其技法之高古渊雅成为历代同名画作之冠冕。陈洪绶身处明清易代之际，用手中的画笔批判李陵，表彰苏武，自然别有政治意味和个人情感在焉。

随着对李陵的斥责，“苏武牧羊”的故事流行日广。戏曲方面，元代杂剧就有周仲彬《苏武持节》、南戏有无名氏《牧羊记》（一说马致远作）等。及至今日，《苏武牧羊》经京剧名家马连良改编后，成为马派传统剧目之一，深受戏曲爱好者的好评。这一故事较诸《汉书·苏武传》更添入了新的虚构：剧中加入了女子胡阿云，她因拒为单于姬妾，被单于当作“美人计”的牺牲品，嫁给苏武。但胡阿云却接受了汉人的礼教观念，与苏武夫妻情深。19 年后，单于放苏武回国时，不放胡阿云，阿云自刎而死。苏武在匈奴时，确曾娶妻生子，但详情已不可考。剧中将这一事迹坐实，加入了旦角，增添了感情戏，丰富了该剧目的内容。至于如何看待胡阿云这一形象，读者自可见仁见智。

另外值得一谈的则是王昭君故事的流传。

王嫱，字昭君，本为汉元帝后宫，竟宁元年（公元前 33 年）被元帝赐给呼韩邪单于为阏氏，以作为对匈奴归顺的奖赏。此后数十年，昭君终老匈奴，不复重见故乡土地。昭君的故事在《汉书》中笔墨不算太多，但却成为后人关注的焦点，杜甫、白居易、陆游等大诗人都曾写过咏叹此事的诗篇，其思想态度或为批评汉室，或为同情昭君，各具特点。除诗词而外，昭君的大量传说也流行于世。东晋孔衍编辑《琴操》（一说为东汉末年蔡邕编）时，就整理了大量的昭君故事，来源大抵是民间传说。此后，昭君故事“后出转精”，影响力越来越大，其中集大成的当推元代马致远的杂剧《汉宫秋》：汉元帝命毛延寿向民间广搜美女，以嫁给呼韩邪单于。毛延寿借画像之机，大肆索贿。王昭君虽有姿色，但却无钱行贿，毛延寿便在她的画像上增添瑕疵，使之被打入冷宫。一次偶然的机会，元帝与昭君见面，倾心于其美貌，与昭君坠入爱河。毛延寿心知不妙，叛逃入匈奴，献计单于以武力要挟，强夺王昭君。昭君考虑到国家安危，请求前往，在途中自沉而死。单于见昭君已死，又将毛延寿绑送给元帝，元帝遂将其斩首，以为祭奠。日本学者青木正儿认为，这一故事与讲述唐玄宗与杨贵妃的《梧桐雨》（元杂剧家白朴撰）在结构、意境、情节上颇多类似之处，在单纯的民族气节之外又加入了新的爱情悲剧情节，具有延展性。

玩偶之家

民国时期，新文学家郭沫若创作话剧《王昭君》，再次为王昭君故事赋予了新的意义。这一剧本脱稿于 1923 年，为郭氏所作“三个叛逆女性”系列剧本之一（另两个为卓文君、聂莹）。剧本中的王昭君，不仅藐视画工毛延寿，更对骄奢淫逸的汉元帝尽情痛骂，拒绝了元帝封她为皇后的许愿，表现了对传统封建制度的批判。最终，王昭君主动要求远嫁单于，认清了封建制度真面目的毛延寿之女毛淑姬也毅然随昭君而去。这里，郭氏表达的中心思想与传统思维的“民族大义”毫无关系，实际上是借此提出了现代人尤其是现代女性如何摆脱压迫、追求自我尊严与自由的命题。溯其思想，盖源于 19 世纪挪威戏剧家易卜生的《娜拉》（今译《玩偶之家》）：娜拉觉悟到自己在家里不过是受丈夫男权控制的玩偶，于是断然出走。

同样值得一提的是，在《王昭君》成篇的同年，鲁迅在 12 月 26 日发表了题为《娜拉走后怎样》的演讲，其言曰：“然而娜拉既然醒了，是很不容易回到梦境的，因此只得走；可是走了以后，有时却也免不掉堕落或回来。否则，就得问：她除了觉醒的心以外，还带了什么去?”这一质问可说是对激进派醉心于理想却忽略于现实的最好批评，其文及短篇小说《伤逝》（成于1925年）堪称是对郭沫若话剧及相关思潮的批评。从史书和历代传说都可看出，郭氏笔下王昭君的“远嫁单于”自然是无出路。虽然如此，《王昭君》这部话剧由于具备启蒙精神，其大声疾呼也自具意义。

此外，昭君故事还曾被谱成乐曲，至晚在东汉后期就已经产生了胡笳《明君》、琴曲《昭君怨》等。至今流传的有名曲《汉宫秋月》，原为琵琶曲，现有二胡、琵琶、古筝、古琴等多种演奏形式，属于“中国十大古曲”之一①，或为受到《汉宫秋》的影响而创作。

第三节　“八面受敌”：《汉书》读者面面观

《汉书》长期以来作为古代知识分子的必读书，其传播极为广泛，长期以来为历代文人广为引用。但是，设若只是泛泛而谈，或许只能有一个宏观印象，不能得到深入了解。因此本节尝试对《汉书》的几位重要读者略作介绍，虽无法做到全面，但或可对读者直观理解《汉书》略有裨益。

说的《汉书》的重要读者，其中名头最大者当为宋代大文豪苏轼。苏轼颇喜读《汉书》，对其用功极深。南宋人陈鹄的《耆旧续文》中记载了苏轼读《汉书》的故事：

苏轼被贬黄州期间，当地学官朱载上以“官闲无一事，蝴蝶飞上阶”之诗与苏轼相交，引为知己。有一天，朱载上去拜访苏轼，等了很久苏轼才出来，道歉说自己正在做“日课”，所以没能

① “十大古曲”的另外九种分别为《高山流水》《广陵散》《十面埋伏》《平沙落雁》《夕阳箫鼓》《渔樵问答》《阳春白雪》《梅花三弄》《胡笳十八拍》。

苏轼像

及时出来。朱载上遂问："刚才先生所谓'日课'指的是什么？"苏轼答道："抄《汉书》。"朱载上惊讶地说："以先生天才，开卷一览可终身不忘，何用手钞邪？"苏轼遂向朱载上讲述了自己抄《汉书》的法门：

> 某读《汉书》，到此凡三经手钞矣。初则一段事钞三字为题；次则两字；今则一字。

朱载上见到了苏轼的手稿，却不解其意。苏轼便说"足下试举题一字。"朱载上挑出一字，苏轼即应声背出数百字，皆为该字以下的《汉书》原文，无一字差缺，载上又挑了几次，皆是如此。朱载上钦慕不已，回去反复教导儿子朱翌（字新仲）："东坡尚且如此刻苦于记诵之学，我们这些普通人怎能不勤奋读书？"朱翌后来又将此话转教给儿子朱辂，"东坡读《汉书》"就这么成为了朱氏口耳相传的家训。

其实，背诵约百万言的《汉书》，虽以苏轼颖悟之才，想抄三遍就全文背诵，也并不能做到。南宋沈作《寓简》卷八中，引及苏轼自述读《汉书》的方法：

> 吾尝读《汉书》矣，盖数过而始尽之。如治道、人物、地理、官制、兵法、财货之类，每一过专求一事。不待数过，而事事精窍矣。

这种方法，苏轼称之为"八面受敌"（见《又答王庠书》）。每一遍精读一个方面，积聚力量，各个击破，效率远比浮光掠影的泛读为高。"八面受敌"当然未见得要把每部书读八遍，不过苏轼读《汉书》"每一过专求一事"，而一事犹读数过，则他读《汉书》，当比八遍为多。由是观之，除可钦佩苏轼的勤学外，亦可以看出《汉书》内容的博大精深。

精读《汉书》已经不易，而苏轼能对《汉书》全文背诵，更称难能。史上详载能背诵《汉书》的人物似不多（毕竟背诵八十万字的《汉书》，除勤奋外，天赋也极为重要），但熟读、爱读《汉书》的人数量也很多——毕竟，《汉书》刚刚问世之时，就有着“当世甚重其书，学者莫不讽诵焉”的评价。

明代谢肇淛《五杂组》记录有一则轶闻：

> 子瞻再读《汉书》，张方平闻而讶之。

苏轼第二次读《汉书》的时候，他的好友张方平感到十分惊讶。何以如此呢？原来张方平的记诵能力比苏轼更强，据说书读一遍，便能过目成诵。《宋史·张方平传》言：“从人假三史，旬日即归之，曰：‘吾已得其详矣。’凡书皆一阅不再读。”张方平家境贫穷，曾向人借阅《史记》《汉书》《后汉书》三史，不过十天就归还，说已能得其大要。平均下来，读一部书不过三四天，就能将《汉书》基本全都背过，也可称为天才了，其效率比起要用五天大致通读《汉书》的北魏才子邢邵还高出不少。张方平究竟能否全文背诵《汉书》，史无记载，但以他的天赋，“非不能也，实不为也”。

此外的记载还有很多：

《三国志·司马朗传》注中引及司马彪《序传》，其中谈到司马彪的父亲司马防“雅好《汉书》名臣列传，所讽诵者数十万言”。所谓“讽诵”，即背诵之意。背诵数十万言，可能大抵与背诵整部《汉书》也差不太多了。

《南史·臧严传》也记载：“严于学多所谙记，尤精《汉书》，讽诵略皆上口。”臧家历代贫困，臧严的儿子臧逢世想读《汉书》，苦于从别人家借来的不能久读，便向做官的姐夫刘缓讨要了一些废弃的名片、书信等纸，把《汉书》抄写了一遍。后来，臧逢世

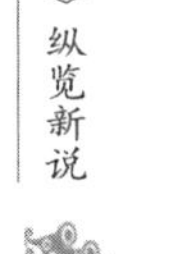

也成为研究《汉书》的名家。

要说《汉书》的文学魅力，当不能放过“《汉书》下酒”的掌故。“《汉书》下酒”的故事有两桩，有趣的是其时代也大抵相近：

苏舜钦像

北宋诗人苏舜钦（公元1008年—1048年）在丈人杜祁公家居住时，每晚读书都要喝一斗酒。杜祁公颇感奇怪：女婿虽然好饮酒，但为什么读书时也要喝酒？于是一天他便从壁间偷看苏舜钦读书。这天，苏舜钦正高声朗读《汉书·张良传》。读到“良与客狙击秦皇帝，误中副车”时，苏舜钦拍手叹道：“惜乎击之不中！”满满地喝了一大杯酒。一会儿，读到“始臣起下邳，与上会留，此天以臣授陛下”时，苏舜钦拍着桌子说道：“君臣相遇，其难如此！”又举起一杯酒喝干了。杜祁公看了这样的场景，笑道：“有这样的下酒物，一斗酒不多啊！”

比苏舜钦稍晚的郭逵（公元1022年—1088年），在对西夏、辽的战争中都立过功，是范仲淹麾下一位有战略眼光的名将。《宋史》本传记载说，他年轻的时候，每天带着两块面饼去酒楼上，要一壶酒，一边喝酒、吃饼，一边读《汉书》，直到晚上才回家，引起了旁观者的好奇。

这两桩轶闻都反映出了《汉书》的魅力，但展现的侧面却有所不同：苏舜钦读《汉书》，是用文人的眼光研读，取之下酒以佐雅兴，兼发些醉酒的感慨；而郭逵读《汉书》则或许更多地带有学习的意味，其饮酒可能更多的是出于武人的豪气。从超功利的角度来说，苏、郭两人的阅读更有其意义；但从“读书得间”的角度看，或许郭逵的收获更大，他能够将《汉书》的文本内容转化为实践，运用到实际生活中。

由于《汉书》中记载的史事多可以作为鉴戒，因此后世的政治家、军事家等风云人物也多从《汉书》中汲取营养。

十六国时期后赵的开国皇帝石勒为羯族人，没有什么文化，但却知道读书的重要性，喜欢历史。他虽不能读书，但命身旁“君子营”的儒生把史书读给他听，即使是在行军过程中也不稍歇。一次他命人读《汉书》，正听到郦食其劝高祖刘邦封六国贵族后代的历史，石勒立刻大惊道：“此法当失，何得遂成天下！”——这个馊主意会丢天下的，刘邦怎么还能得天下呢？及至听儒生念到张良进谏，刘邦醒悟的后话，石勒感叹道：“幸好有此后话啊！”石勒善用人才，曾将自己与汉高祖相比，认为自己才能远不及高祖刘邦，但与韩信、彭越及后世的汉光武帝刘秀可以相提并论。他的这番见解，想必来自于听读《汉书》的收获。

隋末时期，李密（公元 582 年—619 年）辞去官职，在家潜心读书。他每当骑牛出门，都在牛角上挂一卷《汉书》，边走边读。一次他正在牛上读《项羽传》，被隋朝越国公杨素看见了（公元 544 年—606 年），杨素并不认识他，感叹道：“书生何人，如此勤奋？”李密识得杨素，立刻下拜。两人一番对谈，杨素对李密的才能极为欣赏，归来向儿子杨玄感赞许道：“吾观密识度，非若等辈。”隋炀帝大业九年（公元 613 年），杨玄感起兵反隋，便派人专程迎接李密当谋臣。这个故事被后世称为“牛角挂书”，以喻人学习勤奋刻苦。

李密牛角挂书图（范曾绘）

还有不少反映读《汉书》的诗篇。

西晋时期，文学家潘岳（公元 247 年—300 年）为贾谧权臣讲授《汉书》，有《于贾谧坐讲汉书诗》一首：“治道在儒。弘儒由人。显允鲁侯。文质彬彬。笔下摛藻。席上敷珍。前疑既辨。旧史惟新。惟新尔史。既辨尔疑。延我寮友。讲此微辞。”对《汉书》的价值颇有称许。陆机（公元261年—303年）亦有《讲汉书诗》一首：“税驾金华。讲学秘馆。有集惟髦。芳风雅宴。”仅四句诗，将讲《汉书》时的情景刻画出来。当时文坛的“潘江陆海”两大名家，都有讲《汉书》的事迹，足见《汉书》当时的影响。

除此而外，后世的白居易、李商隐、梅尧臣、王安石、杨万里等大诗人都有以读《汉书》为题目的诗作——当然，若仅以诗作涉及《汉书》内容而论，这一数字当更为庞大，可以说，几乎每位名诗人都曾用过《汉书》中相关的典故。

第四节　尔雅深厚：“汉书学”的研究

《汉书》以典雅、深邃的风格受到读者的赞叹。不过，对于学问深湛者是“尔雅深厚”[①]，对于腹笥相对浅陋者则不免是“诘屈聱牙”——因此，为便于更多的读者能够顺利阅读这部巨著，对《汉书》的注解、研究就是不可或缺的。在两千年的《汉书》研究中，可以说形成了具有相当规模的“汉书学”，论及数量、质量，恐怕只有“史记学”才能与之颉颃。

对《汉书》的研究，首先是从文字、章句疏解开始的。与《史记》的口语化倾向不同，《汉书》行文深受汉赋影响，为文典雅整饬，简省凝练，“文言”程度极高。

行文精简是《汉书》的最大特色。班固运用了大量的典故，且涉及大量专业知识，如无解释，缺乏相关知识背景的读者便难以理解。同时，由于刻意省减字数，有时损害文义，文章上存在生涩处。班固的妹妹班昭曾奉诏讲授《汉书》，东汉经学大家马融

---

① 刘熙载《艺概·文概》。

“伏于阁下，从昭受读”。《汉书》的讲授既已成为专门课程，则可以认为“汉书学”的萌芽已经开始。东汉灵帝时期，著名经学家服虔、应劭先后撰《汉书音义》，其内容至今犹存，可认为是《汉书》最早的注本。所谓“音义”，即解读文字的读音、意义，应该是以训诂为主。此后，《汉书》的研究日益热闹起来，诸多名人都参与到注解《汉书》的过程中。限于篇幅，本书不能将每一种注解都详细介绍（读者若欲知其详，可读《隋书·经籍志》）。下面只介绍《汉书》研究史上的集大成著作——唐代学者颜师古的《汉书注》。

颜师古（公元 581 年—645 年）生活在一个素有家学的大家庭中。他的祖父颜之推（公元 531 年—595 年）是北齐时期的著名音韵学家、文献学家、文学家，所写的《颜氏家训》是中国第一部家训，同时也讨论了诸多学术问题，颇为后世所重。颜师古的叔父颜游秦也是著名学者，他撰有《汉书决疑》12 卷，许多见解被颜师古所袭用。值得顺带一提的是，唐代的大书法家、政治家颜真卿、颜杲卿兄弟，也是颜氏家族的后代，这一家族的学术渊源，可以推想而知。

颜师古像

颜师古长期负责整理、考证官方藏书。他对文字训诂之学颇有造诣，撰有《急就章注》《匡谬正俗》等书。贞观十二年（公元 638 年），他奉太宗李世民诏校理《五经正义》，旋即因与总纂官孔颖达在学术问题上发生冲突而退出。随后，他奉太子李承乾之命注释《汉书》，终于以集注的方式完成了这部《汉书》研究史上的集大成著作。

所谓“集注”，意思是将各家注释汇集为一书，并在此基础上略作补充。颜师古广泛搜集、引用了唐以前的 23 家《汉书》研究成果（较之《隋书·经籍志》的著录，不能说网罗了当时的全部著作，但可以说大略已备）。其中最主要的为服虔、应劭、晋灼、臣瓒、蔡谟的著作。对此，颜师古为表不掠美，特将其人全部列出，其中：

> 东汉时期的有八人：荀悦（著《汉纪》30卷，其内容出于《汉书》，可作参证）、服虔（著《汉书音训》一卷）、应劭（著《汉书集解音义》24卷）、伏俨、刘德、郑氏（其人不详，注解见晋灼、臣瓒书中）、李斐、李奇；
>
> 汉魏之际的有2人：邓展、文颖；
>
> 三国时期魏国的有6人：张揖（只解《司马相如传》1卷）、苏林、张晏、如淳、孟康（著《汉书音》9卷）、项昭；
>
> 三国时期吴国的有1人：韦昭（著《汉书音义》7卷）；
>
> 西晋时期的四人：晋灼（著《汉书集注》14卷）、刘宝（著《汉书驳议》2卷）、臣瓒（其人姓氏无考，注《汉书》24卷）、郭璞（只注《司马相如传序》及游猎诗赋）；
>
> 东晋时期的1人：蔡谟；
>
> 后魏时期1人：崔浩（著《汉书音义》2卷）。

在前人努力打下的地基上，颜师古的《汉书注》终于臻于高明的境界，其篇帙也将原本《汉书》的100卷扩充为120卷。对颜师古注《汉书》的成果，大致可以总结为三点：

其一，校正、保存《汉书》的古字。班固写作《汉书》时所用的字，许多后世并不使用，于是抄写者便随意改为当时流行的字。如“臧匿”“耆好”“豪桀”“逌”“媿”“鱻”“眂”等字，后人在抄写中往往改为习用的“藏匿”“嗜好”“豪杰”“攸”“愧”“鲜”“视”等。从字义上看无太大差别，且似乎更易理解，但是毕竟是更改了《汉书》的原貌。颜师古经过“曲核古本”的方法，多方校勘，基本保持了《汉书》用字的原始风格，从文字

学、文献学的角度看，意义极大。相形之下，司马迁的《史记》就没有那么幸运，其原貌应更近乎《汉书》，但今天已不可得而复原。

其二，注释字义、文义。由于恢复了不常见的古字，因此对这些字进行注音、释义就是必须的工作，不如此，则读者便很难阅读《汉书》。颜师古具备训诂学、音韵学的深厚功底，他的注解“上考典谟，旁究苍雅”，颇为矜慎，注释水平超过之前的各家。除了注释字词外，对于难懂的句子，颜师古也加以梳理释义，用当时的话解释出来，这对于读者理解《汉书》大义极有帮助。同时，对《汉书》文本中一些记载不同或自相矛盾的地方，加以考据，辨明是非。

其三，保存、整理旧注。对于前述的23家成果，颜师古保存了释义正确的内容，以表示不掠美；对于旧注存在疑问、阙略的地方，则根据自己的考据加以讨论。对于旧注明显错误、繁冗的地方，则将其删除。这样，《汉书注》一书中保存了旧注的风貌，但又并不显得过分冗长，便于读者披览。

由于上述三点工作的完成，颜师古的注释基本上扫除了时人阅读《汉书》的障碍，颇为学术界所推重。无可讳言的是，颜注同样存在不少疏漏处，反映的是当时的《汉书》研究成果，不可迷信其结论。但是，直到今天，颜注《汉书》还是最为通行的《汉书》注本，成为《汉书》研究的踏实地基。此后，历代研究《汉书》的著作，基本都是以颜注为基础继续推进的。这就足以证明颜注的学术地位了。

《汉书》研究的第二个高潮可推明代。明代的学风较诸前代有所变化，反映在《汉书》研究中，其最大区别是更加注重文学赏析与史事批评。这一时期对《汉书》的研究不以传统的校勘、训诂、考据为长，而是注重对《汉书》行文及内容的评论。其目标读者也从学者、史学家变为文人乃至一般的读书人，涌现出大量帮助人初步了解《汉书》的普及读本（“史钞”）。这些读本大多数篇帙较小，解说浅显，而又伪称是名人所选、评、推荐，是书商为牟利的产物。今天观之，其学术价值多不大，但却是当时风气的体现。不过，在这混乱的出版风潮中，也涌现出了一部允称经典的《汉书》注本，即凌稚隆主编的《汉书评林》。

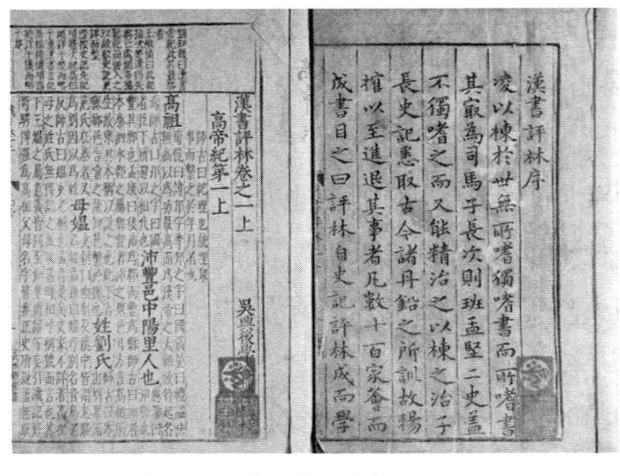

漢書評林卷之一上

高帝紀第一上

高祖　沛豐邑中陽里人也　姓劉氏　母媪

漢書評林序

凌以棟於世無所嗜獨嗜書而所嗜書其最爲司馬子長次則班孟堅二史蓋不獨嗜之而又能精治之以棟之治子長史記悉取古今諸丹鉛之所訓故揚搉以至進退其事者凡數十百家薈而成書目之曰評林自史記評林成而學

《汉书评林》

凌稚隆是明代万历时期的出版家，其家族既是出版世家，同时也是满腹经纶的书香门第。凌家几乎每代都有科举达人，凌稚隆的父亲是嘉靖十九年（公元 1540 年）的进士，其兄长凌迪知是嘉靖三十五年（公元 1556 年）的进士。凌迪知的儿子凌濛初，更是中国小说史上“二拍”的作者，其名声在后世更为显赫。凌稚隆虽只有贡生身份，但同样受到较好的文化教育，学问有独到之处。他编纂的《五车韵瑞》共 160 卷，为一部颇具声名的字典，是清康熙间编纂《佩文韵府》时的重要参考书之一。此外，他编、刻的《史记评林》《汉书评林》等书都汇集各家注说，成为明代《史记》《汉书》研究的集大成作，极具学术价值。同时，其书采用朱墨双色套印的印刷方式，精美可爱，颇为藏书家所珍视。其书请到了当时的大文豪王世贞、茅坤等人作序，其影响可知。这里，我们对《汉书评林》做一些简单的介绍：

从体例看，《汉书评林》与《史记评林》基本一致，料来读者必能观一知三。正如读者易于想到的那样，在《史记》与《汉书》产生重叠的那一部分，其评论主要见于《史记评林》，因此两书同样是需要对读的。

《汉书评林》刻成于万历九年（公元 1581 年），其正文部分基本照录了颜师古《汉书注》，以北宋景祐间宋祁校刻本为底本①，参校明代正德、嘉靖年间国子监的新刻本。作者自许为“反复雠校，点画不谬”，对校勘出的异文，不以意去取，而是在旁标出，允称校勘性的善本。

同时，凌稚隆采用朱色眉批的方式，将东汉以来直到明代评论、研究《汉书》的材料选录进来，自己有时也加以个人见解。据卷首的《引用书目》，其主要引用书目共130种，涉及的评家共142人。这里同样将评家开列出来，以示《汉书评林》保存文献的良苦用心：

东汉（2人）：荀悦、蔡邕；

晋（2人）：沈约、傅玄；

隋（1人）：王通；

唐（13人）：魏征、白居易、皮日休、权德舆、卢藏用、马周、杜牧、李德裕、刘知几、柳宗元、李观、刘蕡、林简言；

宋（58人）：欧阳修、司马光、孙复、苏洵、苏轼、苏辙、刘敞、刘攽、刘奉世、王安石、秦观、林之奇、宋祁、田锡、孔文仲、朱子文、刘安世、曾巩、刘子翚、杨时、胡瑗、文彦博、吕祖谦、楼昉、陈仁子、叶梦得、叶适、张耒、陈瓘、吕本中、胡寅、罗大经、陈亮、郑樵、晁补之、洪迈、吴曾、黄履翁、朱黼、蔡沈、李涂、陈埴、张栻、真德秀、王应麟、唐仲友、戴溪、杨万里、魏了翁、刘辰翁、黄震、林駉、马端临、谢枋得、黄庭坚、范祖禹、罗璧、王楙；

元（4人）：郝经、陈祐、祝尧、郑玉；

明（62人）：刘基、王祎、杨维桢、徐一夔、赵汸、胡

① 宋祁校刻《汉书》之前，曾用16种版本校勘，并出校，因此该版本是《汉书》的一个重要善本。

广、方孝孺、吴讷、杨荣、叶盛、李东阳、丘浚、程敏政、何乔新、张纶、邵宝、程泰之、杨一清、王鏊、凌震、李梦阳、何景明、何孟春、王廷陈、蔡羽、胡缵宗、张邦奇、杨慎、敖英、潘璜、王崇庆、林希元、邵经邦、田汝成、郑晓、张时彻、翁万达、江以达、黄省曾、陆灿、袁黄、唐顺之、陈昌积、侯一元、许应元、王慎中、王维桢、薛应旂、凌约言、董份、李攀龙、王世贞、宗臣、徐中行、茅坤、刘凤、王宗沐、何良俊、凌迪知、陈文烛、沈津、卢舜治。

上述百余人的《汉书》研究成果，当然限于篇幅，不能尽收入《汉书评林》中。于是，凌稚隆做了一番筛选的工作：对于总论《汉书》一书或一篇的，凌氏将其汇集起来，置于《汉书》的相应位置。对于思想观念或考据结果一致的，则选其中优者；结论不同但各自成理的，都列出，由读者自己思考。明显荒谬的内容，则删去。总体而言，其所载录的评语大抵都颇具价值，内容主要包括对《汉书》所载史事的考据与评价，对《汉书》体例、写法的讨论，《汉书》与《史记》的对比研究等。可以说，有此一书，则明代以前《汉书》研究的主要成果，都可披阅得见。

此外，在体例上凌稚隆也做了一些便于读者阅读的补充：

他首先在全书的卷首增添了字例。对《汉书》常用，但后世罕见的古字、通假字等，《汉书评林》在全书卷首作了字例表，将古今字、通假字等都标出，一目了然，以便读者查检，省却每次出现都要注释的繁复。此外，《汉书评林》还增添了图示。《汉书评林》的卷首，凌稚隆附有《汉世系传授图》《汉国都地理图》《汉南北军图》，虽然粗糙，但对读者也有一定帮助。其次是，《汉书评林》增添了断句。由于古人熟谙文言文，因此古代刻本多不断句（或只在疑难处断句），但随着时代的发展，人们阅读前代古籍渐生隔阂，断句成为困难之事；而明代的风气追求快捷（负面说就是浮躁），读者也没有耐心细致品读。因此凌稚隆《汉书评林》加上了断句，给读者提供方便。

可以说，《汉书评林》是继颜师古《汉书注》之后又一部汇集了《汉书》研究资料的大全，其篇帙体量也远大于颜师古的《汉书注》，具有重要的文献保存功绩。由于《汉书评林》一书在出版上的巨大成功，其书传播广泛，对《汉书》研究有着重大的推动作用。从内容上看，虽然并非十全十美，限于凌氏的学识，不免有讹误、臆断之处，但总体来说瑕不掩瑜，属于同类著作中的佼佼者。另外值得一提的是，“评林”的模式在当时颇为流行——通俗小说如《三国演义》《水浒传》等，文章选本如八股文选、古文选等，多采用“评林”的方式，汇集众家的文学批评观点。对于这类体制的书籍，后代考据学家多认为“既不关系于史，实亦无与于文”，并将其与明代空疏学风联系在一起。但是，《汉书评林》没有忘记《汉书》是一部史书，收录了大量可资考据的材料，虽然仍然不免空疏之病，但在当时的学风中应该说是颇为难能的，不应因其是明代人所编而过分苛责。

到了清代，考据学大兴，对《汉书》的研究又进入到新的阶段：诸多考据学者参与到《汉书》研究中，对其文本详加校订、考辨，留下了诸多重要专著——而笔记中的只言片语更数不胜数，可说是《汉书》研究的又一高峰期。这一时期的《汉书》研究著作，特点主要有二：其一是考据详瞻，从而导致部头也往往较大，想要细读并不容易。其中如吴卓信的《汉书地理志补注》就有一百零三卷之多，其繁复可知。其二是许多材料皆散见于学者的读书札记中，未成专书，一般人难以收集。在此基础上，又诞生了《汉书》的第三部大部头注本，可说后出转精，至今仍是最佳的《汉书》研究著作——王先谦《汉书补注》。

王先谦（公元 1842 年—1918 年），清末经学家、史学家，为学注重实学，擅长考据。曾辑刊《续皇清经解》1430 卷、《南菁丛书》8 集，撰有《诗三家义集疏》《尚书孔传参正》《荀子集解》《庄子集解》《后汉书集解》《新旧唐书合注》《合校水经注》等，

《汉书补注》

著作等身。王先谦家族亦有《汉书》研究的传统，其兄弟王先和、王先惠、王先恭、王先慎等均有注释《汉书》之举。王先谦的老师周寿昌亦是《汉书》研究名家，有《汉书注校补》56卷。在这样的背景下，王先谦从事《汉书》研究，自非无源之水。《汉书补注》成书于光绪二十六年（公元1900年），以颜师古《汉书注》为基础，辑佚、汇集了诸家注释与研究《汉书》的成果，对《汉书》作了更深入的研究。其引用诸书作者如下：

隋代（1人）：萧该（有《汉书音义》）

宋代（7人）：张佖、宋祁（有《校说》）、刘敞、刘攽、刘奉世（有《刊误》）、吴仁杰（有《两汉刊误补遗》）、王应麟（有《汉艺文志考证》）；

清代（38人）：张照、励宗万、陈浩、齐召南、杭世骏、张永祚（其说见武英殿本《考证》）、顾炎武（有《日知录》）、阎若璩（有《潜邱札记》）、何焯（有《义门读书记》）、全祖望（有《经史问答》《汉书地理志稽疑》）、王鸣盛（有《十七史商榷》）、钱大昕（有《廿二史考异》《三史拾遗》《三统术衍》《三统术钤》）、陈景云（有《两汉订误》）、李锐（有《三统术注》）、钱坫（有《新斠注地理志》）、姚鼐（有《惜抱轩笔记》）、王念孙（有《读书杂志》）、洪亮吉（有《四史发伏》）、段玉裁（有《汉书地理志校正》）、刘台拱（有《汉学拾遗》）、李赓芸（有《炳烛编》）、沈涛（有《铜熨斗斋四史随笔》）、洪颐煊（有《读书从录》)、汪远孙(有《汉书地理志校本》)、吴卓信(有《汉书地理志补注》)、梁玉绳(有《古今人表考》)、王引之(其说见父亲王念孙的《读书杂志》)、沈钦韩(有《汉书疏证》)、何若瑶、徐松(有《汉书西域传补注》《汉书地理志集释》)、翟云升(有《校正古今人表》)、周寿昌(有《汉书注补正》)、汪士铎(有《汉志释地略》、陈澧(有《汉书地理志水道图说》)、李光廷(有《汉西域图考》)、张文虎(有《舒艺室随笔》)、成蓉镜(有《史汉骈枝》)、俞樾(有《湖楼笔谈》)。

此处收录46家,看似数量不及凌氏《评林》多,但却更具代表性:其中有对整部《汉书》的校注成果,有对《汉书》单篇志、表的研究专著,有对《汉书》的考订著作,亦有读书笔记中涉及《汉书》的片段。由于清代学者素以旁征博引的学术风格而出名,因此看似只有46家,其实涉及的各家观点远较这一数字为多。大体可以这样概括:凌氏《汉书评林》兼顾文学、考据两方面;而《汉书补注》则专注于考据,因此在考据方面不但远超过《汉书评林》,较之颜注的功力也是等而上之。

此外,《汉书补注》成书过程中,还有"同时参订"者20人,皆为当时硕儒名流,他们是:

郭嵩焘、朱一新、李慈铭、缪荃孙、沈曾植、王闿运、瞿鸿禨、杜贵墀、王启原、李桢、叶德辉、皮锡瑞、苏舆、陶宪曾、陶绍曾、王文彬、王先和、王先惠、王先恭、王先慎

相信对晚清历史熟悉的读者,对这些鼎鼎大名的人物当多不会陌生。

《汉书补注》主要具有以下两点优长:

其一,文字校勘颇见功力。王氏以明末毛晋汲古阁本为底本,

用清官方的武英殿本校勘，订正底本颇多错误。其二，在字词注释、史事考证等方面，广泛引用前人研究成果，在细节上所作的功夫更为细化。以《汉书补注》为基础的研究著作，代表性的尚有杨树达（公元 1885 年—1956 年）《汉书窥管》、陈直（公元 1901 年—1980 年）《汉书新证》等书。不过，这些著作主要是在《汉书补注》的基础上打补丁，目前来看，全面超越《汉书补注》的专著尚未出现。

当然，《汉书补注》也存在一些问题，即限于所见，未能将当时顶级的著作全部收录进来。如文字校勘方面，不用北宋刻本校勘，可谓遗憾；又如对《汉书·艺文志》的研究，《补注》以宋人王应麟《汉艺文志考证》、沈钦韩《汉书疏证》为核心，却未及见姚振宗（公元 1842 年—1906 年）的《汉书艺文志条理》等著作，未能吸收当时最出色的成果，因此不免留下可以改善的空间。此外，在一些具体考订方面，也存在局限性。不过疏忽、讹误是一切著作都在所难免的，后人以此为激励自己前进的动力则可，却不能以此肆意非难前人。

在《汉书补注》之后，传统式的注解、疏证逐渐退出历史舞台，取而代之的是运用新的历史学方法对汉代历史展开研究，而对《汉书》本身的研究渐渐陷入沉寂。目前通行的“绿皮本二十四史”《汉书》是适于一般读者入门的版本：仅录颜注，后附校勘记，用现代方式标点。如只是满足于阅读的乐趣，而非展开专门的研究，则此版本为当下最为方便的一种。

最后，值得顺带一提的是：

百年来可以说是《史记》学兴，《汉书》学衰的时代，但近年却出现了多部讨论《汉书》的著作，以及不少高质量的论文。《汉书》研究的复兴，或将自兹而始乎？《汉书》的爱好者们不妨对此有所期待。

结　语

行文至此，篇幅已至20万言，约及《汉书》全文的四分之一。若说对《汉书》进行巨细靡遗的阐释，这一篇幅当然远不足以惬读者之望——《汉书》的不少单篇都值得用比这还多的字数加以研究；但若从提纲挈领、略示津梁的导读角度看，20万字已然为数不少，再贪多求全，反而容易令读者有难以适从之感，更会打消阅读兴趣。本书选取若干角度，对《汉书》的不同面相展开解说，如读者善于体悟，相信自能找到一个合适的角度，对《汉书》展开更多元、更深入的思考。换句话说，以笔者读《汉书》的历程看，如非专深的学术研究，本书所提供的视角、方法、结论，应能满足一般读者的需要，接下来的，则需要读者由导读的“二道贩子”进入“第一手”原典，并在此基础上坚持独立前行。——武器粗备，便请读者出兵攻城略地，进入《汉书》的世界。

在写作过程中，为免陈陈相因，笔者尽可能地参考了近年较具影响力的重要论著，其中多有超越前人、荡涤误解之处，足证当代学术的新成就，令笔者受益匪浅。其中对本书写作起到重要作用者，已列于本书的参考文献中，读者如有兴趣扩大阅读面，不妨按图索骥，可以从中看出秦汉史研究、《汉书》研究的新局面。

在本书的叙述中，虽然囿于体例，并未将论辩过程完全列出，但确是力避空谈，欲在深入考究文献的基础上有所“新说”。虽不敢言“无一字无来处”，但尽量做到不妄下雌黄，所论必有依据。由于采取了多种视角、不同方法，往往对一个问题不下定论，而两存其说，以线性眼光观之，或即所谓的“矛盾”。同时，由于本书是笔者自己读书的见解，对于前人一些欠合理乃至不成立的论述，也多有批判，其中不免会颠覆或触及某些习焉不察的“常识”。

若读者在阅读中发现及此，并意欲对其有更深入的思考，则还有一点剩义似当拈出。笔者尝试尽可能用通俗的语言，为读者打开这扇反思之门：

历史书写仿佛新闻记录——“历史是过去的新闻，新闻是将来的历史”。二者同样指向时间长河中的事件，只在时间的远近上有所差别。历史学家仿佛新闻记者，通过对文献与亲历者的采访，尽可能地叙述出事实；但由于个体知识结构、文学修养、品格见解的局限，其中难免有失真错漏之处，不可不信，亦不可全信。更甚者，则是记录本身也存在局限性——通过报上的新闻，只能还原事件梗概，而难以得知可靠的具体细节，更不必提背后的深层原因。各家史书/报纸对同一事件的不同记载，就成为真正学术研究的起点。

历史研究则仿佛法官断案，根据所见的全部证据材料，对其加以质证，在合乎“程序正义”的基础上推断事实可能的状况，并得出结论。从各种复杂乃至矛盾材料构成的密林当中突围而出，正是读史者应该具备的基本素质。对此，则应该特别向读者提出的是：

时光倒流的机器并未发明，历史本身无法还原，与之相关的假设亦不能证实或证伪。因此，在阅读、解读历史的过程中，要特别注意到这一与科学实验不同的局限性。历史研究呈现的画面，可能极接近于历史的本来面目，也可能是绘出虚构景象的“过度推理”。正如法院有时会误判出“冤假错案”一样，历史研究也决不能保证完全正确，而那些看上去完满无缺、无懈可击的论述，也很可能只是“老吏断狱，入人以罪”，必须以谨慎的态度对此重新认识。

但是，正如法院并非“制造冤假错案的机构”一样，历史研究也自有价值。基于现有材料得出的概率最高的结论，总体上是可以作为信从的材料的——只需要关注到其有效限度，并勇于直面其局限性即可。而在具体的事实考究之外，还有更高一级的价值，即通过“返古”来达到“开新”。

德国史学家耶格尔有言：“历史意识并非只瞄向过去，历史恰恰是为了未来而回顾往事。”古希腊历史学家波里比阿亦云：“倘若对过去的重大事件逐一寻根究底，过去的一切会使我们特别注意到将来。”在我们尝试着回到过去、诠解历史，并对这一工作的方法深入反省的过程中，无形中同样体现出我们面对现代社会、面对未来变迁的方式来。当下的工作当然不免瑕疵乃至硬伤，但却已在前人的肩膀上继续前行，或许亦将对未来的意识产生某种或隐或显的影响。笔者在写作时，力图用这种思想武装自己，不断向前展开思考。同样，也希望读者能够以此批判性的态度阅读本书，阅读其他书籍。

在这样的批判过程中，有些书籍的生命力将会非常短暂，而有的则能常读常新，不断激发出新的火花。如同表演艺术一样，讲究“尺寸”“死纲死口”只是初步，不断翻新的“旧瓶装新酒”方为大家手笔。经典，就是经得起这样反复“否定之否定”，历数百上千年的冲刷而仍有生命力的那座宝山。

这正是经典永垂不朽的所在。《汉书》，则是其中的一部。意欲更进一步的读者若经由结语中提供的思路（当然亦不妨是批判的），能够继续进行更深入的阅读、研究，这便是对本书的最高肯定。

附录一

西汉至东汉初年历史纪年表

庙号	帝王姓名	年号	在位公元年份
高祖	刘邦		公元前 206—195 年
惠帝	刘盈		公元前 194—188 年
高后	吕雉		公元前 187—180 年
文帝	刘恒	前元	公元前 179—164 年
		后元	公元前 163—157 年
景帝	刘启	前元	公元前 156—150 年
		中元	公元前 149—144 年
		后元	公元前 143—141 年
武帝	刘彻	建元	公元前 140—135 年
		元光	公元前 134—129 年
		元朔	公元前 128—123 年
		元狩	公元前 122—117 年
		元鼎	公元前 116—110 年
		元封	公元前 110—105 年
		太初	公元前 104—101 年
		天汉	公元前 100—97 年
		太始	公元前 96—93 年
		征和	公元前 92—89 年
		后元	公元前 88—87 年

（续表）

庙号	帝王姓名	年号	公元年份
昭帝	刘弗陵	始元	公元前 86—80 年
		元凤	公元前 80—75 年
		元平	公元前 74 年
宣帝	刘询	本始	公元前 73—70 年
		地节	公元前 69—66 年
		元康	公元前 65—62 年
		神爵	公元前 61—58 年
		五凤	公元前 57—54 年
		甘露	公元前 53—50 年
		黄龙	公元前 49 年
元帝	刘奭	初元	公元前 48—44 年
		永光	公元前 43—39 年
		建昭	公元前 38—34 年
		竟宁	公元前 33 年
成帝	刘骜	建始	公元前 32—29 年
		河平	公元前 28—25 年
		阳朔	公元前 24—21 年
		鸿嘉	公元前 20—17 年
		永始	公元前 16—13 年
		元延	公元前 12—9 年
		绥和	公元前 8—7 年
哀帝	刘欣	建平	公元前 6—3 年
		元寿	公元前 2—公元 1 年
平帝	刘衎	元始	公元 1—5 年
孺子婴		居摄	公元 6—8 年
		初始	公元 8 年
	王莽	始建国	公元 9—13 年
		始建国天凤①	公元 14—19 年
		始建国地皇	公元 20—23 年

① 此处采用了辛德勇《建元与改元：西汉新莽年号研究》的观点。在本书正文中，为尊重通行用法及行文方便，将“始建国天凤”“始建国地皇”径简称为“天凤”“地皇”，读者鉴之。

附录二

秦至西汉大事记

年代	大事记
秦始皇二十六年（公元前 221 年）	秦灭齐，统一天下。秦王嬴政称始皇帝，分天下为三十六郡，统一文字、货币、度量衡
秦始皇三十七年（公元前 210 年）	秦始皇驾崩于沙丘，幼子胡亥即位，为秦二世
秦二世元年（公元前 209 年）	七月，陈胜、吴广大泽乡起义。九月，项羽、刘邦等先后起兵反秦
汉高祖元年（公元前 206 年）	刘邦破关中，秦王子婴降，秦朝灭亡。项羽分封 18 王，自封西楚霸王，封刘邦为汉王，次年楚汉之争开始。冒顿单于统一匈奴
汉高祖五年（公元前 202 年）	项羽在乌江自刎，刘邦即帝位
惠帝二年（公元前 193 年）	曹参担任相国，在全国范围内推行黄老之学，无为而治
文帝前元年（公元前 179 年）	刘恒即位，为汉文帝。实行宽政，“文景之治”由此开始
景帝前三年（公元前 154 年）	吴楚“七国之乱”爆发，景帝杀晁错。太尉周亚夫率兵平定叛乱
武帝建元元年（公元前 140 年）	刘彻即位，为汉武帝

（续表）

年代	大事记
武帝建元三年（公元前138年）	张骞出使西域，13年后方得归来。司马相如入京，赋《子虚赋》等
武帝建元五年（公元前136年）	置经学五经博士。次年窦太皇太后卒，官方用儒家思想取代黄老之学，作为新的意识形态。司马谈作《论六家要旨》
武帝元光二年（公元前133年）	遣韩安国、王恢率兵30万出塞，设马邑之谋，欲击杀匈奴军臣单于，不果。汉匈关系恶化
武帝元光六年（公元前129年）	卫青第一次出击匈奴，6年间6次与匈奴作战。大胜，封为大将军
武帝元朔五年（公元前124年）	延天下方闻之士为博士子弟。建立太学，建藏书之策，设写书之官
武帝元鼎六年（公元前111年）	伏波将军路博德平定南越。西南夷臣服入朝。李息平定西羌，置河西四郡，匈奴兵败远遁，汉取得决定性胜利。司马谈病逝，司马迁接受父亲遗命，撰续《史记》
武帝元封元年（公元前110年）	武帝自满功德，封禅泰山。桑弘羊为治粟都尉，管天下盐铁，实行“平准”
武帝天汉二年（公元前99年）	李陵降匈奴，司马迁为李陵辩护，受腐刑。此前一年，苏武被匈奴扣押
武帝征和二年（公元前91年）	巫蛊之祸起，太子刘据受诬陷，起兵杀佞臣江充，被武帝以谋反镇压，涉案连坐而死者数万人。司马迁《史记》成书，作《报任安书》，或不久后死去
武帝征和四年（公元前89年）	武帝颁布轮台诏，悔过以往政策
武帝后元元年（公元前88年）	武帝立刘弗陵为太子，霍光、金日磾、上官桀等受遗诏为辅政大臣，次日武帝崩
昭帝始元五年（公元前82年）	苏武被匈奴释放归国，李陵作歌送别
昭帝始元六年（公元前81年）	诏郡国举贤良文学，与桑弘羊辩论盐铁政策。从贤良文学之议，罢榷酤官，为霍光实行与民休息政策的开始

（续表）

年代	大事记
昭帝元凤元年（公元前80年）	燕王刘旦、上官桀父子、桑弘羊等与霍光争权，谋反不成，上官桀、桑弘羊等被杀，燕王刘旦被囚禁，自杀
昭帝元平元年（公元前74年）	昭帝病逝。霍光立昌邑王刘贺为帝，27日后霍光废刘贺，改立刘询
宣帝地节二年（公元前68年）	霍光病逝，宣帝亲政。两年后，霍氏以谋反罪，被族诛
宣帝神爵二年（公元前60年）	设置西域都护府
宣帝甘露三年（公元前51年）	召开石渠阁会议，诏诸儒讲论五经异同。于麒麟阁为11功臣画像，霍光、张安世、苏武等人在列
元帝建昭三年（公元前36年）	陈汤、甘延寿伐匈奴，斩郅支单于
元帝竟宁元年（公元前33年）	呼韩邪单于来朝表臣服，嫁王昭君为单于阏氏
成帝河平三年（公元前26年）	诏命谒者陈农求遗书于天下，光禄大夫刘向校经传诸子诗赋，步兵校尉任宏校兵书，太史令尹咸校数术，侍医李柱国校方技。校订完成后，刘向撮其旨意，录而奏之
成帝阳朔三年（公元前22年）	大将军王凤病逝，托付成帝、太后封王莽为黄门郎
成帝永始二年（公元前15年）	擢翟方进为丞相，古文经学兴起
哀帝建平元年（公元前6年）	哀帝刘欣即位，王氏外戚失势，王莽辞职下野
哀帝元寿二年（公元前1年）	哀帝卒，王太后、王莽重新掌权。封王莽为大司马，次年封安汉公
新朝始建国元年（公元9年）	王莽代汉，建立新朝，封刘歆为国师，根据《周礼》定制度
新朝地皇元年（公元20年）	绿林农民起义。南阳宗室刘秀起兵反王莽。两年前，赤眉农民已在山东起义
淮阳王刘玄更始元年（公元23年）	刘秀在昆阳大败王莽军。十月，长安被起义军攻克，王莽被杀，新朝覆灭。《汉书》记事到此为止

附录三

东汉初年及班固生平大事记

年代	大事记
淮阳王刘玄更始二年（公元24年）	刘秀与更始帝正式决裂，在河北拥兵自立。班彪年22岁，西去天水，投奔隗嚣，在途中凭吊了先祖班壹的祖庙
东汉光武帝建武元年（公元25年）	刘秀称帝，标志东汉的建立
光武帝建武五年（公元29年）	班彪在陇西作《王命论》，劝割据的隗嚣归顺东汉政权，未果。随后班彪投奔东汉
光武帝建武八年（公元32年）	班固生。是年，王充6岁，贾逵3岁
光武帝建武十二年（公元36年）	光武帝刘秀完成天下统一大业。班彪称病回乡，开始《史记后传》的写作，成为班固修《汉书》的基础
光武帝建武十六年（公元40年）	班固9岁，已能作赋颂
光武帝建武二十三年（公元47年）	班彪作《上言选置东宫及诸王国官属》。王充到洛阳，从班彪游学。后王充见班固，称许“此儿必记汉事”
光武帝建武二十八年（公元52年）	班彪《史记后传》65篇，约成于此时

（续表）

年代	大事记
光武帝建武三十年（公元 54 年）	班彪病逝，享年 52 岁。班固归乡，接续父亲事业，开始《汉书》的撰写。写作《幽通赋》
明帝永平五年（公元 62 年）	班固因私撰《汉书》被人举报下狱，经审讯无罪释放，并被封为兰台令史，从事《世祖本纪》的修撰
明帝永平十二年（公元 69 年）	班固撰《两都赋》约在本年
明帝永平十六年（公元 73 年）	班超随窦固出征西域
明帝永平十六年（公元 73 年）	班固作《神雀颂》。明帝作《诏班固》，钦定司马迁"非谊士"，实际上是暗示班固《汉书》必须符合东汉的意识形态
章帝建初元年（公元 76 年）	班固《典引》《秦纪论》等约作于此时
章帝建初四年（公元 79 年）	杨终受诏删《史记》为十余万言，疑对今本《史记》版本有重要影响。召开白虎观会议，章帝听从诸儒辩论，亲自校正五经异同，班固笔录编为《白虎通德论》
章帝建初七年（公元 82 年）	班固《汉书》约成于此年
和帝永元元年（公元 89 年）	班固跟随窦宪征西域，作《封燕然山铭》等
和帝永元四年（公元 92 年）	窦宪试图谋反，被处死，班固受牵连，下狱死，享年 61 岁。随后被平反，和帝命班固之妹班昭续作八表及《天文志》

参考书目

B

《白虎通疏证》，【东汉】班固等撰，【清】陈立疏证，中华书局，1994 年。

《班固评传》，陈其泰、赵永春，南京大学出版社，2011 年。

C

《长水集》，谭其骧，人民出版社，1987 年。

《长水集续编》，谭其骧，人民出版社，1994 年。

《春秋大事表》，【清】顾栋高，中华书局，1993 年。

《春秋繁露义证》，【西汉】董仲舒撰，【清】苏舆义证，中华书局，1992 年。

《春秋史》，童书业，中华书局，2006 年。

《〈春秋〉与“汉道”：两汉政治与政治文化研究》，陈苏镇，中华书局，2011 年。

《春秋左传集解》，【晋】杜预集解，上海古籍出版社，1978 年。

《春秋左传注》，杨伯峻注，中华书局，1981 年。

《从城市国家到中华：殷周春秋战国》，【日】平势隆郎，广西师范大学出版社，2014 年。

D

《菿闇文存》，沈文倬，商务印书馆，2006 年。

《读通鉴论》，【清】王夫之，中华书局，2012年。

F

《范晔评传》，瞿林东、李珍，南京大学出版社，2006年。

G

《古代中国的历史与文化》，劳榦，中华书局，2010年。

《古史辨（全七册）》，顾颉刚等，上海古籍出版社，1982年。

《广校雠略·汉书艺文志通释》，张舜徽，湖北教育出版社，1990年。

《国史大纲》，钱穆，商务印书馆，2013年。

《国学概论》，钱穆，商务印书馆，1997年。

H

《汉帝国的建立与刘邦政权：军功受益阶层研究》，李开元，三联书店，2000年。

《汉晋家族研究》，阎爱民，上海人民出版社，2005年。

《汉书》，【东汉】班固撰，【唐】颜师古注，中华书局，1962年。

《汉书补注》，【东汉】班固撰，【唐】颜师古注，【清】王先谦补注，中华书局，2007年。

《汉书辞典》，许飞琼编，山东教育出版社，1996年。

《汉书地理志汇释》，周振鹤，安徽教育出版社，2006年。

《汉书古今人表疏证》，王利器、王贞珉疏证，齐鲁书社，1988年。

《汉书窥管》，杨树达，上海古籍出版社，2006年。

《汉书评林》，【东汉】班固撰，【明】凌稚隆集评，万历九年（1581年）朱墨套印本（哈佛大学图书馆藏）。

《〈汉书〉文学论稿》，潘定武，安徽大学出版社，2008年。

《汉书新证》，陈直，中华书局，2008年。

《〈汉书〉研究》，陈其泰、张爱芳主编，中国大百科全书出版社，2009年。

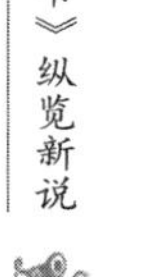

《汉书艺文志·汉书艺文志考证·汉书艺文志考证校补》，【东汉】班固、【宋】王应麟、【清】王仁俊，二十五史艺文经籍志考补萃编（第一卷），清华大学出版社，2014 年。

《汉书艺文志疏证·汉书艺文志拾补》，【清】沈钦韩、【清】姚振宗，二十五史艺文经籍志考补萃编（第二卷），清华大学出版社，2014 年。

《汉书艺文志条理》，【清】姚振宗，二十五史艺文经籍志考补萃编（第三卷），清华大学出版社，2014 年。

《汉书艺文志讲疏·汉书艺文志注解》，顾实、姚明煇，二十五史艺文经籍志考补萃编（第四卷），清华大学出版社，2014 年。

《汉书艺文志注释汇编》，陈国庆，中华书局，1983 年。

《汉书注商》，吴恂，上海古籍出版社，1983 年。

《汉唐间史学的发展（修订版）》，胡宝国，北京大学出版社，2014 年。

《汉文学史纲要》，鲁迅，人民文学出版社，2006 年。

《何草不黄：〈汉书〉断章解义》，鲁西奇，广西师范大学出版社，2015 年。

《后汉书》，【南朝宋】范晔撰，【唐】李贤注，中华书局，1965 年。

《互文性：文学理论研究的新视野》，李玉平，商务印书馆，2014 年。

J

《积微居小学金石论丛》，杨树达，上海古籍出版社，2014 年。

《剑桥中国秦汉史》，【英】崔瑞德、鲁惟一编，中国社会科学出版社，2007 年。

《剑桥中国文学史》，【美】宇文所安等，三联书店，2013 年。

《建元与改元：西汉新莽年号研究》，辛德勇，中华书局，2013 年。

L

《兰台万卷：读〈汉书·艺文志〉》，李零，三联书店，2011 年。

《两汉经学今古文平议》，钱穆，九州出版社，2011 年。

《两汉社会生活概述》，谢国桢，北京出版社，2014 年。

《两汉思想史》，徐复观，九州出版社，2014 年。

《刘咸炘学术论集（史学编）》，刘咸炘，广西师范大学出版社，2007 年。

《刘咸炘学术论集（文学讲义编）》，刘咸炘，广西师范大学出版社，2007 年。

《刘咸炘学术论集（子学编）》，刘咸炘，广西师范大学出版社，2007 年。

《鹿门先生批点汉书钞》【东汉】班固撰，【明】茅坤钞，万历十七年（1589 年）自刻本（天津市图书馆藏）、崇祯八年（1635 年）茅瑞征刻本（山东省图书馆藏）。

《论衡校读笺识》，【东汉】王充撰，马宗霍笺，中华书局，2010 年。

《论衡校释（附刘盼遂集解》，【东汉】王充撰，黄晖校释，刘盼遂集解，中华书局，1990 年。

N

《廿二史札记校证》，【清】赵翼撰，王树民校证，中华书局，2007 年。

Q

《秦汉的方士与儒生》，顾颉刚，上海古籍出版社，2005 年。

《秦汉豪族社会研究》，马彪，中国书店出版社，2002 年。

《秦汉史》，翦伯赞，北京大学出版社，1999 年。

《秦汉史》，吕思勉，上海古籍出版社，2005 年。

《秦汉史》，钱穆，三联书店，2004 年。

《秦汉史编年》，王云度，凤凰出版社，2011 年。

《秦汉文学编年史》，刘跃进，商务印书馆，2006 年。

《秦汉文学地理与文人分布》，刘跃进，中国社会科学出版社，2012 年。

《秦汉文学论丛》，刘跃进，凤凰出版社，2008 年。

《秦汉至五代官私藏书研究》，陈德弟，天津古籍出版社，2012 年。

《全上古三代秦汉三国六朝文》，【清】严可均辑，中华书局，1958 年。

R

《日知录校注》，【清】顾炎武撰，陈垣校注，安徽大学出版社，2007 年。

S

《三国志》，【晋】陈寿撰，【南朝宋】裴松之注，中华书局，1959 年。

《师石山房丛书》，【清】姚振宗，开明书店，1936 年。

《十三经注疏》，【清】阮元校刻，中华书局，1980 年。

《始皇帝的遗产》，【日】鹤间和幸，广西师范大学出版社，2014 年。

《史汉研究》，汪春泓，上海古籍出版社，2014 年。

《史记（点校本二十四史修订本)》，【西汉】司马迁撰，【南朝宋】裴骃集解、【唐】司马贞索隐、【唐】张守节正义，中华书局，2014 年。

《〈史记〉〈汉书〉比较研究》，【韩】朴宰雨，中国文学出版社，1996 年。

《〈史记〉〈汉书〉年月考异》，郜积意，上海古籍出版社，2015 年。

《史记汉书诸表订补十种》，【清】梁玉绳等撰，中华书局，1982 年。

《史记会注考证》，【西汉】司马迁撰，【日】泷川资言考证，新世界出版社，2009 年。

《史记考索》，朱东润，开明书店，1940 年。

《史记评林》，【西汉】司马迁撰，【明】凌稚隆集评，天津古籍出版社，1998 年。

《〈史记〉文献学丛稿》，赵生群，凤凰出版社，2000 年。

《史记新证》，陈直，中华书局，2006 年。

《史记志疑》，【清】梁玉绳，中华书局，1981 年。

《史家、史学与时代》，余英时，广西师范大学出版社，2004 年。

《史通通释》，【唐】刘知几撰，【清】浦起龙通释，上海古籍出版社，2009 年。

《睡虎地秦简所见秦代国家与社会》，【日】工藤元男，上海古籍出版社，2010 年。

《宋书》，【梁】沈约撰，中华书局，1974 年。

《说文解字注》，【东汉】许慎撰，【清】段玉裁注，上海古籍出版社，2003 年。

《四库全书总目》，【清】永瑢等，中华书局，2003 年。

《四书章句集注》，【宋】朱熹集注，中华书局，1983 年。

《隋书》，【唐】魏征等，中华书局，1997 年。

《隋书经籍志考证》，【清】章宗源，二十五史艺文经籍志考补萃编（第十四卷），清华大学出版社，2014 年。

《隋书经籍志考证》，【清】姚振宗，二十五史艺文经籍志考补萃编（第十五卷），清华大学出版社，2014 年。

T

《推十书》，刘咸炘，成都古籍书店，1996 年。

W

《文史考古论丛》，陈直，天津古籍出版社，1988 年。

《文史通义校注》，【清】章学诚撰，叶瑛校注，中华书局，

2004 年。

《文书行政的汉帝国》，【日】富谷至，江苏人民出版社，2013 年。

《文心雕龙注》，【南齐】刘勰撰，范文澜注，人民文学出版社，2006 年。

《文选》，【梁】萧统编，【唐】李善注，上海古籍出版社，1986 年。

《文学地理学研究》，曾大兴，商务印书馆，2012 年。

X

《西汉人口地理》，葛剑雄，商务印书馆，2014 年。

《先秦两汉魏晋南北朝诗》，逯钦立辑，中华书局，1983 年。

《先秦至隋唐五代藏书家考略》，陈德弟，天津古籍出版社，2011 年。

Y

《严耕望史学论文集》，严耕望，上海古籍出版社，2009 年。

《盐铁论校注》，【西汉】桓宽撰，王利器校注，中华书局，1992 年。

《颜氏家训集解（增补本）》，【北齐】颜之推撰，王利器集解，中华书局，2013 年。

《殷周秦汉史学的基本问题》，【日】佐竹靖彦编，中华书局，2008 年。

《游侠与汉代社会》，彭卫，安徽人民出版社，2013 年。

《余嘉锡论学杂著》，余嘉锡，中华书局，1963 年。

《越缦堂读书记》，【清】李慈铭，中华书局，2006 年。

Z

《增订中国史学史资料编年：先秦至隋唐五代卷》，杨翼骧主编，乔治忠、朱洪彬增订，中华书局，2013 年。

《战国策笺证》，范祥雍笺证，上海古籍出版社，2011 年。

《战国史》，杨宽，上海人民出版社，1998 年。

《中国古代地理名著选读（第一辑）》，侯仁之主编，学苑出版社，2005 年。

《中国历史地图集》，谭其骧主编，地图出版社，1982 年。

《中国史学史》，【日】内藤湖南，上海古籍出版社，2008 年。

《中国文化史通释》，余英时，三联书店，2012 年。

《中国小说通史（全 4 卷）》，李剑国、陈洪等，高等教育出版社，2007 年。

《中研院历史语言研究所集刊论文类编 · 历史编 · 秦汉卷》，中华书局，2009 年。

《中研院历史语言研究所集刊论文类编 · 历史编 · 先秦卷》，中华书局，2009 年。

《朱东润文存》，朱东润，上海古籍出版社，2014 年。

《注史斋丛稿（增订本）》，牟润孙，中华书局，2009 年。

《资治通鑑》，【宋】司马光，中华书局，1956 年。

后 记

与《史记》不同，《汉书》的研究成果相对较少，其书却更加难读，对读者、对研究者，都存不少障碍。其内容博大精深，而读之者（乃至部分研究者）却多心存畏惧和偏见，导致《汉书》普及、研究相对滞后，即使是坊间水平不高的普及读物，数量也极为稀少，不可不为班固一叹。

因此，在写作本书的过程中，一方面是缺少现有的成例可资借鉴，从结构、内容到结论都需从头爬梳史料，重作思考；另一方面则是其中有颇多明显的探讨空间无人问津，可畅谈申论者亦复不少。二者的相反，恰成就了本书的面貌。本书力图以学术为根底而有所创新，然限于各方面因素，自然难免疏舛、浅薄之处。不敢言考据精核，但大体做到言之有据、不妄下雌黄；不敢言独具创见，但既与一般读物之视角不同，所论对读者或许会有所启发。

主编乔力先生不以笔者谫陋，继撰《屈原：乡土元音奏典范》（济南出版社 2014 年 6 月出版）一书后，又委以此书，前辈提携之心，笔者深为感动，但愿本书并未辜负先生之期望。

笔者虽曾对汉代历史略作研讨，但并非专业主攻方向，在写作中不免多有疏漏。好友段宇兄钻研秦汉史领域久之，审阅了本书前三章的文字，详为指出纰缪，增补史事，对其余章节之内容也多有商讨、赐正。益者三友，斯之谓也。此外，诸多好友亦曾参与本书部分内容的讨论，启发、指正甚多，在此一并致谢。对本书写作起到重要影响的著作、论文等，虽限于写作体例，未能详细指出，但基本见于脚注与参考文献中，可供读者查阅参证。对笔者而言，这次写作同时还是一次美妙的学习之旅，而这些参考文献正代表着学习的过程，希望对读者同样能有所帮助。

属稿初就，即灾枣梨。沉潜之功不足，或难免思维盲点，鄙陋而不自知。此外，考虑到篇幅问题，本书主要集中于《汉书》本身铺叙，拓展延伸之功不足，未免流于点到为止，殆多浅薄。究竟是见笑于大方之家，抑或幸存千虑一得，未敢自信，尚求读者批评指正。

张昊苏谨识

乙未中秋后一日书于津门

图书在版编目(CIP)数据

盛世遗响:《汉书》纵览新说/张昊苏著. —济南:
济南出版社,2016.7
(文化中国. 永恒的话题. 第五辑)
ISBN 978-7-5488-2213-4

Ⅰ. ①盛… Ⅱ. ①张… Ⅲ. ①中国历史—西汉时
代—纪传体 ②《汉书》—研究 Ⅳ. ①K234.104.2

中国版本图书馆 CIP 数据核字(2016)第 164474 号

出 版 人 崔 刚
整体策划 丁少伦
责任编辑 吴敬华
装帧设计 侯文英

出版发行 济南出版社
地　　址 济南市二环南路 1 号(250002)
发行热线 0531-86131731 86131730 86116641
编辑热线 0531-86131721 86131722
网　　址 www.jnpub.com
经　　销 新华书店
印　　刷 山东省东营市新华印刷厂
版　　次 2017 年 1 月第 1 版
印　　次 2017 年 1 月第 1 次印刷
规　　格 150 毫米×230 毫米 16 开
印　　张 20.5
字　　数 266 千字
印　　数 1-5000 册
定　　价 59.00 元